中国皇帝 全传

秦·汉·三国·两晋

丁振宇 著

华中科技大学出版社
http://www.hustp.com
中国·武汉

图书在版编目(CIP)数据

中国皇帝全传 / 丁振宇著. ——武汉：华中科技大学出版社，2022.5
ISBN 978-7-5680-7351-6

Ⅰ.①中… Ⅱ.①丁… Ⅲ.①皇帝-列传-中国 Ⅳ.①K827=2

中国版本图书馆CIP数据核字(2022)第053768号

中国皇帝全传
Zhongguo Huangdi Quanzhuan

丁振宇 著

策划编辑：亢博剑
责任编辑：康　艳　孙　念
装帧设计：今亮後聲 HOPESOUND 2580590616@qq.com · 小九
责任校对：刘　竣
责任监印：朱　玢

出版发行：华中科技大学出版社(中国·武汉)　　电话：(027)81321913
　　　　　武汉市东湖新技术开发区华工科技园　　邮编：430223
印　　刷：鑫艺佳利(天津)印刷有限公司
开　　本：710mm×1000mm　1/16
印　　张：115.75
字　　数：2200千字
版　　次：2022年5月第1版第1次印刷
定　　价：398.00元(全四册)

本书若有印装质量问题，请向出版社营销中心调换
全国免费服务热线：400-6679-118　竭诚为您服务
版权所有　侵权必究

【序】

在历史中寻找人生智慧

著名历史学家托马斯·卡莱尔说:"在我看来,世界的历史,人类在这个世界上已经完成的历史,归根结底是世界上耕耘过的人为的历史,甚至不妨说,他们是创世主。……整个世界历史的灵魂就是这些伟人的历史。"

哲学泰斗黑格尔说:"世界和人类整个历史是由理性统治的,'绝对精神'或'世界理性'是世界万物的本源。……人民就是不知道自己需要什么的那一部分人……他们的行动完全是自发的,物理性的,野蛮的,恐怖的。"

政治学家马基雅维利说:"一个君主如果能够征服并保持那个国家的话,他所采取的手段总是被人们认为是光荣的,并且将受到每一个人的赞扬,因为群氓总是被外表和事务的结果所吸引,而这个世界尽是群氓。"

以上三位是英雄史观的拥趸,所持观点是唯心主义的,他们认为,历史是少数英雄和帝王将相的意志、品质、才能决定的;虽然历史并非个人随心所欲的结果,却是由某种精神、意志决定的,伟大人物是世界精神的代理人。

翻开史书,我们几乎不用思考就能发现这么一个"真理":每个朝代的盛世,都是由帝王带领一批文武大臣缔造的;每当历史来到了紧要关头,明君贤臣良将便从天而降,受命于危难之际,挽狂澜于既倒,扶大厦于将倾。

这些帝王胸怀天下、雄才伟略、文武兼备、超群绝伦，带领众人建立新朝：普天之下，莫非王土；率土之滨，莫非王臣。他们通过建立封建专制制度，化国家为自己家，"手握生杀大权""天下之事无大小皆决于上"。

他们是众生的"主宰"，天威不可犯，表面看是历史的创造者，事实果真如此吗？

伟大的思想家马克思、恩格斯提出了新观点，他们指出："历史活动是群众的活动，随着历史活动的深入，必将使群众队伍扩大……人民自己创造了历史。"唯物主义者认为，人民群众是物质生产活动的主体，是社会历史的创造者。

孰是孰非，答案不言而喻。人类的实践历史证明了唯心主义观点是错误的，验证了历史是由人民创造的这个颠扑不破的真理。

英雄、帝王，的确是万人敬仰的伟大人物，他们也的确在历史进程中脱颖而出，并带领众人建立了不朽功勋。但是，那也是因为他们感受到了时代的情绪、时代的脉络、时代的欲望、时代的压迫感、时代的困扰，这种敏感让他与时代合二为一，与时代的脚步同步，相互配合，最终取得成功，而绝不是他们独自完成了历史进程的使命。人们不过是将功劳记在了英雄、帝王身上，他们集众誉于一身，以至于造成"历史是由帝王、英雄所创造"的假象。

巴黎公社的实践、十月革命的一声炮响、中国革命的胜利，都证明了人民才是历史的创造者，人民才是真正的英雄。习近平总书记说，人民是历史的创造者，是真正的英雄。波澜壮阔的中华民族发展史是中国人民书写的！博大精深的中华文明是中国人民创造的！历久弥新的中华民族精神是中国人民培育的！中华民族迎来了从站起来、富起来到强起来的伟大飞跃，这是中国人民奋斗出来的！

那么，英雄、帝王在历史发展进程中究竟发挥了什么作用？

中华民族是伟大的民族，拥有5000多年源远流长的文明历史，是世界唯一幸存至今的古文明国家。在这5000多年的历史长河中，

2000多年的封建社会不可忽视，数百位帝王更是难以绕过去。

自公元前221年，秦始皇正式建立秦朝，开启了我国封建社会历史进程，到公元1912年清政府灭亡，封建社会走到了尽头，退出了历史舞台。在这2000多年里，中国封建社会几乎遵循治乱周期率，历经数十个朝代、数百位帝王。这些帝王对我国历史发展进程产生了非常重要的影响。

积极正面的帝王发挥的作用是多方面的，他们是历史任务的倡导者和发起者，还是重大历史事件的组织者与参与者，更是历史发展进程的促进者和影响者。

比如中国第一个统一帝国的创建者、中国第一个封建帝王秦始皇。秦始皇雄才伟略，顺应历史潮流，横扫六国，终结了数百年群雄割据的局面，为中国历史跨入封建社会阶段做出了开天辟地的大贡献。他首创皇帝专制政体，颁布书同文、车同轨等政策，使中国进入了中央集权的帝制时代；他派兵北扫匈奴、修长城，南下百越，开灵渠，为民族融合统一做出了巨大贡献，后来长城成为中华民族的象征之一，成为中华民族精神的重要标志；他统一文字，为中华民族共同体提供了坚实的文化基础；他废分封，立郡县，开创了中国统一行政管理模式，为后代所沿用、发展。

比如汉武帝。他采取推恩令，解决了封建诸侯尾大不掉的问题，稳固了中央集权；他一改战略防守为战略反击，对匈奴宣战，奏响了"明犯强汉者，虽远必诛"的最强音；他罢黜百家，独尊儒术，强化封建思想统治，为后代封建统治者所推崇，使儒家思想成为2000多年来中国传统文化的正统和主流思想。

比如"开皇之治"的创造者杨坚。他结束了东汉灭亡后长达300多年的战乱，使各民族再次统一；他通过系列改革，休养生息，使国力增强，国民渐富，为隋唐辉煌打下了坚实的基础；他改革官制，确立中央五省六部制、地方州县二级行政体系，修订开皇律，开创科举制度，为后面封建王朝的行政制度奠定了基础。

比如"贞观之治"的开创者李世民。他文韬武略，南征北战，以"亡隋为戒"，任贤纳谏，"九瀛大定"，为大唐盛世打下了坚实的基础；面对强敌突厥，他励精图治，恩威并施，实行开明的民族政策，形成"四方来贺，八方来朝"的局面，使唐朝走向世界；他"偃武修文"，致力于经济建设，虚怀纳谏、不拘一格选贤任能，开创了我国封建史上又一个辉煌盛世。

比如被西方称为"全人类的帝王"的成吉思汗。他性格坚毅、富有韬略，锻造了一支令全世界闻风丧胆的军队，冲锋陷阵，无往不利，书写了冷兵器时代骑兵战争的巅峰传奇；他统一蒙古，灭辽、灭金等，为中华民族的融合发展做出了巨大的贡献；他的后代继承其遗志，统一中原，开创了我国封建史上少数民族政权建立大一统王朝的先河；他的后代子孙几次西征，影响了中亚、欧洲的历史发展进程。毫无疑问，他是中国历史上最具世界影响力的帝王。

比如布衣皇帝朱元璋。他出身寒门，却在乱世中杀出重围，最终剪灭元朝及地方割据势力，重新建立了大一统王朝；他以强力手段废丞相制度，加强中央集权，创设大量的典章制度，不仅为大明三百年基业打下基础，还影响了清朝行政体系的建设；他稳定政治局势，出台系列改革措施，发展经济，孕成"洪武之治"；他铁腕反腐，确保明初较长时间政治清明，官吏廉洁、百姓安居乐业。他是一位武定祸乱、文致太平的伟大帝王。

托尔斯泰在《安娜·卡列尼娜》一书中写道："幸福的家庭都是相似的，不幸的家庭各有各的不幸。"这句话放到帝王身上似乎也适用。成功的帝王都有共同的特点，但失败的帝王却"千奇百怪"。

比如晋武帝。别的帝王后宫佳丽三千，他的后宫美妇则在万人以上。为了公平，他经常坐着羊车到后宫游幸，羊车停在哪儿，他便宠幸哪位妃子。

比如东晋孝武帝司马曜。他曾重用贤人谢安，力挫前秦苻坚率领的80万大军，但他又纵情声色犬马不能自拔，最终被自己最宠爱的妃子用被子捂死。

比如北齐文宣帝高洋。他也曾励精图治，使北齐成为强国，但他纵欲酗酒，当众奸污大臣妻女，并亲自肢解尸体，残暴虐杀，杀人如麻，俨然暴君典型。

比如梁武帝萧衍。他在位40多年，曾宵衣旰食治国理政，建立了"文物之盛，独美于兹"的"天监之治"，但他沉迷佛法，纵容邪恶，致使奸臣当道，国力衰微，最终成为"南朝四百八十寺，多少楼台烟雨中"的素材。

比如唐明皇李隆基。他开创了"开元盛世"，执政后期却沉迷享乐，最终导致了"安史之乱"，使大唐帝国由盛转衰。

比如乾隆皇帝弘历。他在位前期政治清明，但后期奢靡无度，任人唯亲，大兴文字狱，导致吏治败坏，农民起义频发。

比如唐僖宗李儇与宋徽宗赵佶，身为皇帝，却不理政务，喜欢打马球、玩蹴鞠，甚至拿国家大事开玩笑，以球艺好坏来任命重要官员，结果导致政亡人息。

比如汉灵帝刘宏、南朝宋少帝刘义府、南朝齐废帝萧宝卷，明明是天潢贵胄，锦衣玉食，不愁吃穿，却在官廷中"列肆"，自己穿上商贩衣服，做起买卖来。

比如北齐后主高纬，明明身份高贵，却喜欢当乞丐，下令在豪华的宫廷内开辟场地、兴建农舍，他自己则穿着破衣服，装扮成乞丐，沿街乞讨。

……

著名历史教授许倬云曾说："历史是人文学科里，与人最有关联的部分——文学、艺术和音乐，激发促进内心的感受，而历史是认识自己，加强对自我的认知。人，必须知道过去，才能知道今天，才能知道未来。所以，史学应该为一般人提供'知道自己'的基础知识。"

历史发展虽然有规律可循，但绝不是宿命论。本来是国泰民安，却因昏君主政、奸臣当道，造成国内危机重重，甚至改朝换代；本来国运不济，大厦将倾，但有英主当政，任人唯贤，最终化险为夷，国富民强。要知道历史必然性是寓于历史偶然性之中的，历史发展有顺利时期，也有曲折时期，但它们都是由历史偶然事件促成的。明白了这个大道理，对历史人物，尤其是对历代君主正反两方面的作用，就会有自己的评判和思考。

在撰写本书的过程中，作者查阅大量史料、典籍，精挑细选，汇集了我国封建社会时期几十个朝代的数百位帝王，上迄封建王朝的开创者秦始皇，下至末代皇帝溥仪，按朝代的先后顺序进行编排，主次分明，详略得当，既全面讲述了在历史上有较大影响的帝王，也简述了在位时间短的帝王，突出一个"全"字。

本书通俗易懂、正本清源，可以使读者对中国封建社会各个历史时期的治乱兴衰一目了然，从而了解中国封建社会各个历史时期的基本概况，这对于普及历史知识，并从中汲取可以借鉴的经验教训，是非常有益的。本书还是一套颇有价值的工具书，可对各个朝代、各个时期的帝王在位时的功过，以及历史各个阶段的政治、经济、文化发展状况进行检索查询。

读者如果能通过这部书获得对中国历代帝王比较清楚而客观的认识，作者的心愿便算达成了。因作者水平有限，书中难免有谬误之处，敬请读者不吝批评、指教。

目录

秦　朝

秦始皇嬴政　/ 1

秦二世胡亥　/ 15

西　汉

高帝刘邦　/ 21

惠帝刘盈　/ 36

前少帝刘恭　/ 41

后少帝刘弘　/ 43

文帝刘恒　/ 45

景帝刘启　/ 52

武帝刘彻　/ 58

昭帝刘弗陵　/ 72

宣帝刘询　/ 75

元帝刘奭 / 81

成帝刘骜 / 86

哀帝刘欣 / 91

平帝刘衎 / 95

孺子刘婴 / 97

新帝王莽 / 99

更始帝刘玄 / 105

东　汉

光武帝刘秀 / 111

明帝刘庄 / 122

章帝刘炟 / 128

和帝刘肇 / 137

殇帝刘隆 / 142

安帝刘祜 / 144

顺帝刘保 / 147

冲帝刘炳 / 150

质帝刘缵 / 152

桓帝刘志 / 154

灵帝刘宏 / 160

少帝刘辩 / 166

献帝刘协 / 170

三国·魏

  文帝曹丕 / 178

  明帝曹叡 / 188

  齐王曹芳 / 195

  高贵乡公曹髦 / 199

  元帝曹奂 / 204

三国·蜀

  昭烈帝刘备 / 207

  后主刘禅 / 220

三国·吴

  大帝孙权 / 227

  会稽王孙亮 / 241

  景帝孙休 / 249

  乌程侯孙皓 / 259

西 晋

  武帝司马炎 / 265

惠帝司马衷 / 273

怀帝司马炽 / 288

愍帝司马邺 / 293

东 晋

元帝司马睿 / 297

明帝司马绍 / 305

成帝司马衍 / 311

康帝司马岳 / 317

穆帝司马聃 / 320

哀帝司马丕 / 324

海西公司马奕 / 327

简文帝司马昱 / 331

孝武帝司马曜 / 337

安帝司马德宗 / 343

恭帝司马德文 / 346

秦　朝

秦始皇嬴政

秦始皇档案

生卒年	公元前259—前210年	在位时间	公元前246—前210年
父亲	秦庄襄王子楚	谥号	无
母亲	赵太后	庙号	无
后妃	不详	曾用年号	无

秦始皇，嬴姓，赵氏，名政，又名赵正（政）、秦政，后人或称其为祖龙。秦庄襄王之子，生母为赵太后，大秦帝国的开国皇帝，中国历史上第一位皇帝。

秦昭王四十八年（公元前259年），嬴政出生于赵国都城邯郸；秦庄襄王三年（公元前247年），秦庄襄王子楚驾崩，年仅13岁的嬴政承袭父位，成为第31代秦王。秦王政九年（公元前238年），22岁的嬴政开始"亲理朝政"，并除掉了相国吕不韦、佞臣嫪毐（lào ǎi）等人，扫除了权力障碍。之后，他又重用李斯[①]、尉缭[②]等人，用十多年的时间，灭掉韩、赵、魏、楚、燕、齐六国，建立起一个强大的中央集权国家——秦朝，完成了统一中国的大业。

秦始皇采用三皇之"皇"与五帝之"帝"的称号，自称皇帝，是中国历史上最早采用"皇帝"称号的君主，故名"始皇帝"。

秦始皇统一全国之后，制定了具体的朝廷官制，中央实行三公九卿制，地方上废除分封制，代以郡县制。在社会治理方面，统一文字、货币和度量衡，有力地推动了各地经济文化的发展。在边疆治理方面，南征越族，北击匈奴，结束了诸侯长期割据的分裂局面，更修建了举世闻名的万里长城，用来抵御外族入侵。他还下令修筑灵渠，连通长江和珠江水系，促进越族地区的开发。但是到了后期，秦始皇变得骄淫奢侈、贪婪残暴，盲目追求长生不老，以暴政压榨百姓，推行严酷刑法；同时为防止百姓反抗，他还焚书坑儒，钳制思想。秦始皇是一个备受争议的皇帝。

秦始皇三十七年（公元前210年），秦始皇驾崩，称王25年，称帝12年，终年50岁。

身世离奇　少年多难

战国时期，一些小诸侯国逐渐被大国吞并，形成了以齐、楚、燕、韩、赵、魏、秦七个势均力敌的大国为主的局面，也就是战国七雄。而秦国地处西陲，在政治、经济、文化方面都比位于中原的六国落后。秦孝公执政时期，重用商鞅③，实行变法，国力逐渐强盛，开始向东扩张势力，之后击败了六国合纵联盟，成为七国中强大的诸侯国。秦昭王执政时，他听取范雎④的远交近攻之策，大举进攻相邻的韩国和魏国，对赵国则采取结盟的策略。

按照当时的规矩，双方要互派亲属到对方的国家做人质，以防对方反悔。秦昭王的太子安国君（名柱，为秦昭王次子），妻妾成群，子嗣二三十人。其中有一个夏姬，出身卑微，相貌平平，得不到安国君的宠爱。她生了一个儿子，名叫子楚（本名异人）。子楚同样得不到父亲的宠爱，于是就被送到赵国做了人质，过着漂泊异乡的生活。

这时候，有个叫吕不韦的商人出现了。吕不韦走南闯北，见多识广，对于各国之间的政局时事了如指掌，他了解到子楚的身世之后，认为有利可图，便想通过子楚发一笔政治财。吕不韦为此还专门问过自己的父亲："种地能有几分利益？"他父亲回答道："10倍。"吕不韦进而又问："做珠宝生意呢？"他父亲答道："100倍。"吕不韦紧接着又问："那要是立一位国君，控制一个诸侯国呢？"他父亲思量好久才回答说："若能这样，那利益就大得不可估算了。"吕不韦闻之大喜，更坚定了政治投机的决心，于是千方百计与子楚接触，很快与子楚成为至交。

经过进一步了解，吕不韦得知安国君最宠爱的华阳夫人膝下无子，由此想到了一个主意，那就是利用华阳夫人将子楚扶持上秦王的位子，而自己则可以借此青云直上，成为秦国的重臣。

为了顺利实施这个计划，吕不韦首先以重金赠予子楚，让他改变生活处境，并广交宾朋，传播自己的声名。接着，吕不韦又花重金购买了许多稀世珍宝，然后带着这些贵重物品来到秦国，采取迂回战术，先去拜见华阳夫人的姐姐，在她面前极力夸赞子楚的才能，说他广交四海宾朋，胸怀大志，将来必有作为；又说子楚虽身居异乡，时时不忘家人，尤其对安国君和华阳夫人更是思念心切，每每想起便夜不成寐，泪湿枕巾；之后又将自己购买的奇珍异宝拿出来，托她送给华阳夫人，并谎称是子楚特意买来孝敬华阳夫人的。华阳夫人得了这些贵重礼物，心里乐开了花，也打心眼里喜欢起子楚来。

吕不韦不断游说华阳夫人的姐姐，让她去说服华阳夫人，趁自己还得宠，及早在众多王子中选择德才兼备者做儿子，让他将来继承王位，从而永久保住她的地位；并说在众多王子中，只有子楚贤能有才，还有一颗孝心，又自愿依附华阳夫人，如果能成为王位的继承人，华阳夫人即可终身无忧。华阳夫人的姐姐当然也希望妹妹永远得宠，自己也好跟着沾光，于是就找到了华阳夫人，将吕不韦这番话"添油加醋"地说了一遍。华阳夫人正为自己无后感到非常苦恼，姐姐的话正中她的下怀。此后，华阳夫人便夜夜在安国君的耳边吹枕头风，吹得安国君耳根子软了下来，二人刻符为信，约定立子楚为王位继承人。

在华阳夫人的怂恿下，安国君派人给子楚送去大批财物，并让吕不韦做他的谋士，好好地辅助他。

吕不韦回到赵国之后，日日和子楚挥金如土，广交天下英雄豪杰。

经过吕不韦的精心安排，子楚果然声名大振，誉满诸侯国。

有一次，子楚在吕不韦府上见到了吕不韦的一个姬妾，非常喜爱，吕不韦很爽快地把这个姬妾送给了子楚，这位女子就是历史上有名的赵姬。

秦昭王四十八年，赵姬怀孕，生下了嬴政。因生于赵国邯郸，故以赵为姓；又因为生于正月，所以取名为正，后改为政。后来，赵政回到秦国，改姓嬴，更名为嬴政。因为这个儿子，子楚将赵姬正式立为夫人。

与此同时，秦昭王在打败韩、魏二国之后，又将矛头指向赵国，欲率兵攻打。赵国自知不敌，愿割地求和。但秦国一心想要吞并赵国，不接受求和，于秦昭王四十八年九月派兵进攻邯郸，一年后将邯郸包围起来。三年后，秦国大将王龁（hé）⑤指挥重兵对邯郸发起猛攻，邯郸朝不保夕，赵国打算杀掉人质子楚进行报复。子楚得到消息后，吓得六神无主，慌忙求助于吕不韦。吕不韦以重金买通防守的官吏，子楚才得以逃出城去，回到了秦国。赵王得知这一消息，大发雷霆，欲杀死赵姬和她的儿子。赵姬母子二人深夜逃回娘家，在娘家的帮助下躲藏起来，逃过了一劫。

秦昭王五十六年（公元前251年），秦昭王驾崩，太子安国君继位，即秦孝王。华阳夫人被册封为王后，子楚也顺理成章地成为太子。秦孝王没秦昭王那么大的野心，不想吞并赵国，因此两国的关系又缓和下来。为了示好于秦国，赵国将赵姬母子送回秦国，此时，嬴政已经9岁。

秦孝王为父守孝一年后才正式登基，可惜他命不长久，仅登基三天就一命呜呼了。秦孝王死后，子楚继位，为秦庄襄王。他没有忘记吕不韦的功劳，封吕不韦为相国、文信侯，赏洛阳10万户作为他的食邑。嬴政也被立为太子。

扫除障碍　稳固君权

和秦孝王一样，秦庄襄王在位时间也不长，继位3年就驾崩了。秦庄襄王三年（公元前247年），年仅13岁的嬴政继位，尊母亲赵姬为太后，尊吕不韦为相国，将国事全部委托他处理，并仿效春秋时期齐桓公对管仲的称呼，称吕不韦为仲父。

吕不韦从此达到了政治生涯的顶峰，不仅权倾朝野，政事旨意出于他之手，还成为秦国首屈一指的富豪。同时，他还招贤纳士，豢养门客三千之多，让他们为自己著书立说。

嬴政的母亲赵姬十分荒淫，她原本就是吕不韦的姬妾，子楚去世后她和吕不韦旧情复燃，暗中约会。后来，吕不韦害怕事情暴露，会引火烧身，便想出了一个金蝉脱壳之计，将一个名叫嫪毐的门客找来，拔去他的眉毛和胡须，让他冒充宫中太监，供赵姬淫乐。

随着嬴政渐渐长大，赵姬和嫪毐感到在宫中偷情太不方便，便推说风水不好而搬出宫去，在雍邑的离宫生活。其间，赵姬两度怀孕，生下了两个儿子。经赵姬从中周旋，嬴政封嫪毐为长信侯，以山阳、太原等为封地。这使嫪毐的野心进一步膨胀，背地里网罗了一批党羽，经过一段时间的经营，逐步形成了强大的势力，在秦国的地位仅次于吕不韦。

在嬴政正式主政之前，秦国实际上已经形成了吕不韦和嫪毐两股势力，对嬴政掌权产生了巨大的威胁。秦王政八年（公元前239年），嬴政21岁，按照当时的制度，第二年他就要正式主政。在这个节骨眼上，吕不韦向天下公布了其门客为他编纂的《吕氏春秋》，力图扩大自己的影响，从而达到继续掌控朝政大权的目的。

而嫪毐也权倾朝野，日益骄横。有一次他在酒后与一位大臣发生争执，口出狂言道："我现在是秦王的假父，连他也要敬我三分，你算什么东西！"那位大臣听了，当时没敢说什么，事后找了个机会将嫪毐和赵姬私通的事情告诉了嬴政。嬴政听了十分愤怒，打算除掉嫪毐。嫪毐得到消息后，决定先下手为强，阴谋发动叛乱。

秦王政九年，嬴政在雍城举行冠礼，嫪毐利用这个难得的机会，拿出秦王玉玺和太后玺发动兵变，率兵进攻蕲年宫。殊不知嬴政早有防备，在宫外埋伏了三千精兵，将叛军打得大败而逃。嫪毐一计不成，又生一计，率兵攻打咸阳宫，结果也中了埋伏，损失惨重，他只身逃跑，但很快就被抓住。嬴政下令对嫪毐施以极刑，暴尸街头，并诛灭三族；将其党羽内史肆、中大夫令齐等20多人斩首示众，舍人全部判处徒刑，受牵连的4000余家全部剥夺爵位，流放蜀地。之后，他又将母亲赵姬关进雍城的蕲阳宫，并摔死了两个同母异父的弟弟。后经朝中大臣多次劝谏，他碍于面子才将母亲迎回咸阳。

嬴政本打算将吕不韦一并除去，将朝政大权牢牢地掌握在自己手中。但是，考虑到吕不韦党羽众多，又有功于秦国，而自己刚刚主政，根基未稳，如果操之过急会适得其反，于是，他不动声色，等待时机。

经过一年的准备，嬴政已经大权在握，于是解除吕不韦的相职，把他赶出都城咸阳。吕不韦只得到封地洛阳居住，其间，关东六国的君主慑于吕不韦曾经的威权，经常派人过来请安问好。嬴政生性多疑，害怕吕不韦东山再起，决定将他处死。他派人给吕不韦送了封信，信中写道："君何功于秦，秦封君河南，食十万户。君何亲于秦，号称仲父？"吕不韦阅信后，自知和嬴政的关系无法挽回，绝望之际，饮毒酒自尽。之后，嬴政清理了吕不韦一派人马，彻底肃清了威胁自己政权的一大势力。

鲸吞六国　一统天下

和他的曾祖父秦昭王一样，嬴政野心勃勃，一点也不满足于做一个小小的秦国国君，他开始酝酿一个史无前例的宏伟计划。这个时候，秦国无论是经济还是军事力量都达到了鼎盛时期，具备了统一天下的条件。不过，目光长远、虑事周到的嬴政并没有急于求成，而是仿照先祖的仁德，礼贤下士，网罗人才，重新选拔文武百官，并暗暗制订战争计划。在战略上，他除了延续秦昭王时远交近攻的策略之外，还派人到其他国家刺探情报，等待时机。

当时，嬴政手下有得力干将几十人，其中王翦（jiǎn）⑥、王贲（bēn）、蒙武、蒙恬⑦都是将门出身，有勇有谋；顿弱、姚贾才思敏捷，善于外交辞令，随机应变能力很强，非常适合搜集情报；尉缭、李斯则擅于谋略，是嬴政非常得力的助手。

在做好各方面的准备之后，嬴政开始实施自己统一天下的雄伟计划。他将第一个攻击的目标对准了韩国。由于他准备充足，而韩国力量薄弱、不堪一击，秦王政十四年（公元前233年），韩国投降，割地称臣。但是，嬴政的目标绝不止于此，秦王政十七年（公元前230年）他再次进攻韩国，俘获韩王安，将韩国全部国土收为己有，改称颍川郡。至此，韩国彻底灭亡，嬴政实现了统一天下的第一步计划。

经过一年的休整，秦军再次出征，兵分两路，进攻赵国，经过一番激战，俘获了赵王迁。赵国公子嘉率数百人仓皇逃跑，在代郡自立为代王。七年后，秦国大将王贲进攻代郡，俘虏代王嘉，赵国灭亡。

吞并了韩、赵这两个国家后，嬴政将目光投向了燕国。为了避免灭亡的命运，燕太子丹派荆轲^①到咸阳，想以献督亢地图的名义，刺杀嬴政，结果没有得手，不但荆轲被杀，而且给嬴政提供了进攻燕国的口实。秦王政二十年（公元前227年），嬴政派大将王翦、辛胜率兵出征，大举进攻燕国。燕军被破于易水之西。第二年，嬴政再次发兵，将燕军打得落荒而逃。秦军乘胜追击，直取燕都蓟城，燕王喜北逃至辽东。秦军穷追不舍，在衍水打败燕国太子丹的军队，燕王喜无奈，只得狠心杀了太子丹，将太子丹的人头献给秦军，以求保命。秦王政二十五年（公元前222年），王贲攻打辽东，俘虏燕王喜，燕国彻底灭亡。

秦王政二十二年（公元前225年），嬴政开始图谋魏国，命王贲率军攻魏。王贲到达魏国后，仔细研究地形，决定使用水攻。他让士兵挖开黄河，将水引入魏都大梁。三个月后，大梁城破，魏王假被俘获，魏国灭亡。

接连吞并四国后，嬴政又挥师南下，命蒙武、李信率20万大军进攻楚国。这一次，由于蒙武和李信轻敌，楚国实力亦不弱，秦军大败而归。后来，嬴政派大将王翦率兵60万再次伐楚，前后用了三年时间，终于灭掉了楚国。

此时，山东六国只剩下齐国。齐国长期屈服于秦国，苟且偷安，以为秦国不会发兵进犯，所以既不与其他国家结盟，也不加强军备。直到其他五国先后被灭，齐王建才急忙命人加固城防，可惜为时已晚。秦王政二十六年（公元前221年），王贲大军由燕国南下，一举攻破齐国，俘获齐王建，齐国就此灭亡。

从进攻韩国到消灭齐国，嬴政用了 10 年的时间，终于完成了自己一统天下的心愿。

改革政治　创立帝制

为了巩固统治，收拢人心，在尉缭、李斯的谋划下，嬴政昭告天下，将自己说成受害者，指责赵、韩、楚、燕四国背叛盟约，想要联合攻打秦国，秦国不得已才出兵防卫；又指燕、齐敌视秦国，所以他才一一消灭它们。同时，他又利用战国时流行的所谓"五德始终"这一学说（即金、木、水、火、土五德相克，导致朝代的更迭），推论说，周是火德，而秦是水德，水克火，秦取代周理所当然，顺应天意。他颁布新的"正朔"，将十月初一作为一年的开始，表示一个新的朝代的诞生。根据五行学说，水德是阴冷黑暗、严酷无情的象征，所以秦朝崇尚黑色，衣服、旗帜都是黑色，就连老百姓也改称"黔首"。秦朝占据水德的说法逐渐传开后，由秦朝统一天下便成为合情合理的事情。后来，嬴政又率文武百官来到泰山，举行封禅仪式，向上天告祭，使秦朝的统治地位得到进一步巩固。

嬴政认为，自己统一天下，功高盖世，超过了之前的任何一位帝王，单单一个"王"字不足以彰显自己的功德和权威。经过苦思冥想，他决定将三皇、五帝结合在一起，各取一个字，定国君为皇帝，并自称为朕，还把"朕、制、诏"定为皇帝的专用词，其他人不得使用。他对大臣们说："朕为始皇帝，后世以计数，二世三世至万世，传之无穷。"

对于处理中央与地方的关系，嬴政也颇费了一番心思。当时，大臣王绾建议采用分封的方法，在各封地设国王，归中央统一指挥。文武百官多数表示赞同，但廷尉李斯坚决不同意，他说："周文王和周武王时期就曾采用这种方法，将许多兄弟叔侄封侯封国，但随着后代关系的疏远，为了争夺地盘，他们相互攻击，形同仇人，以至于中央权力分散。现在，陛下好不容易打下了江山，天下统一，应该吸取历史的教训，不能再犯同样的错误。臣建议设郡县，郡县的长官和国家功臣均有俸禄，而陛下牢牢掌握住中央的权力，让他们不能有二心，这才是让国家安定的最好办法。"秦始皇觉得李斯的意见非常好，于是废除分封制，把全国分为36个郡，并建立了一套有利于中央集权和皇帝专制的行政机构。

在中央，皇帝总揽全国军政大权，下设三公九卿：

三公包括左右丞相、太尉、御史大夫。其中以左右丞相的官职为最高，负责总领文武百官商议国家大事，并协助皇帝处理政务。太尉是武职，是最高军事长官，帮助皇帝掌管国防，但只有皇帝的命令才能调动和指挥军队。御史大夫是副丞相，协助丞相管理朝政，将皇帝的命令通过丞相向天下公布，并负责监察文武百官的行为。

九卿包括奉常、郎中令、卫尉、太仆、廷尉、典客、宗正、治粟内史、少府，负责各方面的具体政务。奉常是礼教官，掌管祭祀的宗庙礼仪；郎中令相当于皇帝的护卫，负责保护皇帝的安全和传达命令；卫尉是皇宫卫队长，负责整个皇宫的安全；太仆是皇帝的仆从长官，负责管理皇帝出行的车马；廷尉掌管朝廷刑法，负责审理各种重大案件，是最高司法官；典客主要负责与其他邦国打交道以及管理全国各地的少数民族；宗正负责管理皇室宗族事务，厘清宗室成员的嫡庶身份或与皇帝在血缘上的亲疏关系；治粟内史相当于当今的财政部部长，掌管国家的税收和开支；少府则是皇帝的私人会计和出纳，掌管山海湖泊税账、宫廷手工业和皇宫私财。

在地方上，以郡县为基本建制，下面分设乡、亭、里、什、伍。郡相当于省，最高行政长官称为郡守，直接听命于朝廷；郡守下面是郡尉，辅助郡守工作，并兼管地方军务；再往下有监御史，负责监察。郡内又分若干县，万户以上的县，长官称为令，万户以下的县，长官称为长，无论是县令还是县长都直接听命于郡守；县令、县长下面又设有县尉，掌管一县的军务；县令或县长的助手叫县丞，监管一县的司法。县内又分有若干乡，主管乡务的官职称为啬夫，主管教化的官职称为三老，主管治安的官职称为游徼。每条交通要道均设一亭，亭长负责邮件的传送和罪犯的追捕工作。百姓居住的地方设里，负责管理的人称作里正。最底层设什长和伍长，十家为什，五家为伍，各家相互监督，一人犯罪，众人一同受罚。

这套行政制度对于秦始皇巩固自己的统治地位起到了巨大的作用。为了更好地控制百姓，秦始皇还采取了几种辅助措施：第一，统计全国的豪强，然后全部迁到都城咸阳，置于自己眼皮子底下，这样一来，昔日的王公贵族都失去了根基，没有了造反的条件。第二，将民间的兵器全部没收，拉到咸阳销毁，铸造成钟座和12个铜人。第三，将六国的都城城墙以及国与国之间的边防设施全部拆除，使整个国家连成一个整体。第四，修路，即驰道，相当于现在的国道，路面宽五十步，路基夯（hāng）实，道路两侧每隔三丈种植青松一棵。主干道有三条，一条向东通到河北、山东的海边，一条向南过两湖到江苏，另一条向北直通河套地区。有了便利的交通，无论什么地方发生战事，中央军队都便于增援。

在法律上，以魏国李悝（kuī）所著的《法经》为基础，制定统一的蓝本，改"法"为"律"，增加了"什伍连坐"法和参夷法。参夷法即夷灭三族法，犯了重罪，子孙、长辈皆不得幸免。秦朝的法律非常严苛，尤其是在吏治方面，很多条文都是专门针对官吏制定的，如有知法犯法者，必定严惩，绝不留情。所以，秦代吏治相对清明，人人尽职尽责，工作效率很高。

除此之外，秦始皇还统一了文字、货币、度量衡，对社会的发展以及中央政权的巩固都起到了很大的作用。

在疆域治理方面，秦始皇派大将蒙恬率军北征，消除了匈奴对秦朝北境的威胁，并在那里设置了34个县，将中原的老百姓迁徙过去，开荒种地；同时征召大量壮丁，在北方边境修起一道西起甘肃临洮、东到辽东的绵延万里的长城，成为古今中外的一大奇迹。

在南方，秦始皇同样采取军事措施，征服了当时被称为蛮夷之地的岭南。当时，为了方便运输粮草，他下令在广西兴安开凿了一条兴安运河，时称灵渠，连通湘江及漓江，同时也将长江和珠江两大水系连接起来；又修筑了一条新道，使内地通往岭南变得十分方便。秦始皇还设置了南海、桂林、象三郡，将内地百姓迁徙过去，与当地人杂居通婚，融为一体。

至此,秦朝的疆域基本稳定下来:东到辽东,北至阴山,西达陇西,南至南海,幅员辽阔,规模空前。

江山坐稳　追求享乐

在实现全国大一统后,秦始皇自认为江山稳固,可以高枕无忧了,于是,他骨子里奢侈、狂妄和残暴的本性开始显露出来。

早在征战六国之时,他就开始为自己以后的奢靡生活做准备。每灭亡一国,他便命人将该国的宫殿图样详细地绘制出来,然后征召天下能工巧匠在咸阳仿建。战事结束以后,他又制订了一个更加宏伟的计划,欲建一座天下无双的苑囿,西起雍县、陈仓,东至函谷关,绵延千里。对此,有个歌舞艺人优旃(zhān)开玩笑说:"太好了!如此大的苑囿,里面多养些凶禽猛兽,一旦有强盗从东边进来,不用人,只要放出麋鹿就可以将敌人赶跑。"秦始皇听后也觉得有些离谱,于是就放弃了这个计划。但他还是不断地建造离宫别馆,仅咸阳周围200里内就有宫殿270座,关中行宫300座,关外行宫400多座。

这些宫殿中最令人瞩目的就是阿房宫。阿房宫的原始规模没有人能说得清楚,不过,根据历史记载,其前殿东西宽500步,南北长50丈,可容纳万人。为了防止刺客携带兵器进入,大门用磁石建造,门前排列着12个铜人,各重24万斤。不过,阿房宫还没建成秦始皇就驾崩了,后来又被项羽放火烧毁,据说大火整整烧了3个月还没有熄灭。

除了阿房宫,秦始皇还在骊山为自己修了一座坟墓。

为了修建阿房宫、骊山陵墓、长城等,每年征用的民夫加在一起不下300万人,男丁不够用,就征用女丁。而为了养活如此庞大的群体,官府只能大量征收苛捐杂税,以致民不聊生、怨声载道。加之秦朝的法律非常严苛,老百姓动不动就会触犯法律,被强制服苦役,日子过得胆战心惊、如履薄冰。

焚书坑儒　骇人听闻

秦始皇的苛政酷法很快引起了民众的不满，而"焚书坑儒"更是坐实了他的暴君之名。不过，焚书坑儒说的并不是一件事，而是两个独立的事件。

焚书的诱因，是秦始皇三十四年（公元前213年）在咸阳宫庆寿的宴会上，博士淳于越公开反对当时实行的郡县制，要求根据古制分封子弟。秦始皇让大臣们谈谈自己的看法。丞相李斯认为，面对新政权、新制度，这些博士儒生提出"不师今而学古"，主张分封，恢复礼制，以儒家经典为依据，以私学诽谤朝政，散布不利于中央集权制的言论，造成了人们思想上的混乱。他建议将《秦记》以及医书、卜筮、农书以外的书统统查抄，除博士官收藏之外，无论《诗》《书》还是诸子百家的书籍，一律没收烧毁。如果有人胆敢议论这些书籍，处极刑，株连九族；官吏知情不报者同罪，令下30日不执行者同罪；若有人愿学法令，须拜官吏为师。秦始皇采纳了李斯的意见，很快在全国各地掀起了一场声势浩大的焚书活动。

第二年，即秦始皇三十五年（公元前212年），术士侯生、卢生在为秦始皇寻找长生不老之药及求仙失败后，私下议论秦始皇的为人、执政以及求仙等事，然后带着用于求仙的一大笔钱出逃。秦始皇得知后勃然大怒，下令在咸阳搜查审讯，共抓获460人并全部活埋。因为其中大多数是儒生，所以被称为"坑儒"。

实际上，无论是焚书还是坑儒，都是为了维护统一的集权政治，打压不同的政治思想和见解，可惜的是，它们都没有达到秦始皇所预期的效果。

秦始皇的长子扶苏心地善良，对父亲的行为很不认同，劝说道："天下初定，远方黔首未集，诸生皆诵法孔子，今上皆重法绳之，臣恐天下不安，唯上察之。"秦始皇闻言大怒，将扶苏谪罚到上郡去监督蒙恬的军队，协助蒙恬修筑万里长城。

正如扶苏所言，秦始皇的残暴行为使老百姓更加痛恨他，当时楚地流传着"楚虽三户，亡秦必楚"的歌谣，诅咒秦朝的灭亡。秦始皇三十六年（公元前211年），东郡落下一块陨石，有人在上面刻了几个字："始皇帝死而地分"。此事传入宫中后，秦始皇立即派人前去调查，因为找不到刻字的人，他下令将下落陨石附近的居民全部杀死，并销毁陨石。

追求长生　客死他乡

秦始皇有一个最大的梦想，那就是能够长生不老。为此，他接连不断地外出巡游，一方面是为了显示皇威，另一方面也是为了寻访仙迹，求得仙丹灵药。后来，他听说在遥远的海上有三座仙山，叫蓬莱、方丈和瀛洲，山上居住着神仙，如果能找到这三座仙山，就可以求得长生不老之药，于是，他就派徐福带着3000名童男童女出海寻访。为了亲自寻找神的踪迹，他还4次巡游到东部沿海地区，每到一处必刻石留念，如《泰山刻石》《琅邪刻石》等，内容无一不是为自己歌功颂德，宣扬他征战六国、统一天下、制定国策以及废旧立新的丰功伟绩。

秦始皇三十七年（公元前210年），秦始皇又一次外出巡游，他从咸阳出发，来到南方的云梦泽，在九嶷山祭拜了舜帝，然后又来到钱塘，再上会稽山，在那里祭拜了大禹，后经吴中北上，从江乘渡江，又到琅邪，但是，他梦想见到的神仙一直没有踪影。秦始皇失望至极，决定返回咸阳，不料刚走到平原津便一病不起，行至沙丘驾崩，享年50岁。

经过两个月的长途跋涉，随从们拉着秦始皇早已腐烂的尸体回到了咸阳，随即举行了隆重的葬礼，将秦始皇葬于骊山。

注释：

①李斯（？—前208年）：秦国著名政治家、文学家，秦庄襄王二年（前248年）入秦，历任长史、客卿、廷尉、丞相。协助秦王政统一中

国，参与了一系列重大决策。

②尉缭：战国时秦国著名军事家，秦王政十年（前237年）入秦游说，被任为国尉。曾为秦王策划收买六国权臣，乱六国部署，以便统一中国。

③商鞅（约前390—前338年）：战国时秦国政治家，卫国人，入秦说服秦孝公变法图强，历任左庶长、大良造。因战功封於、商十五邑，号商君。孝公死后被贵族诬害，车裂而死。

④范雎（?—前255年）：秦昭王时著名政治家、军事谋略家，秦国相国，提出了远交近攻的策略。

⑤王龁（?—前244年）：战国末期秦国将领，曾以尉从白起在长平之战中大败赵军。后代白起为将，围困赵都邯郸，不克。秦庄襄王三年复攻取上党诸城。

⑥王翦：战国时期秦国名将，功绩卓著，与其子王贲一并成为秦始皇兼灭六国的大功臣。

⑦蒙恬（?—前210年）：战国时秦国名将，出身名将世家，深得秦始皇宠信。秦统一六国后，率军30万北击匈奴，收河南地，并筑长城。驻军上郡数年，威震匈奴。

⑧荆轲（?—前227年）：战国时著名刺客，卫国人，被燕子丹尊为上卿，派去刺杀秦始皇。他出发前吟唱的"风萧萧兮易水寒，壮士一去兮不复还"一句流传千古，"图穷匕见"的典故亦出于此。

秦二世胡亥

胡亥档案

生卒年	公元前230—前207年	在位时间	公元前210—前207年
父亲	秦始皇嬴政	谥号	无
母亲	不详	庙号	无
后妃	不详	曾用年号	无

胡亥，秦始皇第十八子，生母不详，秦朝的第二位皇帝，史称秦二世，亦称二世皇帝。

秦始皇三十七年，秦始皇外出巡游，暴毙途中，遗诏写明传位于太子扶苏。但是，胡亥与宦官赵高[①]、丞相李斯等人秘不发丧，改诏夺位，先逼死了太子扶苏，之后才带着秦始皇的遗体回到咸阳，公布其驾崩的消息。

胡亥继位后，赵高把持朝政，独揽大权。在赵高的唆使下，胡亥弑兄屠弟、残害忠良；又对百姓横征暴敛，大兴土木，百姓不堪承受，暴发了陈胜、吴广起义以及随后的六国旧贵族复国运动。

秦二世三年（公元前207年），赵高谋反，胡亥在望夷宫中被赵高的女婿阎乐杀死，终年24岁。

受人蛊惑　杀兄继位

胡亥既愚蠢又荒淫无道，他的顽劣在小时候便显露无遗。有一次，秦始皇宴请文武百官，官员们进入殿内都要将鞋子脱下来，整齐地摆放在大殿外的台阶上。胡亥却偏偏穿着鞋子进入大殿，吃喝完毕，他不等宴会结束就提前离场，看到台阶上排列整齐的一大片鞋子，故意将它们踢得乱七八糟，然后扬长而去。

赵高本来是秦始皇身边的一个宦官，因为精通狱法，又写得一手好字，且善于溜须拍马，深受秦始皇的喜爱，被提拔为中车府令，掌管皇帝车马，还让他教授胡亥判案断狱。赵高生性狡诈，城府颇深，他利用各种机会接近胡亥，逢迎巴结，哄得胡亥忘乎所以。

秦始皇三十七年，秦始皇再次外出巡游，胡亥在赵高的怂恿下请求随同前往，获得了同意。结果，秦始皇中途病死于沙丘。李斯、赵高为了防止留在咸阳的皇子们因争夺皇位而发生内斗，决定先封锁消息，等回到咸阳之后再对外公布。时值炎夏，尸体很快腐烂，为了掩人耳目，赵高、李斯命人将鲍鱼和秦始皇的尸体放在一起，使士兵们误以为是鲍鱼腐烂发出的恶臭。

一天傍晚，车队停下住宿，赵高认为时机已到，便来劝胡亥继位。登基做皇帝，这是胡亥梦寐以求的，只是碍于忠孝仁义而不敢轻举妄动，听了赵高的话，他虽然很心动，但仍有些犹豫。赵高进一步劝说道："公子不必再瞻前顾后，机不可失，时不再来。臣愿替公子去与丞相谋划。"接着，赵高找到丞相李斯，通过威逼利诱的方式让李斯同意拥立胡亥当皇帝。最终，李斯妥协了，同意拥立胡亥，并伪造秦始皇遗诏，诬蔑扶苏与大将军蒙恬相互勾结，屯兵边境，阴谋造反，予以赐死。

扶苏为人忠信，见到诏书之后痛哭流涕，不顾蒙恬相劝，拔剑自刎。蒙恬也被胡亥派来的人关进了监狱。赵高一行回到咸阳后，公布了秦始皇驾崩的消息，之后举行继位大典，胡亥登上皇位，赵高升任郎中令，全面掌管皇宫警卫。

排除异己 大开杀戒

为了巩固帝位,胡亥在赵高的授意下,修改刑法,排除异己。首先杀害了曾为秦朝江山立下赫赫战功的将军蒙毅和蒙恬;之后,又由赵高主持,以莫须有的罪名杀害了许多朝中重臣,并株连九族,就连担任皇宫警卫的亲近侍臣郎官也有许多死于非命。朝廷中的职位空缺就由赵高的亲信来填补,赵高的兄弟赵成被任命为中车府令,女婿阎乐为咸阳令,其余御史、侍郎等重要官职均由赵家人担任。胡亥对此听之任之,不加管束。

皇室贵族除了扶苏之外,其他的皇子公主也未能幸免于难,而且下场更惨。赵高一次就杀掉了胡亥的12个兄弟,又在杜邮将10个公主碾死。公子将闾(lǘ)兄弟三人被囚在内宫,赐死前三人抱头痛哭,仰天大叫:"吾无罪!"惨不忍睹。公子高看到兄弟们如此下场,知道自己也难逃一死,就向胡亥上书表示愿以身殉先帝,请求葬于骊山,此言正中胡亥下怀,遂应允。

解决完身边的隐患后,赵高又唆使胡亥将魔爪伸向地方。秦二世元年(公元前209年),胡亥效仿秦始皇巡游天下,南到会稽,北到碣(jié)石,然后由辽东返回咸阳。一路上他听信赵高谗言,对地方官员大开杀戒,致使群臣人人自危,官吏个个提心吊胆。

李斯——这个曾经为秦始皇立下过汗马功劳的老臣,最终良心发现,想找机会劝阻胡亥。赵高看透了他的心思,抢先向胡亥进言,编造出三大罪状:一是李斯以当年参与政变有功为由,想要封王;二是李斯的儿子李由任三川郡[②]守,勾结盗贼;三是丞相的权力太大,盖过天子。胡亥对李斯产生了怀疑,便派人去调查。李斯知道后愤怒至极,遂上书历数赵高条条罪状,有理有据。然而,胡亥却将此事告诉了赵高。于是,赵高再进谗言,终于说服胡亥将李斯逮捕。在赵高的严刑逼供下,李斯屈打成招,承认谋反。秦二世二年(公元前208年),李斯被腰斩,并夷灭三族。

荒淫无道　官逼民反

胡亥曾说："人生在世，就像骑着快马穿过一堵墙的缺口，实在太短暂了。我既然做了皇帝，富甲天下，就要尽情享乐，随心所欲。"

有一次，胡亥向李斯求问怎样才能随心所欲，永远称霸天下。李斯费尽心思，向胡亥进献《行督责书》，提出用督察治罪的方法统治天下，要胡亥将权力全部集中在自己手中，独断专行，以严刑酷法控制臣民，实行血腥统治政策。于是，胡亥变本加厉，严督重责，杀人无数。

为了达到享乐的目的，胡亥还大量征召民夫，继续建造秦始皇在世时未能完成的阿房宫，以及修筑直道、驰道、骊山陵墓等大型工程，又调集5万精兵保卫咸阳，加派各地郡守向咸阳运输大量粮草。押运粮草者须自备干粮，不得动用咸阳周围300里以内的谷物。如此苛税日益沉重，徭役越来越多。

秦二世元年七月，北边渔阳郡需要一批戍卒，朝廷征召了陈胜[③]、吴广[④]等900人。戍卒们行至大泽乡，天降大雨，耽误了行程，按律当处以斩首。陈胜、吴广遂揭竿而起，振臂一呼，天下群雄响应，六国名号复起，诸侯林立，各自称王，矛头共同指向秦朝暴政。陈胜、吴广部将宋留打到武关，另一部将周文则率10万大军直奔函谷关。

消息传到咸阳，儒生们多数说百姓造反，要镇压，但待诏博士叔孙通深知大秦将亡、胡亥昏庸，故意进言说："现在天下合一，城无防，民无兵器，明主在上，法令在下，臣民奉职，四方安定，陈胜、吴广之流不过是一些鸡鸣狗盗之徒，何足挂齿？地方正在将他们缉拿归案，陛下无须多虑。"胡亥听后，更不放在心上，还下令把那些儒生抓起来关进监狱。叔孙通逃过一劫，回到住所后立即收拾行李亡命天涯，后来他辅佐刘邦制定朝仪，成为汉代名儒。

指鹿为马　贻笑千古

赵高之所以将胡亥扶上皇帝的宝座，其实心里打着自己的如意算盘，那就是妄想有朝一日取代胡亥，自己当皇帝。李斯死后，胡亥拜赵高为相。赵高再次向胡亥进言说："陛下还年幼，对于朝政大事未必精通，如今面对群臣，一旦做事有所不妥，必损陛下威严。不如陛下深居后宫，朝中大事交予微臣处理，天下臣民就会称陛下为圣明君主了。"胡亥觉得赵高言之有理，于是就取消了百官朝会的制度，将朝政全部交由赵高处理。

秦二世三年八月，赵高开始实施篡权计划，为了试探群臣对自己的态度，他趁朝会之机将一只鹿献给胡亥，但却说这是一匹马。胡亥大笑，说："丞相真会开玩笑，明明是一只鹿，怎么会是马？"赵高就转向群臣，问到底是鹿还是马，群臣大都慑于赵高的淫威，有的沉默不语，有的附和说是马，只有几个人说是鹿。事后，那些说是鹿的人全都被赵高以各种借口杀害。

然而，胡亥并没有从这件事中醒悟过来，反而更加执迷不悟，认为自己得了迷惑病，还请来巫师，又到上林苑中斋戒。有一次，一个路人误入上林苑，被他看到，他亲自搭弓将那人射死。赵高听说了这件事，又劝道："陛下杀了无辜生命，上天是会怪罪的，不如去别的地方躲避一阵子。"胡亥心虚，便到望夷宫躲避去了。

不久，陈胜的大军直逼咸阳。胡亥得知消息后，心中害怕，听取少府章邯⑤的建议，命其为统帅，带领骊山刑徒迎战。刑徒作战勇敢，又有长史司马欣的支援，如虎添翼，先后在陈郡打败陈胜，在定陶打败项梁，在临济消灭魏咎⑥，然后北渡黄河，在巨鹿包围赵歇。

秦二世三年，各路义军前来解救赵歇，双方形成对垒之势。

不久，项羽率领骁勇善战的楚军前来增援，打了章邯一个措手不及，连连败退。章邯急派司马欣去咸阳求援，赵高拒不相见，章邯走投无路，投降了项羽。于是，各路英雄集结，直奔咸阳而来。

直到这时，胡亥才隐隐觉得自己上了赵高的当，于是派人前去责问赵高。赵高深感事情不妙，决定提前动手篡夺帝位，他与时任郎中令的胞弟赵成密谋，里应外合，又找来任咸阳令的女婿阎乐，几个人组织吏卒，谎称追捕盗贼，闯入望夷宫，见人就杀，直逼胡亥住处。胡亥惊慌失措，忙命人抵抗，但手下人四处逃命，无人敢出面应对。面对赵高、赵成及阎乐的威胁，胡亥下跪求饶仍无济于事，在万分绝望之下，他只能拔剑自尽。

秦二世胡亥在位不到3年，死后葬在杜南的宜春院中，没有庙号和谥号。

注释：

①赵高（?—前207年）：秦大臣，进入秦宫管事二十余年，任中车府令，兼行符玺令事。秦二世时任郎中令，居中用事，控制朝政。杀李斯后任中丞相。后为秦王子婴所杀。

②三川郡：战国韩宣王置，以境内有河、雒、伊三川而得名。秦庄襄王元年（前249年），秦灭东周国，后秦将蒙骜伐韩，取成皋（gāo）、荥（xíng）阳，并置三川郡，郡治在今洛阳汉魏故城。一说位于荥阳。辖境相当于今河南黄河以南，灵宝以东的伊、洛流域和北汝河上游地区。

③陈胜（?—前208年）：秦末农民起义的领袖之一，因秦朝苛法，在蕲县大泽乡与吴广率众起兵，不久在陈县称王，建立张楚政权。后被秦将章邯打败，为车夫所杀。

④吴广（?—前208年）：秦末农民起义的领袖之一，起义军建立张楚政权后，他任假王，率诸将西征，围攻荥阳。后被田臧假借陈胜的命令杀害。

⑤章邯（?—前205年）：秦末将领，在巨鹿之战中被项羽打败，投降，后被项羽封为雍王。楚汉战争中在废丘兵败自杀。

⑥魏咎（?—前208年）：原为魏国公子，西魏王魏豹之兄，秦始皇统一六国后被废为庶民，后跟随陈胜起义，夺回魏国的土地，被拥立为魏王。

四年吕不韦铜戈→

1957年湖南省长沙市左家塘秦墓出土。"四年"即秦始皇四年（前243年）。

秦始皇像→

出自《三才图会》，明代万历三十五年（1607年）刊印本。

秦坑儒谷↑

位于西安市临潼区韩峪乡洪庆堡村的"秦坑儒谷"纪念碑为当地政府1994年所立。

泰山刻石残石拓片（局部）↑

泰山刻石是刊刻于秦代的一方摩崖石刻，传为李斯撰文并书丹，原立于山东泰安市泰山山顶，残石现存山东泰安市泰山岱庙东御座院内。

←阿房宫前殿遗址

位于今陕西省西安市西咸新区沣东新城王寺街道。1991年，阿房宫遗址被联合国确定为世界上最大的宫殿基址，属于世界奇迹。

←两诏文空心铜权

秦代量器，陕西西安秦始皇陵附近出土。此权在秦始皇的诏书后加刻秦二世诏书。

阳陵虎符↑

此符是秦始皇调动军队的凭证。相传山东省临城出土，现藏国家博物馆。

←椭圆铜量

长 30.2 厘米，外壁刻有秦始皇二十六年统一度量衡的 40 字诏书，为当年秦统一量器的标准器具。

秦半两钱↑

秦始皇统一六国后，统一货币，以黄金为上币，以铜质圆形方孔钱为下币，通行全国。

←秦兵马俑一号坑

兵马俑是秦始皇陵墓的一部分。一号坑为东西向的长方形坑，长 230 米，宽 62 米，总面积 14260 平方米，为最大的兵马俑坑。

秦兵马俑二号坑铜车马↓

通长 3.171 米，高 1.06 米，1980 年 12 月秦始皇陵封土西侧出土。

秦始皇陵外景↑

建于前246-前208年的秦始皇陵，位于陕西西安临潼区东骊山脚下，夯土坟丘现高43米。图为秦始皇陵外景。

跪射俑↓

通高1.2米，秦兵马俑二号坑出土，造型生动，神态逼真，是秦俑中的精品。

←广武涧

广武山，位于郑州荥阳市黄河南岸。山上有一条由南向东北的巨壑，这就是著名的"广武涧"，楚汉相争的古战场。

灵渠↓

前219年，秦将史禄主持开凿灵渠，沟通湘、漓两大水系的航运。图为广西兴安灵渠的主体工程。

项羽↑

出自《三才图会》，明代万历三十五年（1607年）刊印本。

田横五百士 →

布面油画,徐悲鸿绘,现藏于北京徐悲鸿纪念馆。所描绘的是田横在刘邦称帝后,刘邦将他招安到洛阳,他的500名属下为他送行的情景。

井陉古战场 ↑

前204年,韩信率汉军在河北井陉(今石家庄井陉县)绵河东岸背水列阵,击溃号称20万的赵军。

刘邦 ↑

出自《历代帝王像》,传为清代姚文翰绘制,现藏美国大都会艺术博物馆。

←**却坐图**

宋代佚名画家创作,现藏台北故宫博物院。描绘汉文帝妃慎夫人恃宠与帝后平起平坐,中郎将袁盎犯颜直谏,文帝纳谏,慎夫人只好悻悻而起。

西汉

高帝刘邦

刘邦档案

生卒年	公元前256—前195年	在位时间	公元前206—前195年
父亲	刘太公	谥号	高皇帝
母亲	刘媪	庙号	太祖
后妃	吕皇后、戚夫人、薄姬、管夫人、赵子儿等	曾用年号	无

刘邦，字季，沛郡丰邑中阳里人，汉朝开国皇帝。

刘邦出身农家，为人豪爽，广交朋友，但不爱劳作。秦朝时他曾任沛县泗水亭亭长，有一次押送刑徒修筑长城，因为中途私自放跑徒役，躲到芒砀（dàng）山。陈胜、吴广起义后，他集合三千子弟响应，攻占沛县等地，称沛公。后来又投奔项梁，被封为砀郡长，为武安侯。汉王元年（公元前206年）十月，刘邦率军进驻灞上，秦王子婴投降，秦朝灭亡。同年，刘邦被项羽封为汉王，统治巴蜀及汉中一带。后来，楚汉战争爆发，刘邦因知人善任，从谏如流，得到了张良[①]、萧何[②]、韩信[③]等人的忠心辅佐，又注意联合各地反对项羽的力量，终于后来居上，逼迫项羽自刎于乌江，统一了天下。

汉王五年（公元前202年）二月初三，刘邦于定陶汜（fán）水之阳正式称帝，始定都洛阳，未央宫建成后迁都长安，史称西汉。

刘邦当上皇帝以后，为了巩固帝位，诛杀了一起打天下的开国功臣韩信、彭越④、英布⑤、臧荼（shū）等异姓诸侯王，裂土分封了9个同姓诸侯王。同时，他又建立规章制度，制定休养生息的宽松政策，以减轻农民的负担，推动农业生产，从而使经济得到长足发展。另外，他还让大量士兵解甲归田，免其徭役，并采取重农抑商的政策，稳定封建统治秩序。他所制定并实行的种种措施，不仅安抚了百姓，也奠定了汉朝雍容大度的文化基础。在边疆问题上，他对匈奴采取和亲政策，开放与匈奴之间的关市，使边境地区的百姓过了安稳的生活。

汉太祖十二年（公元前195年），刘邦讨伐英布叛乱，被流箭射中，之后一病不起，于四月二十五日病逝，终年62岁，谥号高皇帝，庙号太祖，葬于长陵。

传奇人生　无赖英雄

刘邦小时候聪明伶俐，被父亲送到私塾读书，但他不爱学习，父亲只好让他回家种地，可是他根本不愿意干那种面朝黄土背朝天的粗活，因为好吃懒做，他没少挨父亲的责骂，但他充耳不闻，依然我行我素。父亲无奈，只好任由他在集市上游荡。刘邦性格豪爽，出手大方，因此结交了不少朋友。成年之后，因为略通文墨，他当上了秦朝的泗水亭亭长，与郡县官吏的关系也很好。

刘邦虽然生性浪荡，但却胸怀大志。有一次，他负责押送徒役去咸阳服劳役，途中巧遇秦始皇巡游，在目睹秦始皇仪仗的威武壮观后，他慨然叹道："大丈夫就应该像这样啊！"

当时单县有一个吕公，与沛县县令关系不错，因为躲避仇家来到沛县居住，县令宴请全县的士绅名流为吕公接风。时任主吏的萧何是宴会的主持，规定贺礼一千以上者到堂内雅间，贺礼不到一千者就坐在大堂外面。刘邦空手而去，却让人传话说带贺礼一万。吕公一听，喜出望外，急忙出来迎接，看到刘邦仪表堂堂，认定他并非凡夫俗子，即便刘邦未带贺礼，仍将他拉进屋里奉为上宾。宴毕，吕公特意将刘邦留下，主动提出将女儿吕雉许给他为妻。刘邦非常高兴，不久即与吕雉完婚，后生下一女一子，女儿即后来的鲁元公主，儿子则是后来的汉惠帝刘盈。

一天，吕雉和女儿正在田里劳作，一位术士路过看到她们，说道："夫人和小姐天生贵相，怎会干如此粗活？"吕雉以为这人在开玩笑，所以没有放在心上，三言两语就将他打发走了。不大一会儿，刘邦回来，吕雉将术士的话说给他听。刘邦顿时非常欢喜，急忙追上那位术士，让他为自己看相。术士看后大吃一惊，说刘邦相貌贵不可言，刘邦遂将此话牢记在心。

此后不久，刘邦负责押送一批刑徒去咸阳，一路上不断有刑徒逃命。他一时怜悯心起，又加上喝了些酒，便释放了所有刑徒，自己也逃命去了。当时有10多个刑徒对他感恩戴德，不愿扔下他一人，便和他同路奔逃。他们一行正往前走，忽然有探路人过来禀报，说前面道路上有一条白蟒挡住去路，十分吓人，必须绕行。刘邦醉眼蒙眬地说道："不就是一条蛇吗，怎么能怕它！"于是拔剑上前，将白蟒斩为两截，然后自顾向前赶路去了。后面又有人经过，看见白蟒死去的地方坐着一位老太太在放声大哭，于是就上前问她为何而哭，老太太说自己是白帝的夫人，儿子变成一条白蟒躺在路上，却无缘无故地被赤帝的儿子杀死了。众人正要责备老太太胡言乱语，老太太却突然不见了。众人纷纷称奇，急忙追赶上刘邦，将此事说给他听，刘邦暗暗得意，从此以赤帝的儿子自居。

因为私自放走刑徒犯了罪，刘邦不敢回家，就在芒砀山中过起了东躲西藏的日子。让人备感惊奇的是，无论他藏身何处，他的夫人吕雉准能很快地找到他。刘邦不解，问其原因，吕雉说："你藏身的地方总会有一团五彩祥云环绕，我就是通过那云找过来的。"刘邦不由想起了术士给自己看相的事情，更加相信自己就是赤帝的儿子，于是逢人就讲，吸引了当地豪杰纷纷前来投奔他。

刘邦48岁那年（公元前209年），陈胜、吴广在大泽乡起义，攻下陈郡后，陈胜称王，建立"张楚"政权。沛县县令有意投降，便找来萧何和狱掾（yuàn）曹参⑥征求意见。萧何、曹参向他献计说："这样去投降没有一点功劳，不如多带一些豪杰过去，说不定还能当个首领。"并一致向他推荐刘邦，让他联合刘邦一起起兵。沛县县令便找到吕雉的妹夫樊哙（kuài），让他去找刘邦。此时刘邦手下已有好几百人，正愁无用武之地，听后正中下怀，就把人带了过来。可是，沛县县令突然反悔，害怕自己的势力会被刘邦吞并，吓得紧闭城门，并要杀掉萧何和曹参。萧、曹二人得知消息后，急忙逃出城去。刘邦非常气怒，写了一封信用箭射进城里，号召城里的百姓将县令杀掉。城里的百姓早已听说过刘邦的故事，又痛恨县令平时的所作所为，于是群起而攻之，杀了县令，开门迎接刘邦进城，并推举他为县令。刘邦假惺惺地推辞了一番便接受下来，他走进县衙，设坛祭祀，宣称自己是赤帝之子。他竖起红色大旗，宣布起兵反秦，并派樊哙、萧何、曹参等人分头招兵买马，沛中青年踊跃报名，队伍很快发展到几千人。

推翻秦朝　约法三章

刘邦在沛县起兵的同时，项梁、项羽也在吴中起兵，很快聚集了八千江东弟子。原六国王室的后代也纷纷起兵，自立为王。

秦二世二年（公元前 208 年），陈胜被害。项梁得到消息后，召集天下英雄到薛县开会，刘邦也参加了会议。在项羽的提议下，大家一致同意拥立前楚怀王的孙子熊心为王，仍称"楚怀王"，定都盱眙。

一个月后，楚军向秦军发起进攻，打了几场胜仗，项梁有些得意忘形。起义军行进到定陶的时候，突然遭到秦将章邯的夜袭，结果，楚军大败，项梁被杀。章邯随后又调兵攻赵，赵王自知不敌，忙向楚怀王求援。楚怀王下令兵分两路，一路由宋义、项羽、范增⑦为首领，率军增援赵国；一路由刘邦率军西进关中。临出发的时候，楚怀王许诺说："先入关中者为王。"

秦二世三年八月，刘邦攻入武关，逼近咸阳。赵高自知咸阳不保，派人向刘邦求和，但遭到刘邦的拒绝。九月，秦王子婴继位，杀了赵高，派兵在峣关抵挡刘邦，结果大败。十月，刘邦抵近咸阳东郊灞上，秦王子婴无奈之下，乘坐素车白马，双手捧着玉玺向刘邦投降，至此，秦朝灭亡。

按照当初的约定，刘邦进入关中后，即以关中王自居，开始飘飘然起来，搬进秦宫纵情享乐。关键时刻，幸亏樊哙、张良、萧何等多次相劝，刘邦终于幡然醒悟，急忙搬出皇宫，把秦朝的府库全部封闭，回到灞上驻军。

十一月，刘邦召集咸阳士绅名流，宣布说："我们此次入关，是为了推翻秦朝的暴政，请父老乡亲不要害怕！父老们苦于秦朝的严刑苛法已经很久了，说句不同的意见就会被灭族，发句牢骚就会被斩首。我与各位诸侯有约定，先入关者为王，所以我应该会成为关中之王。现与父老们约法三章：杀人者死，伤人及盗抵罪，秦之律法一律废除。所有官吏行政予以保留。"当地百姓听后非常高兴，纷纷带着酒肉过来慰劳三军。刘邦坚辞道："仓库里粮食堆积如山，你们生活贫苦，就不要来慰劳了。"百姓们听了更加欢喜，唯恐刘邦当不了关中王。

这时有一见识短浅的谋士向刘邦提议说："现章邯投降项羽，被封为雍王，而秦之财富十倍于天下，地势险要，王当派兵驻守函谷关，以防其他诸侯有觊觎之心。"刘邦采纳了他的意见，派兵驻守函谷关。

同年十月，项羽消灭秦军主力，气势汹汹地率军赶来，见关门紧闭，大怒，于是破关而入，率40万大军开到戏下。刘邦手下有一个名叫曹无伤的左司马，暗中向项羽告密说："沛公称王关中，封子婴为相，将秦之财宝据为己有。"项羽更加恼怒，谋士范增等人力主除掉刘邦，项羽遂准备武力夺关。刘邦此时只有10万兵力，显然不是项羽的对手。刘邦的谋臣张良对项羽的叔父项伯有救命之恩，项伯连夜赶到刘邦军营，欲救张良出去。张良却说："沛公有难，我怎能私自逃命？"然后将此事告知刘邦。刘邦大惊，速求对策，张良献计说："沛公当亲自面诉项伯，说从未有背叛之心。"刘邦便设宴招待项伯，席间先约定为儿女亲家，而后说："自我入关后，秋毫无犯，登记吏民，封存府库，以待将军，所以遣将守关，只为防备贼寇。日夜盼将军到来，不敢背叛，望项兄回去后能向将军言明。"项伯说："既是这样，天亮后你当亲自向将军言明。"刘邦答应下来。项伯不敢耽搁连夜回营，将刘邦的话如实告知项羽，并劝道："若沛公不先攻破关中，你又怎能顺利入关，现在怎能以德报怨呢！"项羽怒气渐消，遂放弃攻城的打算。

次日，刘邦率张良、樊哙等人来到项羽的营帐赔礼道歉。范增又向项羽献计，让他在宴席上布置埋伏，以摔杯为号，杀掉刘邦，但项羽听了刘邦的解释和道歉后犹豫不决。范增又找来项庄，让他在宴席上以舞剑助兴为名，伺机杀死刘邦。项伯急忙起身与项庄对舞，用身体掩护刘邦。张良见形势危急，让樊哙闯了进去，然后保护刘邦提前离席而逃，刘邦这才保住了性命。这就是历史上著名的"鸿门宴"。刘邦返回军营后，当即诛杀左司马曹无伤。之后，项羽进入咸阳城，烧杀抢掠，杀死秦王子婴，并火烧阿房宫。

汉王元年二月，项羽尊奉楚怀王为义帝，封诸将为王、侯，自称"西楚霸王"，管辖梁、楚九郡，定都彭城，立刘邦为汉王，管辖巴、蜀、汉中等四十一县。刘邦虽然心有不甘，但自知不敌项羽，况且项羽还派了3万大军"跟随"，只好表面上遵从，带着10万人马前往南郑。为了向项羽表示自己绝无二心，也为了自保，刘邦下令烧掉了通往汉中的栈道。

楚汉相争　以弱胜强

刘邦屈居南郑，暗中积蓄力量，势力慢慢壮大，在萧何的推荐下，又得一虎将韩信，不禁雄心勃发，决意出关和项羽一争高下。汉王元年八月，刘邦命萧何留守巴蜀，自己和韩信亲率大军暗度陈仓，迅速占领整个关中，楚汉战争爆发。

汉王二年，刘邦向中原挺进，势如破竹，河南王申阳主动投降；韩王郑昌顽抗，兵败被俘。接着，刘邦北渡黄河，魏王豹率兵投降；殷王司马欣负隅顽抗，被俘。之后，刘邦再南渡黄河，兵取洛阳。此时，刘邦羽翼丰满，率56万大军向东伐楚，兵临彭城。

此时，项羽正在攻打齐国，得知消息后急领3万精兵救援彭城，将刘邦杀了个人仰马翻，连父亲和妻子吕雉也落入楚军之手，自己仅带数十骑及儿女狼狈而逃；各路诸侯也树倒猢狲散，背他而去。

刘邦逃到荥阳，收集逃散士卒，加上萧何派来的援军，韩信也领兵前来会合，势力又壮大起来，在荥阳、索河之间大败楚军，使之不能西进；同时成功劝降项羽手下大将英布，如虎添翼。之后，时局再次翻转，项羽率军包围荥阳。刘邦打不过项羽，又主动求和，请求将荥阳以西的地方划归他管辖。项羽不答应，并听从范增的建议，一方面对荥阳发起猛攻，一方面派人进城对刘邦劝降。刘邦使出离间计，派人准备上等酒席，等使者到达后，刘邦说："我以为是亚父（范增）派来的人，所以以好酒相待，原来是项羽派来的，怎能享受此等待遇？"说完命人将上等酒菜撤去，摆上粗茶淡饭。使者十分恼怒，回营后报告项羽。项羽果然对范增产生了疑心。范增愤而离开，返回彭城，于半路背上毒疮发作而死。

范增走后，项羽加强了对荥阳的攻势。眼看荥阳不保，刘邦手下一个名叫纪信的将领主动提出愿假扮刘邦诈降，刘邦则带领几十名骑兵从西门逃走。项羽擒获纪信，得知真相后大怒，将纪信活活烧死。

项羽占领荥阳后，又攻克重镇成皋。汉王四年（公元前203年），刘邦卷土重来，反克成皋，又包围荥阳。项羽正在外征战，得知消息后忙回兵增援。刘邦紧急撤退，双方在荥阳东北的广武山对阵。项羽面临着粮草危机，心中焦急，便将刘邦的父亲带到阵前，威胁说："如果不投降，就将你的父亲烹食。"刘邦却毫无惧色，反而采用激将法说："我们曾受命怀王，约为兄弟，我的父亲就是你的父亲，如果你执意要烹你的父亲，看在兄弟的分上，也分给我一碗肉汤。"项羽大怒，挥刀欲杀刘父。项伯劝阻道："天下事还不知道什么样子，再说争夺天下的人都是六亲不认，即使杀了刘邦的父亲也不会有什么好处，只能徒增仇恨罢了。"项羽遂放过刘公。

之后，项羽约刘邦独战，刘邦不从，说："我和你只斗智，不斗力。"并罗列项羽的十大罪状，骂他是秦朝残贼。项羽怒不可遏，命人伏击刘邦，楚军用弓弩射中刘邦胸部。

双方陷入僵持，最后在辩士侯公的撮合下达成协议，以鸿沟为界，平分天下，西方属汉，东边归楚，项羽送还刘邦的妻子和父亲。之后，各自退兵休战。但张良、陈平却认为："汉已具有天下大半，诸侯归属，楚兵人疲马乏，正是灭楚兴汉的大好时机，不可养虎为患。"刘邦遂撕毁协议，出兵追击项羽。

汉王五年，刘邦追上项羽，并约韩信、彭越前来会师。到了固陵，韩信、彭越还未到，项羽主动向刘邦发起攻击，大败汉军，刘邦只好坚守待援。张良向刘邦献计说："若能封韩信为齐王，封彭越为梁王，他们二人必定帮你全力击破项羽。"刘邦听从建议，派人向韩、彭二人传话。韩、彭二人表示将速速带兵救援，加上楚大司马周殷叛楚降汉，另有淮南王英布领兵赶来，汉军合兵一处，围住项羽。

此时项羽兵少粮尽，一天夜里，汉军在楚营四周高唱楚歌，项羽以为被汉军包围，心生绝念，便让美人虞姬陪自己饮酒，并牵来心爱的坐骑乌骓马，悲壮地唱道："力拔山兮气盖世，时不利兮骓不逝，骓不逝兮可奈何，虞兮虞兮奈若何！"虞姬合唱道："汉兵已略地，四方楚歌声。大王意气尽，贱妾何聊生。"二人唱了数遍，虞姬含泪自刎。项羽涕泪横流，率八百骑兵连夜突围而去。

天亮后，刘邦发现项羽突围，遂令大将灌婴®率骑兵五千追击。项羽渡过淮河，手下仅剩百余人，至阴陵又迷失方向，于是引兵向东，在东城被灌婴追上，经过一番激战，项羽逃到乌江，深感无颜见江东父老，不愿过江，拔剑自刎。楚汉之争以刘邦胜利而告终。

分封王侯　与民生息

汉王五年，已被封王的韩信、彭越、英布、张敖、吴芮等人共尊刘邦为皇帝。刘邦假意推辞，众人说道："大王替天行道，平定天下，立功臣，不为私，功劳高于诸侯王，当称帝无愧。"刘邦顺水推舟地同意了，于二月初三在山东定陶氾水之阳称帝，定国号为汉，定都洛阳，立夫人吕雉为皇后、儿子刘盈为太子。

为表示庆祝，刘邦在洛阳举办了一场盛大的宴会，招待群臣。席间，刘邦询问群臣项羽失败的原因。高起、王陵说："陛下有功必赏，能与天下同利，而项羽妒贤嫉能，有功者害之，贤者疑之，所以才会失败。"刘邦说："你们只知其一，不知其二，还有一个重要的原因是我拥有运筹帷幄、决胜千里的军师张良，有镇守国家、安抚百姓、保证粮草供应的萧何，有统兵百万、战无不胜、攻无不克的韩信。这些人聚在一起，各尽其能，所以我能够取得天下。而项羽只有一个范增，却不能重用，所以最后被我击败。"众臣皆点头赞同。

不久，一个名叫娄敬（后赐姓刘）的人特意从山东赶来求见刘邦，建议刘邦迁都关中。刘邦征求群臣的意见，结果大家都表示反对，唯有张良同意，说道："关中乃金城千里，天府之国，攻守兼备，地理位置十分优越，应当迁都。"刘邦觉得张良言之有理，于是迁都栎阳，在未央宫建成后迁入长安。

在行政制度上，西汉基本上沿袭了秦朝的制度，皇帝总揽大权，下设三公九卿，地方上实行郡县制，前后共划分了36个郡。不同的是，为了加强县乡之间的联系，在各乡的三老中推出一人为县三老。除此之外，刘邦还分封了一些诸侯王，有异姓也有同姓，同姓都是他的子、侄、兄弟。诸侯王国和郡的地位平等，王国的相国和太傅必须由朝廷任命，没有皇帝的命令，诸侯王不得擅自动兵。后来，为了奖赏有功之臣，他又分封了一些与县级平等的侯国。为了维护尊卑秩序，刘邦沿用了秦朝的20级爵位制度，又仿照秦朝制定了一套礼仪制度。他还对法律做了修改，颁布了《九章律》。通过以上的一系列措施，重新建立了中央集权。

经过近8年的战乱，全国经济萧条，人口锐减。为迅速恢复和发展经济，刘邦采取了一系列休养生息的政策：释放囚犯、鼓励流民返乡、军人解甲归田、解放奴婢、鼓励生育，增加全国劳动力，促使百姓从事生产劳动。同时还通过调整土地，发展地主经济，恢复国民经济。在农业方面，实行轻徭薄赋，废除秦朝的苛法，豁免徭役，减轻百姓负担，通过"赐爵""复爵"等方法调动农民的生产积极性。另外，还放宽了对私人工商业的限制，这样，不仅振兴了工商业，还很好地发展了农业。

在对外政策上,刘邦采用"和亲"的方式,将宗室的公主嫁给匈奴的冒顿(mò dú)单于,并赏赐大批财物,使边境得以稳定,给中原人民提供了一个安定发展的大好环境,使农业得到快速发展,经济迅速恢复。

恩威并施　巩固皇权

刘邦虽然夺得了江山,但是他非常清楚,天下并不太平。

汉太祖六年(公元前201年)十二月,刘邦得到消息说韩信阴谋叛乱,刘邦将信将疑,询问群臣,群臣都认为应该尽快发兵,铲除韩信。只有陈平力排众议,建议刘邦假装巡游,召集各诸侯王到陈县面君议事,待韩信一到,即行抓捕。刘邦依计将韩信抓了起来,韩信大呼冤枉,说:"正如人言,狡兔死,走狗烹;高鸟尽,良弓藏;敌国破,谋臣亡。如今天下太平,陛下真要杀了我啊!"刘邦不予理会,命人将韩信捆绑起来押上囚车,但到了洛阳却又查无实据,只好将韩信放了,把他降为淮阴侯。从此,韩信对刘邦怀恨在心。

后来,韩信唆使手下部将陈豨(xī)在外地造反,诱使刘邦出兵平叛,他自己则准备在都城袭击吕后和太子,发动兵变,不料却被奸细告密。吕雉采用萧何之计,诱使韩信入宫,将其逮捕,处决于长乐宫中。

经过7年的努力,刘邦采取不同的手段,将长沙王吴芮之外的异姓诸王侯全部解决了。

对于其他将领,刘邦也颇费心思,及时拉拢、稳定人心。有一次,刘邦在洛阳南宫看到许多大臣聚在一处议论纷纷,便问张良,群臣在议论何事。张良回答说:"他们是在密谋造反。"刘邦十分不解,问道:"如今天下已经太平,他们为什么还要造反?"张良回答说:"正因为天下太平,他们害怕会被陛下杀掉,而陛下又不封赏他们。"刘邦又问张良该怎么办,张良反问他平时最恨而又人所共知的人是谁,刘邦回答说是雍齿。张良便说:"应封雍齿为侯,让大家看到雍齿都能受封,就不会再害怕了。"刘邦觉得张良言之有理,便封雍齿为什邡侯,如此一来众臣俱安。

刘邦又接受了娄敬的建议,将六国贵族残余以及名门望族迁到关中,加强对他们的管理,让他们丧失社会基础,从而消除滋生叛乱的土壤。

除了这些软硬兼施的手段,刘邦还非常注重从礼仪规制和道德观念上引导、整肃、管理人们的思想。在礼仪方面,他以身作则,每5天去探望一次父亲。太公的下属对太公道:"天无二日,地无二主,皇帝虽然是您的儿子,却是一国之主,您虽是他的父亲,却是人臣,怎能让皇帝来拜见您呢?这岂不是乱了礼仪?"太公觉得言之有理,于是,等到刘邦再来拜见时,太公坚决不见。刘邦追问原因,太公如实相告。刘邦暗自高兴,于是对这些手下实行重赏,另加封太公为太上皇,这样既可以名正言顺地去拜见父亲,又借机宣扬了皇帝至高无上的权力。

项羽昔日的手下大将季布,曾几次大败刘邦;还有一个丁公,也曾率兵追赶刘邦,不过又将他放了。刘邦称帝后,想要捉拿他们二人,但考虑到正是用人之际,于是又改变想法,下令赦免季布,并拜他为郎中。丁公听说季布做了官,想到自己对刘邦有恩,如果去拜见他,肯定会受到重赏,于是就去拜见刘邦。然而,刘邦却命人将他抓起来斩首示众,并对群臣说:"正是因为有丁公这样不忠不义的臣子,项羽才会大败。以后做人臣千万不要像丁公这样。"

对于危及自己统治的权臣,刘邦也采用铁腕手段严厉打击,毫不留情。汉太祖十二年(公元前195年),刘邦平定英布叛乱,回到长安不久,萧何向他提议说:"长安地方狭小,而上林苑空地很多,多年荒弃,不如允许老百姓进去耕种,也好派上用场。"刘邦大怒,说萧何收了贿赂,于是不顾多年情义,将萧何关进监狱。有人问萧何犯了何罪,刘邦说:"秦朝的李斯也是相国,有功都归于皇帝,有过都揽在自己身上。而今相国却接受商贾贿赂,替他们求情,要我开放上林苑,讨好百姓,因此治罪。"如此一来,刘邦不仅削弱了相权,而且加强了自己的权威。

白登被围　命悬一线

刘邦称帝以后，在北方有一个不容小觑的彪悍民族，即匈奴。匈奴首领冒顿于秦二世元年弑父夺位，自立为单于，先后吞并了东胡、月氏（zhī）、楼烦、白羊河南王，迅速强大起来；之后又夺取了秦朝大将蒙恬镇守的地盘及朝那、肤施等郡县，直接威胁汉王朝在北部的统治。

汉王五年，刘邦封韩信（因与淮阴侯韩信同名，为避免混淆，史书多称其为韩王信，本书亦用韩王信代指其人）为颍川王，定都阳翟。但是，刘邦很快便后悔，因为阳翟地处中原腹地，乃兵家必争的战略重地，一旦韩王信有意谋反，将对大汉统治构成严重威胁。于是，刘邦以防御匈奴为名，将韩王信的封地迁至太原郡，以晋阳为都。

韩王信对此很不满意，不久即上奏刘邦，以晋阳离边疆太远，不利于守御为由，请求将王都迁到更北方的马邑，得到了刘邦的批准。韩王信到马邑后，立即遭到匈奴的攻击，并打了败仗，只得派使者与匈奴讲和。刘邦听说后怀疑韩王信与匈奴私通，遣使问责，韩王信害怕被杀，便主动献出马邑，向匈奴投降，并引领匈奴南下，进入雁门关，攻取晋阳。刘邦大为震怒，当即决定御驾亲征，率领32万大军前去讨伐。

汉军一路势如破竹，行到山西沁县一带，重挫韩王信。韩王信不甘失败，又纠集残兵败将，拥立赵国后代赵利为王，联合匈奴与刘邦大战，但连连败退。

刘邦乘胜追击，一直到达晋阳，得知匈奴驻兵于代谷，于是派人前去侦察。然而，匈奴首领冒顿要了一个花招，将精锐士兵、肥壮牛马等隐藏起来，只留下年老体弱的士兵和瘦弱的牲畜。前去侦察的人将消息汇报给刘邦，刘邦将信将疑，为了进一步核实情况，他再派刘敬出使匈奴。刘敬回来之后，向刘邦汇报说冒顿故意将自己的弱兵暴露出来，有可能是假象。可是刘邦已经被胜利冲昏头脑，把刘敬大骂了一顿并囚禁起来，然后冒险领兵前进，很快到达平城，结果在白登山中了冒顿的埋伏，被40万匈奴大军团团包围起来。经过多次战斗，刘邦始终未能突围。时值隆冬，气候严寒，很多将士被冻伤，粮草亦所剩无几，以致军心涣散，随时都有被消灭的危险。谋士陈平建议刘邦用重金买通冒顿的妃子，让冒顿放刘邦一条生路。经过一番斡旋，双方握手言和，罢兵休战。事后，刘邦将先前派去匈奴侦察的人全部杀掉，并封刘敬为关内侯，食禄2000石。

"白登之围"后，匈奴屡次违背所订盟约，对边界进行侵扰劫掠。刘邦无奈，只得采取和亲政策，欲将长公主嫁过去，但遭到吕后的拒绝。刘邦无奈，只好封宗室女为公主，嫁给冒顿单于，并派刘敬为使者陪同前往。另外，汉朝每年还送给匈奴大批棉絮、丝绸、粮食、酒等。自此，汉朝与匈奴约定结好，以长城为界，两国的关系暂时得到了缓和。

白马之盟　以稳汉室

连年的征战加上繁忙的朝政大事，使刘邦的身体严重透支。汉太祖十一年（公元前196年），英布叛乱，刘邦亲率大军平叛，不幸中箭受伤，回到长安后病情加重。御医过来诊视，安慰他说："病可治。"刘邦心中明白，说道："我一介布衣，以三尺剑而取天下，此乃天命。现在我已病入膏肓，即使扁鹊在世又能如何，这也是天命。"吕后见刘邦将不久于人世，问道："陛下百岁以后，萧相国假如也去了，他的位置应该由谁接替？"刘邦回答说："曹参可以。""那么，曹参之后呢？"吕后又问。刘邦说道："王陵可以，但王陵过于认死理，可由陈平①协助。陈平虽有智谋，却难以独任；周勃②为人宽厚，学问不足，但可以安定江山，可以让他做太尉。"

汉太祖十二年三月中旬，刘邦病危，他拖着重病之身召集朝廷重臣和吕后，命人杀了一匹白马，要大家对天盟誓：第一，国以永存，施及苗裔（只要汉室江山还存在，就永远善待大臣们的子孙后代）。第二，非刘氏而王者，天下共击之；若无功上所不置而侯者，天下共诛之（非皇族成员不得封王，没有军功者不得封侯）。

注释：

①张良（？—前189年或前190年）：秦末汉初军事谋略家，祖、父均为韩国相。在楚汉战争期间，提出不立六国后代，联结英布、彭越，重用韩信等策略；又主张追击项羽，歼灭楚军，均为刘邦所采纳。刘邦称帝后封留侯。

②萧何（前257—前193年）：西汉初大臣，秦末佐刘邦起义，楚汉战争期间以丞相身份留守关中，输送士卒、粮饷支援前线作战。刘邦称帝后封酂侯，位次第一。定律令制度，设计助吕后杀淮阴侯韩信。

③韩信（？—前196年）：秦末汉初军事家，初属项羽，后归刘邦，任大将。在楚汉战争中率军出陈仓、定三秦、擒魏、破代、灭赵、降燕、伐齐，直至垓下全歼楚军，无一败绩。先封齐王，刘邦称帝后改封楚王。因有人告其谋反，降为淮阴侯。又被告于长安谋反，萧何与吕后定计，诱其入宫杀之。

④彭越（？—前196年）：秦末聚众起兵，楚汉战争时归刘邦，略定梁地，屡断项羽粮道。不久率兵从刘邦击灭项羽于垓下。封梁王。后被告发谋反，为刘邦所杀。

⑤英布（？—前195年）：秦末率骊山刑徒起义，曾为项羽部将，封九江王。楚汉战争中归汉，封淮南王，参与了垓下之战。彭越、韩信相继为刘邦所杀后，举兵造反，战败后逃至江南，被长沙王诱杀。

⑥曹参（？—前190年）：秦末从刘邦起义，屡立战功。汉朝建立后封平阳侯，曾任齐相9年。参与平定陈豨、英布等叛乱。惠帝时继萧何为丞相。

⑦范增（前277—前204年）：从项梁起兵反秦，后属项羽，为主要谋士，辅佐其建立西楚政权，被项羽尊为"亚父"。

⑧灌婴（？—前176年）：汉朝开国功臣，从刘邦入关灭秦，屡立战功。汉朝建立后封颍阴侯。吕后死后，与陈平、周勃等人共同诛灭吕氏，迎立文帝，升太尉，后为丞相。

⑨陈平（？—前178年）：西汉开国功臣，封曲逆侯。惠帝、吕后时

任丞相，以吕氏专权，不治事。吕后死后，与周勃等定计诛杀吕氏，迎立文帝，为左丞相。周勃罢相后，专为丞相。

⑩周勃（?—前169年）：秦末汉初名将，从刘邦起义，以军功拜为将军，封绛侯。从刘邦平定韩王信、陈豨、卢绾的叛乱。吕后时任太尉。文帝时任右丞相，后被诬告谋反而入狱，不久得赦免。

惠帝刘盈

刘盈档案

生卒年	公元前210—前188年	在位时间	公元前195—前188年
父亲	太祖刘邦	谥号	孝惠皇帝
母亲	吕雉	庙号	无
后妃	张皇后	曾用年号	无

刘盈，刘邦次子，西汉第二位皇帝。

汉王五年，刘盈9岁，被立为皇太子。汉太祖十二年，刘邦驾崩，年仅16岁的刘盈继位。他继承帝位以后，继续推行刘邦的休养生息政策，实施仁政，减轻赋税，政治清明，国泰民安，促进了汉朝的繁荣；同时解除秦朝延续下来的思想禁锢，提倡黄老哲学，促进了汉代思想文化的发展。

惠帝继位时还很年轻，加上生性善良而又懦弱，一生都没有摆脱吕太后的控制，抱负难以施展，于惠帝七年（公元前188年）郁郁而终，时年23岁，谥号孝惠皇帝，葬于安陵。

颠沛流离　终承父业

刘盈是刘邦与皇后吕雉所生的嫡长子。他很小的时候，父亲只是泗水亭的一个小小的亭长，家中生计主要靠种地来维持。秦末，刘邦因醉酒私自释放徒役而逃到芒砀山，刘盈从此和父亲分离。秦二世元年，刘邦起义，刘盈更是难得与父亲见上一面。楚汉战争爆发后，刘邦派人去接家人，不料他们在吕公的带领下已经逃亡，中途又不幸走散，刘盈和姐姐在半途中巧遇父亲，而太公和吕雉却下落不明。直到后来，他们被送往关中，才结束了逃亡的生活。

汉王二年，刘盈被立为王太子，封为栎阳留守，由萧何照看。三年后，刘邦打败项羽，登基称帝，刘盈也成为皇太子，时年9岁。

刘盈生性善良软弱，刘邦对他的软弱非常反感，认为他不适合当皇帝；晚年甚至产生了要废掉他的念头。

刘邦妻妾众多，最宠爱的是戚夫人。戚氏是定陶人，不仅相貌异常美丽，而且能歌善舞。刘邦对她宠爱无比，两人整天形影不离，连行军打仗也要带上她。戚夫人给刘邦生了一个儿子，取名如意，刘邦十分喜爱。如意7岁时被封为代王，10岁被封为赵王。随着年龄的增长，如意的性格、样貌都与刘邦十分相似，刘邦对他宠爱有加。戚夫人见刘邦不大喜欢太子刘盈，便央求刘邦改立如意为太子。

刘邦虽有此意，但大臣们却一致反对另立太子，认为刘盈的太子名位早已确定，而且他为人仁厚，宽怀待人，如果无罪被废，另立如意，必将大失人心，动摇国家根本。

汉太祖十年（公元前197年）的一天，刘邦终于做出了决定，向文武大臣宣布："太子懦弱无用，难以继承大统。几个皇子中，只有赵王如意说话行事最像我，继承皇位也以赵王最为合适。所以我决定改立赵王如意为太子。"说罢下令起草废立诏书。御史周昌站出来极力反对。周昌说话有些口吃，刘邦怒气冲冲地问他为何不能改立太子，周昌越急，说话越是结巴，原本满腔怒火的刘邦不禁被逗得笑了起来。一场争论被滑稽的场面所打断，最后不了了之。

但刘邦这一举动却引起了刘盈的生母——皇后吕雉的极大恐慌，她害怕儿子一旦被废，自己的地位也将不保，于是恳请谋士张良出谋划策。张良说：刘邦打天下时，有四位高士为躲避战乱隐居商山。这四人德高望重，名闻遐迩，时人称为"商山四皓"[①]。刘邦得天下后，曾多次请他们出山辅政，但"商山四皓"对刘邦爱骂儒生的行为甚为不满，不愿出山。如果太子刘盈能谦卑礼敬，恭请四人出山，到太子府中做宾客，一旦刘邦知道他不能请到的"商山四皓"竟然愿意追随太子，将有助于提高太子的声望，刘邦也就会放弃废除太子的想法。

吕雉对张良的话自然言听计从，她马上让太子刘盈修书一封，派谋士带厚礼前往商山，叩请"商山四皓"。"商山四皓"深为感动，便到太子府中做起了宾客。

一天，刘邦与群臣欢宴共饮，发现太子刘盈身后恭恭敬敬地跟着四个须发全白的老人。刘邦询问太子后，得知这四人正是自己请不来的"商山四皓"，惊讶地问道："我以前请你们，你们躲避我，如今怎么却追随我的儿子？"

"商山四皓"从容而恭敬地回答说："皇上征伐四海，令天下臣服，四海归心。但是，皇上一直轻慢儒生，动不动就骂人，我等义不受辱，当然只能逃避皇上。太子恭敬仁孝，宽以待人，礼贤下士，天下豪杰之士都愿意为太子所用，所以，我等自愿追随太子。"

宴会结束以后，刘邦无奈地对戚夫人说："我一直想废了太子，但是，如今太子有这四个高士辅佐，名望日隆，羽翼已成，恐怕更难动摇了！我百年以后，吕后就是你的主人！"

汉太祖十一年，为保刘盈的安全，刘邦在"商山四皓"的建议下，取消了让刘盈率兵平定英布叛乱的打算。次年，刘邦在御驾亲征英布时受了箭伤，病情严重，考虑到戚夫人与赵王如意日后的生命安全，他又想要改立太子。张良劝说无益，太傅叔孙通以死相谏也无效，后经"商山四皓"的劝说，刘邦才取消了改立太子的计划。同年四月二十五日，刘邦病逝，刘盈继位，时年16岁，史称汉惠帝。

善良柔弱　郁郁而终

刘盈继位后，萧何继续担任相国，但朝政大事则由吕太后决断。惠帝二年（公元前193年），萧何去世，曹参继任相国，继续推行萧何的变法政策，社会呈现一派清明景象，这就是历史上有名的"萧规曹随"。

在经济方面，刘盈继续推行刘邦时期的"与民休息"政策。因为刘邦在位时征战不断，消耗巨大，赋税在刘邦统治后期又有所增加，刘盈继位后，重新恢复十五税一的政策，减轻了农民的负担；惠帝三年（公元前192年），刘盈又下诏对耕田者免除徭役，同时减免刑罚，在很大程度上调动了农民的积极性。惠帝六年（公元前189年），刘盈下诏规定"女子15～30岁不嫁者，五算"，即一人缴五人的赋税，此举对于发展人口和恢复经济起到了很大的作用。

秦始皇焚书坑儒时，规定除博士官外，私藏书册者处以族刑，刘邦沿用了这一法令，刘盈则明令废止，使民间藏书者又多了起来，儒家思想重新焕发生机，推动了文化发展，为以后的"独尊儒术"奠定了基础。

为了安定边境，刘盈沿用了刘邦的和亲策略，于惠帝三年以宗室女为公主，与匈奴冒顿单于和亲。

刘邦在世时，在长安修建了长乐宫和未央宫，但没有修筑城墙。为了显示西汉的强盛，也为了更好地保护皇室的安全，刘盈下令修建城墙，建成之后长安有12座城门，其中以宣平门最为重要，是当时人们出入最频繁的城门。每个城门又有3个门道，左道为出，右道为入，中间为御道，专供皇帝出入。整座长安城周长65公里，是当时世界上规模最大的都城。之后又在城中修建了"西市"，并对秦朝时最大的粮仓——敖仓进行改建，基本完成了汉朝长安城的建设工作。

可惜刘盈有个心狠手辣的母亲，刘邦死后，吕雉当了太后，开始对刘邦以前的姬妾进行迫害，还将戚夫人的儿子刘如意骗到长安，想把他害死。

刘盈对弟弟刘如意则很友爱，听说母亲召刘如意进京，他马上出宫，到长安城外的东灞亲自迎接，把这个险些夺了自己帝位的弟弟接到自己宫中，一起生活，不离左右。

吕雉气得咬牙切齿，却又无可奈何。过了一些日子，刘盈见刘如意平安无事，也就放松了警惕。这天早晨起床后，刘盈照例要到外面练习射箭，见刘如意睡得很香，不忍心叫醒他，便独自出去了。吕雉的心腹乘此机会，将准备好的毒酒强灌刘如意喝下。刘盈回到寝宫，见如意被毒死，号啕大哭，悲痛欲绝。

这还不够，吕雉又残忍地将戚夫人的四肢砍断，眼睛挖去，双耳熏聋，灌药使她变成了哑巴，最后扔到茅房里，称之"人彘"。几天后，吕雉召刘盈去看"人彘"。天性仁厚的刘盈大为惊恐，忙问是谁，吕雉回答说是戚夫人。

刘盈痛哭道："这不是人做得出来的事情，你竟做出来了。我身为你的儿子，还有何面目治理天下?"事后，刘盈大病了一场，种种不如意的事情和母后的所作所为让他厌倦朝堂，遂上书吕雉，把军国大政交给她，自己不再理政。

为了报复吕太后，刘盈从此整天饮酒作乐，自暴自弃，并有意冷落、疏远张皇后。可怜的张皇后又成了一个悲剧人物。

注释：

①商山四皓：秦末信奉黄老之学的四位博士——东园公唐秉、夏黄公崔广、绮里季吴实、甪（lù）里先生周术。

前少帝刘恭

刘恭档案

生卒年	约公元前192—前184年	在位时间	公元前188—前184年
父亲	刘盈	谥号	无
母亲	周美人	庙号	无
后妃	吕皇后	曾用年号	无

刘恭,汉惠帝刘盈与宫女周美人的儿子,也是刘盈的庶长子,西汉第三位皇帝。

汉惠帝七年,汉惠帝驾崩,刘恭继位,因为年幼,由吕太后临朝称制。

前少帝四年(公元前184年),刘恭被吕太后囚禁在永巷,不久又被废黜并杀害。

幼年继位 祸从口出

刘盈继位时还没有娶亲,直到惠帝四年(一说公元前192年),吕太后才为他操办婚事。

吕太后是一个私心重、权欲强的女人,为了将朝政大权牢牢抓在自己手中,她以亲上加亲的名义,让刘盈娶了亲姐姐刘乐(鲁元公主)

刚刚11岁的女儿张嫣为皇后。刘盈并不喜欢张嫣，据说从来没和她同过房，所以一直没有孩子。吕太后对此非常焦虑，于是让张嫣假装怀孕，然后将刘盈和后宫周美人刚生下的儿子抱来，说是张嫣所生，取名刘恭。为了永远守住这一秘密，吕后残忍地毒杀了周美人。同年，刘恭被立为太子。

刘盈驾崩时，刘恭还不满5岁，刘盈的其他几个儿子更小。吕太后害怕大臣们以皇子年幼为由，改立刘邦的其他儿子为皇帝，从而威胁她的地位。张良的儿子张辟疆和陈平看出了她的心思，便拥立刘恭于惠帝灵前继位，并请拜吕太后宗亲吕台、吕产、吕禄为将，将兵居南北军，吕氏其余人都入宫做事，吕太后这才放下心来。

刘恭当皇帝后，刘盈的皇后张嫣本来应该为皇太后，吕太后当为太皇太后，但是，吕太后为了将大权抓在手中，仍然称太后，临朝称制；张嫣则为孝惠皇后。

刘恭继位时年纪还小，对自己的身世一无所知，朝中大小事务全由吕太后掌管。为了拉拢人心，吕太后大肆分封自己的心腹为王，对不信任的大臣则极力打压，以至于朝中众臣如履薄冰、噤若寒蝉。

随着年龄的增长，刘恭渐渐有了分辨是非的能力，对于吕太后的所作所为开始感到不满。前少帝四年，刘恭从身边的宦官口中知道了自己的身世，对吕太后更是怀恨在心，以稚子之言说出："既然太后杀了我的母亲，等我长大以后，一定要为母亲报仇。"

刘恭的话传到了吕太后的耳朵里，她大吃一惊，决定先下手为强，除掉刘恭。同年，吕太后以皇帝"病久不已！乃失惑昏乱，不能继嗣奉宗庙，守祭祀，不可属天下"为由，下诏废掉刘恭，将他幽禁于长安城皇宫内的一条小巷子里。为了斩草除根，吕太后不久又派人将刘恭杀死。刘恭死后既无庙号，也无谥号，陵寝不详。

后少帝刘弘

刘弘档案

生卒年	公元前 195—前 180 年	在位时间	公元前 184—前 180 年
父亲	刘盈	谥号	无
母亲	不详	庙号	无
后妃	吕皇后	曾用年号	无

刘弘,汉惠帝刘盈之子,原名刘山,又名刘义,西汉第四位皇帝。

前少帝四年,前少帝刘恭被吕太后杀死,刘弘继位,并娶吕禄之女为皇后。

后少帝四年(公元前 180 年),吕太后去世,刘弘被废,与四个兄弟一同被诛杀。

吕氏被诛　牵连遇害

前少帝元年(公元前 187 年),刘山被封为襄成侯。翌年七月,常山王刘不疑去世,刘山接封为常山王,改名刘义。

前少帝四年,刘恭被吕太后废除并害死,刘义被立为皇帝,并改名刘弘,娶吕禄之女为皇后。刘弘继位时仅十一二岁,又有少帝刘恭在前,因此史称后少帝。按照规制,皇帝继位后第二年为元年,但吕太后仍然以太后名义临朝称制，故没有改元。

后少帝四年（公元前180年），吕太后病逝，以陈平、周勃等人为首的大臣们因为对吕太后及其家族势力十分不满，遂予以铲除。刘弘因为是吕太后扶植上去的，也受到了牵连。陈平等人先放出谣言说刘弘不是惠帝刘盈的亲生儿子，没有资格继承皇位，之后便以此为借口发动朝臣将其废除，改立刘邦和薄氏之子、代王刘恒为帝，即汉文帝。同年，刘弘及济川王刘太、淮阳王刘武、常山王刘朝兄弟四人均被陈平、周勃等人诛杀。

刘弘死后，既无谥号，也无庙号，陵寝不详。

文帝刘恒

刘恒档案

生卒年	公元前 202—前 157 年	在位时间	公元前 180—前 157 年
父亲	高皇帝刘邦	谥号	孝文皇帝
母亲	薄太后	庙号	太宗
后妃	窦皇后、慎夫人、尹姬等	曾用年号	无

刘恒，汉太祖刘邦第四子，汉惠帝刘盈之弟，生母为薄太后，西汉第五位皇帝。

汉太祖十一年，年仅 7 岁的刘恒被封为代王，都于晋阳。刘邦去世后，惠帝刘盈继位，吕太后专权。后少帝四年，吕太后去世，太尉周勃、丞相陈平等发动政变，诛杀诸吕，迎立刘恒。

刘恒为人宽容平和，礼贤下士，在他统治期间，鼓励兴修水利、崇尚节俭、废除苛刑，极大地推动了经济发展，使汉朝进入强盛安定、政治清明的时期。他在位二十余年，开创了历史上有名的"文景之治"，彪炳史册。

刘恒在位期间，诸侯王国势力过大，匈奴频频入侵中原，但他并不轻易用兵，而是以仁德来感化各方，取得了很好的效果。另外，刘恒很有孝心，亲自为母亲薄氏尝药，颇受赞誉。

汉文帝后元七年（公元前 157 年）六月己亥，刘恒于长安未央宫驾崩，终年 46 岁，谥号孝文皇帝，庙号太宗，葬于霸陵。

意外降生　幸运继位

汉王三年（公元前204年），刘邦击败了项羽封立的魏国，将魏王豹的宫女俘虏到荥阳，其中有一个薄姓女子颇有姿色，刘邦将其纳入后宫，可转脸就忘了。一年后，刘邦又一次想起了薄氏，薄氏便被召到刘邦寝宫，她对刘邦说："妾昨夜梦见一条龙伏于腹上。"刘邦说："这是尊贵的兆头，朕成全你。"果然，不久后，薄氏生下刘恒。

汉太祖十一年，刘邦御驾亲征，平定了代郡陈豨的叛乱，受众臣举荐，年仅7岁的刘恒被立为代王，治所为晋阳。刘恒在代郡就藩十几年，特殊的出身经历及复杂的政治环境使他养成了低调谨慎、稳重深沉的性格。他行事恭谦节俭，在藩地大力发展生产，与民休息，促进了代郡的经济发展，维持了政治安定。

刘邦去世，惠帝刘盈继位，吕太后开始独掌大权，提拔吕氏宗亲把持朝廷军政大权，对刘邦诸子及刘氏宗族大加迫害，皇帝不断更迭。吕氏专权的时代直到后少帝四年吕太后去世才宣告结束。吕太后去世后，太尉周勃、丞相陈平发动政变，召众臣议事。大臣们一致认为小皇帝刘弘不是惠帝后代，应该废黜；齐王刘襄虽是刘肥之子，但其舅家太过强势，恐怕出现与吕氏一样的外戚，不能立；淮南王刘长年幼，不能立。经过再三考虑，众人一致认为刘恒最为合适。于是，陈平、周勃便派人去代郡接刘恒进宫。

因为害怕其中有诈，刘恒欲托病推辞，但中尉宋昌却极力怂恿他回京城。刘恒犹豫不决，征求母亲薄氏的意见，薄氏也不知如何是好。迷茫之中，刘恒以占卜决定，结果大吉，于是决定前往。为了防止意外，刘恒先派舅舅薄昭入宫，找到周勃和陈平核实此事，薄昭得到确切回复后急忙返回代郡通报消息。随后，刘恒在宋昌、张武等人的陪同下来到长安，继承了皇位。

拉打结合　稳定政权

刘恒深知自己从一个不起眼的诸侯王坐上皇帝的宝座，得来不易，必须采取一定的策略来巩固自己的地位。他首先从自己的安全着手，继位当晚便任命宋昌为卫将军、张武为郎中令。又下达诏书："赦天下，赐民爵一级，女子百户牛酒，酺五日。"不久他又将吕太后所立的小皇帝刘弘及其兄弟四人分别赐死，确保无人再与自己争位。

为了收买人心、培植势力，刘恒大力表彰、赏赐功臣，对于从代国跟随而来的幕僚进行功绩登记，论功行赏，一律安置在重要位置：封宋昌为壮武侯、卫将军，统率长安南北军；封舅舅薄昭为轵（zhǐ）侯、车骑将军；立赵幽王刘友之子刘遂为赵王等。对于跟随刘邦征战天下的功臣则提高待遇，并恢复吕太后当权时刘氏贵族被剥夺的封地和利益。

除此之外，刘恒还制定了一些削弱和制衡各诸侯王的措施，首先命令他们回到自己的封地，有官职在身或经皇帝特许留京的，须将世子送回封地。

这项改革牵涉朝中权贵的切身利益，遭到他们的一致反对，纷纷找出各种理由滞留京城。刘恒为此大发雷霆，再次下发诏令："去年已经要求列侯各自回到自己的封国，你们却有令不遵，目无君主，现在我命令以丞相周勃为先，限期回到自己的封国，不得有误。"于是，周勃被免去丞相职务，回到自己的封地绛县。其他列侯见状，再也不敢怠慢，纷纷离京。

刘恒之所以拿周勃开刀，也是因为对他不放心。周勃是发动政变诛灭吕氏诸王、拥立刘恒称帝的重要功臣之一，出于感激之情，刘恒赏给他大量财物，却依然保留他的太尉一职，而让陈平来当丞相，但陈平谦虚，坚辞不受。刘恒无奈，只好将丞相的权力一分为二，由周勃担任右丞相、陈平担任左丞相，另由灌婴接任太尉。周勃居功自傲，有些不把刘恒放在眼中，而刘恒仍然保持着谦逊的态度。郎中袁盎劝说刘恒不应该这样厚待周勃，这是颠倒了君臣之间的关系。刘恒恍然大悟，以后见到周勃就不再那么恭敬了，而周勃也感受到了皇帝态度的变化，心中有些恐惧。恰在这时，有人劝他说："周公诛杀吕氏，拥立君主，威震天下，受到皇上厚待，但要知道功高震主的道理，时间久了，恐怕会引来杀身之祸。"周勃听了如梦初醒，惊出一头冷汗，第二天就主动向刘恒称病请辞。刘恒对此自然求之不得，立即应允，陈平专为丞相。后来陈平去世，朝中一时竟找不出适合接任丞相的人选，刘恒无奈，只好又将周勃请回朝中，官复原职。现在为了让列侯回封地去，刘恒又以让周勃做表率为由免去了他的相职。

周勃被迫回到封地后，又有人向刘恒告密，说他图谋造反。刘恒大怒，立即将周勃抓了起来。周勃恐惧不安，不知如何辩答。狱吏乘机欺辱他，周勃只好花费千金来打点官员，最后多亏刘恒的舅舅薄昭及时站出来保护周勃，向薄太后解释周勃是遭到了诬陷，薄太后便对刘恒说："周勃怀揣皇帝玉玺，统率长安兵马时不谋造反，如今身居一个小县城又怎会造反？"刘恒这才将周勃放出，恢复了他的爵邑，让他颐养天年。

休养生息　开创盛世

刘恒继位不久，接连下了两道诏书，将田租由十五税一改为三十税一，另外又在文帝十三年（公元前167年）全部免收，还把每人每年120钱的算赋减为40钱。他规定成年男子每三年为国家服役一次。文帝十二年（公元前168年），他采取晁（cháo）错①的建议，以公开标价的方式，售卖爵位，用以筹措军粮，使边境和郡县的粮食储备得到充实，减轻了农民的负担。此外，他还下令准许私人开采国家的山林川泽，利用和开发渔盐资源，加快了盐铁生产的发展，以至于"富商大贾周流天下，交易之物莫不通"；又取消了入关必须持有通行证的规定，大大方便了商品的流通，促进了贸易的发展。

在生活上，刘恒大力提倡节俭。在他执政期间，宫室、园林、服饰、车驾都保持原样不变。有一次，他想建一座露台以供游玩，便找来工匠做预算，得知需要耗费黄金上百斤就放弃了。刘恒平时穿着十分简朴，就连他最宠爱的慎夫人也不能穿拖地长裙，不许使用绣彩色花纹的帷帐。他还屡次告诫大臣不要进献奇珍异宝；就连为他预修的陵墓也不准使用金银铜锡等金属装饰，而只使用瓦器。这在中国古代帝王中是极为罕见的。

对于少数民族，刘恒仍采用和亲政策，维持边境的安定。尽管匈奴多次背信弃义，入侵抢掠，但他也只是命令边境加强防守，不轻言战事。

这一系列政策，使得流民归田，粮食丰收，人口增长，经济得到了快速发展。

废除苛政　宽厚仁慈

太祖刘邦和惠帝刘盈在位时期，对秦朝的刑法做了不少修改，但依然存在许多弊端，比如黥刑、劓（yì）刑、刖（yuè）刑以及宫刑，甚至连坐等严刑酷法都还存在。刘恒继位以后，心存仁慈，下令废止这些酷刑，遭到陈平和周勃的劝阻，但他一再坚持，下诏废除了连坐法。文帝十三年，齐太仓令淳于公犯了罪，按律当处肉刑，被押往长安。他的女儿缇萦十分孝顺，随父赶往长安，上书表示愿入宫为婢，替父赎罪。刘恒深受感动，下令免去其父肉刑，随后又下诏免除肉刑，改为笞刑和杖刑，直到最后取消。

在废除苛法的同时，刘恒还以身作则，严守法度。有一次，他出行路过渭桥，有个路人从桥下经过，惊动了圣驾，仆从抓住路人，要处以罚金。但刘恒非常气愤，想杀了这个人。廷尉张释之劝阻道："律法不是针对某个人，而是针对天下所有人，如果轻易改变，恐天下人不服。"刘恒觉得张释之言之有理，于是同意对路人处以罚金。另一次，有个盗贼偷了太祖庙里的玉环，被抓住，刘恒下令重罚，诛灭其九族。张释之力辩说："国家的法律中没有规定偷哪个庙里的东西重处，偷哪个庙里的东西轻处，如果重判此人，万一有人偷挖太祖陵墓上的土，又该怎么惩治呢？"刘恒认识到了自己的偏颇，于是将盗贼交由张释之处罚。

刘恒讲究与民同乐,在册立皇后的时候,下令赐给天下鳏寡孤独、年过八十的老人和不足九岁的孤儿布匹、粮食、肉,让这些贫苦人也能享受到快乐。有时刘恒也表现得很宽容,大臣张武收受贿赂,刘恒不仅没有责罚他,还从国库里取出金钱赐给他,用以感化他。

刘恒一心用仁德理政,受到了全国百姓的爱戴。

平民皇后　睿智理政

刘恒继位前,他的原配夫人已经病逝,所生的四个儿子在刘恒继位后也先后离世。诸皇子中,只有窦氏之子刘启年龄个性比较适合继承大统,于是被立为太子,窦氏亦顺理成章被册立为皇后。

窦氏约在汉高皇帝初年出生于清河郡观津县,父母早亡,与一兄一弟相依为命。由于家境贫寒,为了生存,她不得不少时离家,以良家子身份入汉宫伺候吕太后。后来,吕太后专政,欲释放一批宫人出宫,赏赐给诸侯王,窦氏也在其中。因为家乡清河郡离赵国较近,窦氏请求负责遣送的宦官将自己列入去赵国的名单中。然而阴差阳错,窦氏被安排去了代国,代国是刘恒的封地,窦氏因而得以侍奉刘恒,并备受宠爱,接连生下刘启、刘武二子及一女刘嫖②(piāo)。她凭借心计与智谋,从皇后到太后再到太皇太后,一共辅助了三任帝王,是一位杰出的政治家。

窦氏出身贫寒,对百姓的悲苦深有体会,她与刘恒共同强调节俭,生活并不奢华。后来,窦氏的兄弟窦长君、窦广国到长安认亲,刘恒见到两位国舅十分高兴,赏赐给他们不少田地和房屋,并留他们住在长安。丞相灌婴和周勃认为两位国舅出身寒微,应该选择有品德的老师对他们加强教育,以免重蹈吕氏外戚作乱的覆辙。刘恒采纳了这一建议。在名师的教导与熏陶下,窦氏兄弟一直低调谨慎,没有丝毫富贵骄奢之气。

窦氏受宠长达数十年,后因年长色衰,且大病后几乎失明,逐渐失宠。尽管如此,窦氏在宫中的地位依旧无人能够动摇。文帝后元七年,刘恒驾崩。刘启继位，是为汉景帝，尊窦氏为皇太后。

窦太后性格隐忍，为人睿智，虽然后期行事难免有霸道之嫌，但对治理国家也有其独到之处。她尊崇黄老学说，"黄老"是指黄帝和老子，主张无为而治，宽政待民。文帝、景帝、武帝前期，黄老学说一直被奉为治国理念。

汉初刚刚经历了秦朝严苛剥削以及秦末农民起义，这种"无为而治"恰恰是最利于生产力恢复的，有助于国家的总体经济逐渐走上良性发展轨道。武帝前期，国家经济实力已经空前强大，具备了与北方匈奴政权相抗衡的能力，但窦太后认为，如果开战，胜败难分，很有可能将文景以来积累的成果毁于一旦。

有大臣对此感到不解，窦太后分析道：国家经济实力虽然大增，但根基尚浅，大规模开战只会导致社会动荡，而且因为实行"与民休息"的政策，军队松懈、军备不足；而匈奴实力不弱，且战斗力相当强悍，没有强大的军队是无法战胜匈奴的。基于这些因素，汉武帝几次要求出兵均遭到窦太后否决。直到后来，汉武帝重用新人、贤人才出兵匈奴，经过数次出兵，成功将匈奴驱逐，成就了后世基业。由此看来，窦太后很有政治远见。

建元六年（公元前135年，一说为公元前129年），经历了三代帝王的窦太后在宫中病逝，与汉文帝合葬于霸陵。这个出身贫寒的草根女子，给自己的人生画上了一个圆满的句号，也缔造了汉朝历史上的一段传奇。

注释：

①晁错（前200—前154年）：西汉政治家，文帝时任太常掌故，后为太子家令，得到太子（即景帝）信任，景帝继位后任御史大夫。因进言削藩，损害诸侯利益而引发"七国之乱"。景帝为平息叛乱，将其腰斩于东市。

②刘嫖（前189—前116年）：汉朝第一位长公主，嫁堂邑侯陈午为妻，封邑在馆陶县，故称馆陶长公主。汉武帝时尊称大长公主、窦太主。其幼女是汉武帝第一任皇后陈阿娇。

景帝刘启

刘启档案

生卒年	公元前188—前141年	在位时间	公元前157—前141年
父亲	文帝刘恒	谥号	孝景皇帝
母亲	窦太后	庙号	无
后妃	薄皇后、王皇后、栗姬等	曾用年号	无

刘启,汉文帝刘恒第五子,生母为孝文皇后窦氏,西汉第六位皇帝。

文帝后元七年,汉文帝刘恒病逝,刘启继位,时年32岁。

刘启在位期间,采取"削藩策",以减少诸侯封地的方式来削弱他们的势力,并平定了"七国之乱",使中央集权得以巩固。他一生崇尚节俭,勤于朝政,继续奉行先祖"与民休息"的政策,鼓励农桑、减轻赋税,有力地推动了经济的发展。

景帝后元三年(公元前141年),刘启驾崩,终年48岁,谥号孝景皇帝,葬于阳陵。

刘启继承和发展其父汉文帝的事业,共同开创了"文景之治",并为其子刘彻的"汉武盛世"奠定了良好的基础。

一展魄力　平七国乱

刘启是汉文帝刘恒的第五个儿子,因为 4 个哥哥先后病逝,而他在诸皇子中年龄最大,被立为太子时年 9 岁。刘启年轻时脾气暴躁,有一次和吴王刘濞的儿子下棋,发生争执,竟失手用棋盘将对方打死。刘濞是刘邦的侄子,汉文帝急忙向刘濞道歉。刘濞表面上不敢计较,暗地里却对刘启怀恨在心。汉文帝看到儿子不成器,十分失望。出乎他意料的是,刘启成年以后竟然变得稳重起来。

当初刘邦立国时,为了加强中央集权,大量废除异姓王,改封同姓王,结果使这些宗室子弟拥有领土、人口、军队,还有权设立官署,成了一方霸主,极大地威胁皇帝的权威。

刘启继位后,很快意识到问题的严重性,于是提拔晁错为御史大夫,位列三公,让他负责处理此事。当时刘濞手握重兵,又与刘启有杀子之仇,刘启决定先拿他开刀,但却遭到外戚窦婴①的反对,因为刘濞势力庞大,万一失手,后果难以预料。刘启便另想办法,先削减了赵王、楚王和胶西王的封地,之后又削夺了刘濞的会稽、豫章两郡。刘濞以此为借口,于景帝前元三年(公元前 154 年)征兵 20 万,联合楚王刘戊、赵王刘遂等 6 个诸侯王,打着"诛晁错,清君侧"的口号起兵造反,这就是历史上著名的"七国之乱"。

刘启惊慌失措,大臣袁盎②与晁错有仇,借此机会建议刘启杀了晁错,以平息叛乱。刘启无奈,只好忍痛杀掉晁错,并派人招降刘濞。但刘濞决心要夺取江山,仍继续向长安进发。刘启后悔不已,只能武力平叛,任命周亚夫③为太尉,统领 36 位将军,讨伐七国。周亚夫只用了 3 个月的时间,便彻底击败叛军。之后,刘启趁机将诸侯王的大权收归朝廷,让诸侯王成为只能享受地租税的贵族阶层,从而解决了藩王割据的局面。

与民休息　发展经济

刘启非常注重经济发展，关注民生。在当时汉朝的疆域内，有的地域狭小而人口稠密，有的地域辽阔却人口稀少，造成大面积的土地荒芜，严重阻碍了经济的发展。而前朝官员为了便于统治，严禁人口迁移。为了改变人口分布严重不均的情况，刘启一改前朝的政策，大力提倡人们到地广人稀的地方去安家落户。为了不耽误农耕，他很少大量动用民工，一直到晚年还经常强调农业的重要性。在位期间，他除了修建一座规模并不算大的阳陵外，没有再搞其他的宫廷建设。

刘启也很注重刑法的修改。文帝时废除了历代相沿的肉刑，改为笞刑。刘启看到犯人经过笞刑之后大多残疾，丧失劳动能力，心中十分不忍，于是又命人多次修改刑法，得到了百姓的一致拥护。为了避免出现冤案，刘启三令五申，决狱务必先宽，可轻不可重，还要求断案人员"以苛为察，以刻为明"。在断案时依律量刑，如罪犯不服从判决，可以重议，充分体现了他宽厚仁慈的胸怀。

在文化方面，刘启信奉老子的无为而治，但对其他诸子百家也不排斥，允许百花齐放。同时，刘启也非常注重儒家学说的发展，为此还专门为儒派弟子设立了许多博士官，《诗》《书》《春秋》均设立博士，将"公羊"学大师董仲舒④、胡毋生封为博士。这一系列措施很好地推动了儒学的发展。当时蜀郡相对偏僻，而且少数民族与汉族混杂，文化、风俗都很落后，郡守文翁特意派张叔等十几人到京都拜博士官为师，后来返回蜀郡，开办了中国第一所地方学校——成都学馆，有力地推动了蜀地的文化发展。

在对外方面，刘启推崇和平相处。尽管在他之前已经有多位公主远嫁匈奴，但匈奴仍然时不时地对汉朝北方边境发起攻击。刘启从大局出发，仅派兵增加防御。为了发展和维护汉匈之间的关系，他还在边关设置关市，互通有无，在一定程度上推动了汉匈之间的经济和文化交流。

任人唯贤　量才而用

在任用人才方面,刘启很有心得。当时济南豪强并立,贵族众多,成为朝廷的一块心病。刘启继位以后,派刚烈清廉的郅(zhì)都到济南担任太守。郅都上任后,立即对当地豪强贵族进行整治,仅仅用了一年时间,济南郡便出现了路不拾遗、夜不闭户的良好民风。后来,郅都又调任雁门太守,匈奴人听说郅都到来,选择退避三舍,不敢来犯。在长安也有很多宗室权贵,自恃有靠山,为所欲为,无人敢管。刘启知道以后,任命刚直不阿的宁成为中尉,很快镇住了犯法的宗室权贵。刘启任命官员总是力求做到用人所长,择贤而任。朝中有一个程不识,敢于讲真话,被任命为评议朝政的太中大夫;石奋素来威武,被任命为诸侯相;周仁守口如瓶,被任命为郎中令,负责皇室的安全。

对待外戚,刘启宽严适中,量才使用,又注意不让他们专权。外戚窦婴武艺高强、善于用兵,刘启对他进行考查之后,拜他为大将军,负责镇守荥阳。窦婴很好地完成了分内之事。后来,窦太后几次想把窦婴召回朝中,拜为丞相,但都遭到刘启的拒绝。窦太后十分不满,刘启解释说:"丞相必须由一个德高望重又老成持重的人来担当,而窦婴为人好大喜功,行为轻佻,不适合此职。"经过考虑,刘启拜卫绾⑤为丞相。

大臣张释之执法严明,不徇私情。刘启还是太子时,与弟弟梁孝王刘武乘坐一辆车路过司马门没有下车,张释之立即将车子拦下,并向汉文帝告了一状。这件事被薄太后知道,责问汉文帝,汉文帝当即承认自己教子不严。刘启继位以后,认为张释之忠于职守,仍让他担任廷尉原职。

正因为刘启知人善任,善待臣民,才为后来汉武帝施展其雄才大略提供了坚实的基础。

酒后戏言　痛失胞弟

窦太后一共生了二子一女，刘启的姐姐刘嫖被封为长公主，嫁给堂邑侯陈午；弟弟刘武被封为梁王。他们姐弟三人的关系非常好，尤其是刘启和刘武，经常如影随形。即使刘武回到自己的封国，每年都会进朝觐见。刘启舍不得他走，常常挽留刘武一同喝酒畅叙。有一次，刘启喝得高兴，随口对弟弟说："等我百年之后，就将帝位传给你怎样？"当时窦太后也在场，认为不过是一句玩笑话，并未当真，但是刘武却将这句话记在了心里。

后来，刘武在平定"七国之乱"中立下大功，而且自恃有窦太后宠爱，渐渐变得飞扬跋扈。他先是在自己的封地睢阳建起了一座周长70公里的城池，并在城内大兴土木，建设宫殿，出行打着天子的旌旗，浩浩荡荡，气势不输皇帝；甚至私造兵器，招募天下豪杰，如羊胜、公孙诡等名士纷纷前去投奔他。他还趁进京的机会劝说窦太后支持自己。窦太后本来就十分宠爱刘武，于是也劝说刘启传位于刘武。

大臣袁盎等人知道后，极力向刘启陈述利害，刘武知道后十分愤怒，派刺客杀害了袁盎等几个反对他继位的大臣。事情发生后，大臣们纷纷上奏，要求严厉追究刘武的罪责。刘武这才意识到问题的严重性，匆忙逃回京城躲在长公主府上，后来经过窦太后的干预和心腹大臣的解救，刘启只处置了刘武的几个下属。但刘武再也得不到刘启的信任，从此郁郁寡欢，不久便病逝了。消息传到京城，刘启悲痛异常，为了表达自己的愧疚之心，也为了安慰窦太后，他将刘武的五个儿子全部封王，五个女儿各封了一处食邑。

废除栗姬　另立太子

刘启继位之前，祖母薄太后曾为他定下一个同族之女薄氏为妻，他继位后，薄氏被册立为皇后。薄皇后与刘启夫妻 20 多年，但无子无宠，景帝前元六年（公元前 151 年），薄皇后被废黜。

刘启早年有宠妾栗姬，栗姬生有皇长子刘荣。刘启继位以后，又纳王美人入宫。有一天，王美人梦见太阳钻进自己怀里，不久即怀孕，生下儿子刘彻。刘启认为刘彻高贵，有帝王之命。这个时候，长子刘荣已经被立为太子，刘彻被封为胶东王。可栗姬心胸狭窄，经常残害后宫诸人，刘启为此十分恼怒，渐渐冷落栗姬。这时恰巧发生了长公主刘嫖想把女儿嫁给太子却被栗姬拒绝的事情，刘嫖心生怨恨，转而看上了王美人的儿子刘彻，于是便在刘启面前说了很多栗姬的坏话，又夸刘彻才智高于刘荣。刘启渐渐被说动了，于景帝前元七年（公元前 150 年）将太子刘荣废为临江王，并册立王美人为皇后、刘彻为太子。

刘启共有十四个儿子，除刘彻为太子外，其余全部封王。

注释：

①窦婴（?—前 131 年）：西汉大臣，窦太后之侄，吴楚七国之乱时被任命为大将军。武帝初任丞相，推崇儒术，反对黄老学说，被窦太后贬斥。后与丞相田蚡（fén）交恶，为营救灌夫，遭陷害被杀。

②袁盎（?—前 148 年）：西汉大臣，历任齐相、吴相。吴楚七国叛乱时，奏请景帝斩晁错以平众怒。后因反对立梁孝王刘武为储君，遭梁孝王忌恨，被梁孝王派人刺死。

③周亚夫（?—前 143 年）：西汉名将，周勃次子，袭父爵为侯。七国之乱时任太尉，仅用三个多月即平定叛乱。后升任丞相，景帝中元三年（前 147 年）免相。从政后期因儿子私买御物被牵连下狱，绝食自尽。

④董仲舒（前 179—前 104 年）：西汉哲学家、今文经学大师，专治《春秋公羊传》，曾任博士、江都相和胶西王相。其学以儒家宗法思想为中心，杂以阴阳五行说，把神权、君权、父权、夫权贯串在一起，形成封建神学体系。

⑤卫绾（?—前 131 年）：西汉大臣，景帝时从平七国之乱，升任中尉，封建陵侯，后历任太子太傅、御史大夫。武帝时官至丞相，后因失职被免去相职。

武帝刘彻

刘彻档案

生卒年	公元前156—前87年	在位时间	公元前141—前87年
父亲	景帝刘启	谥号	孝武皇帝
母亲	王娡	庙号	世宗
后妃	陈皇后、卫皇后、李夫人、钩弋夫人等	曾用年号	建元、元光、元朔、元狩、元鼎、元封、太初、天汉、太始、征和、后元

刘彻，又名刘彘，汉景帝刘启第十子，生母为孝景皇后王娡，西汉王朝第七位皇帝。

景帝后元三年（公元前141年），汉景帝驾崩，刘彻继位，改元建元，时年16岁。

刘彻继位以后，在中央设置中朝，有效地巩固了皇权。为了加强中央对地方的管辖，又在地方设置了十三州部刺史，令600石级别的刺史督察2000石级别的郡国守相，加强了中央对诸侯王和地方高官的监察力度，并尽可能地选拔优秀官员到中央任职。他还采纳主父偃[①]的建议，颁行推恩令，解决了威胁皇权的王国势力，并将盐铁和铸币权收归中央。

在文化上，刘彻接受董仲舒的建议，"罢黜百家，独尊儒术"，结束了先秦以来"师异道，人异论，百家殊方"的局面，使儒家思想从此成为国家的主要统治思想，并在长安创立专门的儒学教育机构——太学，影响极为深远。在天文历法上汉朝一直是承袭秦制，经司马迁等人提议，刘彻下令改订历法，并于太初元年（公元前104年）颁布了《太初历》。

在军事上，刘彻频繁出兵，东征朝鲜，南讨百越，西伐大宛，北驱匈奴，扩展了汉朝版图，弘扬了汉朝的国威，开创了汉武盛世。

刘彻还有一个伟大的创举，那就是开辟丝绸之路②，并在轮台、渠犁等屯田，置使者校尉领护。

刘彻雄才大略，革故鼎新，将西汉王朝推向了鼎盛时期，是历史上最杰出的帝王之一，但他在执政后期穷兵黩武，又造巫蛊之祸，因此留下了历史污点。

征和四年（公元前89年），刘彻下罪己诏，深刻反省了自己穷兵黩武给老百姓造成的负担。后元二年（公元前87年），刘彻病逝于五柞宫，享年70岁，谥号孝武皇帝，庙号世宗，葬于茂陵。

金屋藏娇　传为佳话

刘彻的母亲名叫王娡，在汉景帝刘启还是太子时，她被母亲送进太子宫，刘启对她非常宠爱。王娡后来生下一个儿子，取名刘彘，后又改名刘彻。刘彻小时候聪慧过人，深受汉景帝喜爱。不过，王娡只是一个后宫美人，身份低贱，刘彻原本与帝位无缘，他之所以能成为皇帝，与他的姑姑、长公主刘嫖有着莫大关系。

刘嫖是汉景帝的姐姐，姐弟二人感情融洽。刘嫖有意将自己的女儿陈阿娇许配时为太子的刘荣，以期她将来能当上皇后。但刘嫖曾为汉景帝送去许多后宫美人，刘荣的母亲栗姬心中怨恨，对刘嫖非常反感，坚决拒绝让陈阿娇做自己的儿媳。刘嫖非常愤怒，却又不甘心，她想来想去，把目光放在了刘彻身上。

有一次，刘嫖当着汉景帝的面问刘彻："想不想娶表姐当媳妇？"刘彻刚刚6岁，不假思索地回答道："想，如果娶了表姐，将来一定给她造个金屋居住。"汉景帝听了十分高兴,刘嫖更是欢喜,于是,这桩姻缘就算定了下来。刘嫖暗暗下定决心,一定要将刘彻扶到皇帝的位置上。因为是同胞姐弟,汉景帝对刘嫖非常尊重,所以她在朝中也算是一个举足轻重的人物。她一再怂恿汉景帝立王娡为皇后,说栗姬为人善妒,争强好胜,将来必定坏事。汉景帝本来就对刘彻喜爱有加,也就改变主意,把刘荣废为临江王,改立刘彻为太子,册封王娡为皇后。

刘彻当上太子之后,拜建陵侯卫绾为太子太傅,学习文化和帝王之术。卫绾学识渊博,辅导刘彻 7 年,使他逐渐成长为一个文武双全的太子。

刘彻继位时年仅 16 岁,他不食前言,立陈阿娇为皇后,并造了一座金屋作为她的寝宫。

大胆改革　独尊儒学

刘彻刚继位时,汉王朝经济繁荣,国库充足,百姓安居乐业,吏治清明,但背后隐藏的各种矛盾也开始显露出来。刘彻认为,要解决这些矛盾,必须选用有能力的人才,于是下诏让地方举荐贤能之士,在各地举荐的人才中,大儒董仲舒名列榜首。刘彻亲自召见董仲舒,询问治国之策,董仲舒对答如流,颇有见地,刘彻甚是欢喜,遂提拔重用。

之后,刘彻任命魏其侯窦婴接替卫绾的丞相职务,又任命舅舅田蚡③为太尉,掌管军队。他们向刘彻推荐了儒学名士赵绾和王臧(zāng)。赵绾和王臧又推荐自己的老师、研究《诗经》的博士申培改革祭礼,研究明堂制度。

得到这些名士的辅助后,刘彻决心干一番大事业。他鼓励文武百官对言行不轨的皇亲国戚进行揭发检举,一经查实,立即法办。另外,他下令让居住在京城的王侯迁回自己的封地,从而削弱了他们的势力。在惠农方面,精简"转置迎送"的卫士 1 万人,停止喂养苑马,将腾出的土地赐给贫民耕种,废除关卡税收制度。他特别关爱长者,下令凡家有 80 岁以上老人者,免除两人的口算钱;有 90 岁以上老人者,免除全家口算钱及一个男丁的徭役。之后,他又设立明堂,起草巡狩、封禅制度,变革历法和服色。对外则要求做好反击匈奴的军事准备,并于建元三年(公元前138年)派张骞(qiān)出使西域,联合大月氏,准备夹击匈奴。

但刘彻的改革也遇到了不少阻力。当时,朝政大权掌握在窦太后手中,窦太后稳居后宫几十年,声望极高,其亲属也大都在朝中担任要职,势力庞大。虽然有些行为不轨的皇亲国戚遭到检举和惩罚,被贬出京城,但是他们的夫人又大多是勋贵,关系盘根错节,极其复杂。那些被贬黜的列侯仗着有窦太后撑腰,不仅继续逗留京城,还频频向窦太后告状,尽说新政的不妥之处。窦太后本来就对新政较为排斥,于是,朝中渐渐形成了以窦太后为中心的反对势力。

建元二年(公元前139年),御史大夫赵绾等上书,请求窦太后不要干预朝政,结果窦太后凤颜大怒,刘彻只得放弃新政,罢黜支持新政的丞相窦婴和太尉田蚡,并将御史大夫赵绾和郎中令王臧下狱,其后两人在狱中死亡。之后柏至侯许昌当了丞相,武强侯庄青翟则任御史大夫,刘彻满怀信心的新政被迫停止。

直至窦太后驾崩,刘彻才摆脱了政治上的掣肘,他立即铲除窦太后的党羽亲信,起用田蚡为相,以韩安国为御史大夫,全面推行董仲舒的改革主张,下令"罢黜百家,独尊儒术";又开办太学,聘请儒学名士执教,逐渐扩大规模,至西汉末年,学生达万人之多。同时,他在地方兴办学校,独教儒学,官吏选拔考试也以儒学为标准。此后,朝中官员大部分为儒派弟子。因为儒家思想讲究"三纲五常",要求臣民绝对服从帝王,所以很好地维护了皇帝的统治地位。

集中皇权 发展经济

没有了窦太后的阻力,刘彻终于可以一展身手。他先是借着许多开国功臣年迈和亡故的机会,对朝中官员进行大调整,打破传统的等级制度,任人唯贤,削弱丞相的权力,让其只负责处理外廷事务,内廷事务则由皇帝掌握，以此巩固自己的地位。

元朔二年（公元前127年），主父偃向汉武帝建议实施"推恩令"，即以强制的形式要求诸侯王将封地分封给所有子弟，美其名曰恩泽后代，实际上是削弱他们的势力。这样一来，诸侯王的后代慢慢成了平民百姓，再也不会对皇权造成威胁。此举彻底解决了多年以来诸侯王势力恶性发展的问题，堪称历史上的一项伟大创举，意义非凡。

削王成功之后，刘彻又着手治理地方官吏。地方官吏身在基层，如果贪污舞弊成风，引发民怨，造成社会混乱，必将影响社稷稳定。元封五年（公元前106年），刘彻开始对国家监察机构进行改革。他将全国划成13个监察区，设立刺史，刺史直接听命于内廷，肩负着钦差大臣的重任，定期巡视，加强对地方豪强和官吏的监督，还负责举荐政绩突出的地方官吏到京城任职。此举取得了明显的成效，得到了百姓们的大力拥护。

为了繁荣经济，刘彻出台了一系列的政策措施。首先是改革币制，将铸币权收归国有，之后又接受桑弘羊④的建议，将关乎国计民生的盐、铁、酒等商品都收归国家经营，严禁私人贩卖。然后又推出"平准"和"均输"两项政策，"平准"即控制物价，"均输"即平均输出，有效地打击了商贾旺季低价囤积、淡季高价抛售商品的现象，极大地维护了农民的利益。但这一系列政策也在一定程度上限制了民间工商业的发展。

北击匈奴　巩固疆土

刘彻的功绩不仅体现在经济和文化上，更多的是体现在对外政策上。他在位54年，其中有44年都在与匈奴作战。

西汉前几任皇帝对匈奴都是采取和亲政策，但这一措施也助长了匈奴的贪得无厌，匈奴贵族在联姻及得到汉王朝的财物后，仅收敛一时，之后仍继续侵犯边境、抢掠杀戮，极大地威胁了汉王朝的国土安全。在文帝和景帝时期，匈奴甚至越过边境，长驱直入辽西、河北以及陕西、山西等地，威胁都城长安。匈奴还扬言要将河北大平原变成大草原，让当地农民成为替他们放牧的奴隶。刘彻继位之后，改变对匈奴忍让抚恤的态度，决心以武力征服匈奴。

窦太后驾崩后，刘彻亲政，匈奴单于派使者前来求亲，刘彻没有马上答应，而是征询群臣的意见。以御史大夫韩安国为代表的主和派与大臣王恢为代表的主战派发生了激烈争执，最后主和派占了上风，但是主战派也在一定程度上对传统的和亲思想产生了冲击。

元光二年（公元前 133 年），雁门马邑一个名叫聂壹的豪绅来到京城，向主战的大臣王恢献计说："匈奴虽然侵犯北部边境，但是总体上还是与大汉保持着友好往来，因此不会怀疑我们会主动出击。我们可以抓住这个大好时机，将他们的主力引过来，然后半路设伏，杀他个措手不及，必然取胜。"王恢听了深表赞同。

次日上朝，王恢将聂壹的建议奏于刘彻。刘彻认为这可以解决多年来匈奴对汉朝的威胁，一雪多年的耻辱，但是，他也非常明白，因为几代君王主和的传统思想，大臣中仍旧以主和者居多，想要改变主和派的思想并不容易。于是，他先声夺人道："想我大汉为了表示善意，不惜将宗室公主远嫁千里之外的匈奴单于，还陪嫁大量的丝帛、锦绣、钱币，以示友好。但是，匈奴单于不思报恩，反而以为我大汉软弱可欺，变本加厉，袭扰我大汉边境，致使北部多郡百姓生活不得安宁，民怨沸腾。朕深表痛惜，为了保护大汉子民，朕欲出兵匈奴，予以痛击，诸位爱卿以为如何？"

刘彻的一席话顿时在朝堂上引起了轩然大波，主战派与主和派又一次激烈争辩起来。双方针锋相对，互不相让，各抒己见。最后，刘彻拍板定夺，决定采纳王恢等人的意见，出兵匈奴，并制订了以逸待劳的作战计划，先诱敌深入，再半路伏击，予以全歼。

同年夏天，经过充足的准备，刘彻命骁骑将军李广⑤、轻车将军公孙贺、材官将军李息等，率兵 30 万，事先埋伏于马邑附近的山谷中，做好伏击准备。同时任命王恢为将屯将军，率领一支精锐兵马，等待匈奴兵南下之后，从后方发起突然袭击，拦截其粮草辎重；又任命御史大夫韩安国为护军将军，监督四军。结果，匈奴单于警觉逃脱。这就是历史上著名的"马邑之谋"。

　　元朔二年，匈奴人再次入侵上谷、渔阳两地，刘彻派大将卫青⑥、霍去病⑦带兵迎战，结果旗开得胜，不仅打败了匈奴，夺回了被侵占的河南部分地方，而且极大地鼓舞了军民士气。元朔五年（公元前124年），卫青再次率领骑兵击败了匈奴的右贤王，生擒了十余名匈奴王子，大胜而归。刘彻破格提升卫青为大将军，统率全军。次年，卫青年仅18岁的外甥霍去病率领八百骑兵突进匈奴营地几百里，大败匈奴，战后被封为冠军侯。元狩二年（公元前121年），刘彻再派霍去病发兵陇西，将匈奴人打得落荒而逃，追击匈奴到皋兰山，迫使浑邪王率手下4万人投降。为了巩固疆土，刘彻在当地设郡，使甘肃正式成为汉朝领土。元狩四年（公元前119年），刘彻再接再厉，派卫青、霍去病等诸多大将挥师北上，直取定襄、代郡，彻底打败了匈奴，使他们不得不向中亚迁徙。

遣使西域　意义深远

　　西汉时期，狭义的西域是指玉门关、阳关以西，葱岭以东，昆仑山以北，巴尔喀什湖以南，即汉代西域都护府的辖地。广义的西域则泛指通过狭义西域能到达的地区，包括亚洲中西部，印度半岛，欧洲东部和非洲北部在内。

　　西域以天山为界，分为南北两个部分，百姓大都居住在塔里木盆地周围。西汉初年有"三十六国"：南部有楼兰（在罗布泊附近）、若羌、且末、于阗（tián）、莎车等地，俗称"南道诸国"；北部有姑师⑧、尉犁、焉耆⑨、龟兹⑩（qiū cí）、温宿、姑墨、疏勒等地，俗称"北道诸国"。此外，天山北麓有前、后蒲类和东、西且弥等。这些国家面积都不大，多数是沙漠绿洲，也有山谷盆地，人口不多，一般为两三万人。其中属龟兹人口最多，有八万多人，最少的仅有一两千人。居民以农业和畜牧业为主。在农业方面，除了种植一些谷物之外，有些地方种植葡萄等水果和饲草、苜蓿等作物；在畜牧业方面，主要养殖驴、马、骆驼。此外，还有大量的玉石、铜、铁等矿产，因此有些地方的居民已经懂得了如何用铜、铁等金属制造武器。天山南北诸国虽然很小，但大都有城廓。国王以下设有多个文武官职，拥有自己的军队。公元前2世纪，在张骞出使西域之前，匈奴势力已经延伸到了那里，在焉耆等国家设有僮仆都尉，向各国征收繁重的赋税，对这些没有反抗能力的国家进行奴役和剥削。

当时有一个大月氏族，是一个非常著名的"行国"，人口多达四十万，曾经居住在敦煌和祁连山之间，与匈奴多次交战后，被迫迁移到伊犁河流域。因为匈奴人曾经杀害大月氏王，"以其头为饮器"，所以，两国之间有着不可化解的仇恨。有人将大月氏和匈奴之间的仇恨告知刘彻，建议联合大月氏，共同抗击匈奴。刘彻接受了建议，但是前往大月氏必须经过河西走廊，而河西走廊在匈奴的控制之中，十分危险，必须找一个足智多谋的人才能担此重任。

当时刘彻身边有一个侍卫官，名叫张骞，办事机敏，胸怀坦荡，能言善辩，意志坚强，是十分合适的人选，而且他愿意出使西域。然而，张骞刚走到半路便被匈奴人扣留长达十年，匈奴单于逼着他与当地的女人结为夫妻，后来还生下一个儿子。但张骞始终不忘初心，他居住在匈奴西部边境，等待逃跑的机会。

元光六年（公元前129年），张骞乘匈奴监视松懈之机，逃出匈奴的控制区，一路向西疾奔，几十天后，他越过葱岭，到达大宛（yuān）。经大宛国介绍，又经过康居，最后到达大月氏。十多年过去了，大月氏国已经大不如前，因为在伊犁河畔受到乌孙族的攻击，被迫再次西迁。

乌孙国同样是游牧民族，人口比大月氏多，有六十多万人。曾经在敦煌一代游牧，受过大月氏的攻击，后在匈奴的帮助下对大月氏发起反击，将其逼退到阿姆河畔。

大月氏人到了阿姆河，看到这里土地肥沃，很适宜定居，就用武力征服了当地的大夏族，逐渐放弃游牧生活，在此定居下来。张骞见到大月氏国王，说明来意。但是，因为生活得到了改善，且汉王朝离大月氏千里之遥，一旦夹攻不利，自己恐遭灭顶之灾，所以大月氏国王对于张骞提出的共同攻打匈奴根本不感兴趣。张骞在大月氏逗留了一年多，仍没有取得什么进展，只得打道回府，途中又被匈奴截留，拘禁了一年多的时间。元朔三年（公元前126年），匈奴发生内乱，张骞找到机会再次脱身，回到了长安。

张骞从出使西域到回归历经13年，随行的100多人全部客死他乡，只剩下他和堂邑父二人。这次出使虽然没有达到预期目的，但他对西域的地理、物产、风俗习惯有了充分的了解，为汉朝开辟丝绸之路提供了宝贵的资料。

回到长安之后，张骞向刘彻汇报了自己的见闻，并整理成书，即《汉书·西域传》的前身。不久，张骞又跟随卫青出兵，"知水草处，军得以不乏"，因而立功，被封为博望侯。

从张骞的汇报中，刘彻得知乌孙到伊犁河后已经和匈奴产生矛盾，决定劝说乌孙东返至敦煌一带，双方联合共同打击匈奴，即"断匈奴右臂"。同时，张骞又提出应该与西域各民族加强友好往来，也得到了刘彻同意。元狩四年（公元前119年），张骞再次受命，率领300人出使西域。每人备两匹马，带牛羊万头，丝帛、黄金等货物价值无数，历经数月到达乌孙，张骞将刘彻的意思传达给乌孙王，但遭到拒绝。张骞没有放弃，又分别派使者到大宛、康居、月氏等国访问。元鼎二年（公元前115年），张骞返回长安，带领乌孙派来的几十人，向刘彻表达友好之意。后来，刘彻又接连派出几批使臣，出使达安息（帕提亚王国）、身毒（印度）、奄蔡（在咸海与里海间）、条支（安息属国）、犁轩（附属大秦的埃及亚历山大城）等地。在安息，西汉使者受到了热情的接待。后来，安息也派使者频繁出使长安，进行访问和交流，西汉与西域的交通和贸易逐渐建立起来。

张骞从西域返回后，被封为大行令，次年因病去世。他被后世誉为伟大的外交家、探险家、"丝绸之路的开拓者"、"第一个睁开眼睛看世界的中国人"。之后，西汉与西域的关系得到了进一步的发展和巩固。元封六年（公元前105年），乌孙王派使臣带着1000多匹良马到西汉向刘彻求亲。刘彻将江都公主刘细君嫁了过去。刘细君去世后，汉朝又将楚王刘戊的孙女解忧公主嫁过去。随同解忧公主前往的侍女冯嫽通情达理、胸怀宽阔，常常奉公主之命持汉节行赏赐予诸国，赢得了很好的声誉，被尊称为冯夫人。在她的努力下，西汉与乌孙的关系得到了更深入的发展。

刘彻派张骞出使西域本是出于军事目的，虽然没有成功，但影响深远，使西汉开辟了从敦煌出玉门关，进入新疆，然后连接中亚的丝绸之路，促进了东西方的经济和文化交流。西域的核桃、葡萄、石榴、苜蓿等10多种作物传入中原地区，龟兹的胡琴和乐曲丰富了汉族人民的文化生活。同时，汉军在鄯善、车（姑）师等地使用地下相通的穿井术，即"坎儿井"，深受当地民众的欢迎，并逐渐推广开来。

此外，大宛盛产的汗血宝马，又称天马，受到汉朝的青睐，"使者相望于道以求之"。那时，大宛以西既不会养蚕抽丝，也不懂制造兵器。汉朝使者和军队将这些技术传授给当地人，对促进人类文明的发展做出了巨大贡献。

解决了匈奴的威胁后，刘彻又先后出兵平定了闽越和南越的叛乱，使汉朝的版图日益扩大。

经过几十年的征战，刘彻驱逐了匈奴势力，将新疆和甘肃纳入版图，向东北扩展到了浑江和鸭绿江，建立起强大的西汉帝国，汉武帝的威名远播四方。

移情别恋　阿娇失宠

刘彻做太子时，娶了陈阿娇为妻，立为太子妃。刘彻继位后，陈阿娇也成了皇后。陈阿娇养尊处优，养成了娇蛮任性的性格。做了皇后以后，陈阿娇依旧受到刘彻宠爱，一方面是因为她长得美艳迷人，另一方面也是因为刘彻和陈阿娇青梅竹马，感情深厚。当然还有一个更重要的原因是，刘彻之所以能被立为太子，全得力于姑母、馆陶长公主刘嫖。刘彻登基初期，在政见上与窦太皇太后发生分歧，建元新政更是触犯了宗亲外戚的既得利益，引起了强烈反弹，幸得陈家以及馆陶长公主的全力支持，刘彻才保住了帝位。因此，刘彻对陈阿娇既爱又怕，一直宠着，即便她任性胡闹，甚至无礼冲撞，刘彻也克制着自己，尽量容忍这位娇艳迷人的表姐。

但陈阿娇一直没有子嗣，这让她和馆陶长公主非常着急，她们千方百计寻医问药、占卜求神，但仍无济于事。随着皇位的稳固，刘彻对陈阿娇任性骄横的性格越来越厌恶，所以陈阿娇的悲剧结局也就注定了。

恰在此时，美艳异常的卫子夫出现在了刘彻的生活中。

卫子夫出身贫寒，没有受过良好的教育，但天生一副好歌喉，幼时便被送到刘彻的姐夫、平阳侯曹寿家中学习歌舞。她长大后出落得亭亭玉立，色艺俱佳，深得平阳公主的喜爱。

建元二年刘彻在霸上祭扫先祖后来到平阳侯家中，一眼便看中了卫子夫，平阳公主随后将卫子夫送进宫中。不过，卫子夫并未立马受宠，而是一直遭到冷落。一年多后，汉武帝命人遣送部分宫女出宫，卫子夫哭得梨花带雨，请求放她出宫回家，刘彻起了怜爱之心，临幸了她。卫子夫很快就怀孕了，从此受宠一日胜过一日。她的弟弟卫青也因她得宠升任建章宫护卫。馆陶长公主刘嫖得知卫子夫怀孕，将一腔妒火发向卫青，命人捉拿卫青，准备杀他泄愤。卫青的好友、骑郎公孙敖率几名平日与卫青要好的宫廷卫士将卫青救出，使卫青得以死里逃生。

卫子夫得报以后十分气愤，便在刘彻面前哭诉。刘彻当即任命卫青为建章宫总管。卫青武艺不凡，升任总管后更是手握兵权，从此没人再敢向卫青和卫子夫寻衅。

陈阿娇因与卫子夫争宠，屡屡上演一哭二闹三上吊的把戏，惹恼了刘彻，渐失刘彻欢心。她非常气闷，于是就召了一个名叫楚服的女巫进宫，要她设法祈禳，以挽回刘彻的心意。她按楚服的法子做了一个小布人，写上卫子夫的姓名，每天用针扎。

汉宫中是绝对禁止巫蛊秘术的。陈阿娇违背宫规施行巫蛊之术，可以说犯了大忌。有宫人为了邀赏告发了陈阿娇，刘彻怒不可遏，立将楚服拿下，严刑审讯后斩首。皇后宫中的女使、太监300余人，一律处死。陈阿娇吓得魂不守舍，数夜不曾合眼，最后皇后册书被收，玺绶被夺，废黜于长门宫。

此后半年有余，卫子夫再次怀孕。元朔元年（公元前128年），卫子夫生下了第一位皇子。刘彻异常欣喜，为皇长子取名刘据。这时，中大夫主父偃上书请立卫子夫为皇后，刘彻欣然准奏。同年春天，刘彻册立卫子夫为皇后，并颁诏大赦。自卫子夫之后，立皇后大赦天下亦成为汉家制度。

卫子夫坐上了中宫之位，因她而显贵起来的卫氏家族亦不负君王厚望，以卫青、霍去病为代表的卫氏外戚骁勇善战，凭借出色的军事才干为大汉7次出征匈奴，北登阗颜山，6次深入匈奴腹地，立下了赫赫战功，基本瓦解了北方匈奴势力，为解决边患问题立下了不可磨灭的功绩。

元狩元年（公元前122年），刘据和他的父亲一样在7岁被立为太子。刘彻在大臣中甄选出时任沛太守的石庆为太子太傅；待刘据加冠成年迁往太子宫时，刘彻又专门为他建了一座苑囿接待宾客，称为博望苑，取广博观望之意。随着刘据一天天长大，卫子夫也逐渐美人迟暮，然而，她宠辱不惊，凭借良好的德行及公正处事，在卫青、霍去病相继离世之后的10多年里，依然能够得到刘彻的礼遇与尊重。

迷信方士　逼死太子

随着年岁渐长，刘彻心中越来越恐慌，和秦始皇一样，他开始笃信方士、巫术，到处寻求仙方妙药以求延年益寿。而且他晚年疑心很重，因为猜疑而滥杀无辜。

最具代表性的一次是他梦见自己遭到许多木头人围攻，醒来后得了场病，便无端地怀疑有人行巫蛊之术诅咒自己，并派心术不正的江充去调查。江充一向与太子刘据不和，于是就诬陷太子宫中有木偶人。刘据一怒之下杀了江充，然后到母亲卫子夫宫中调来士兵保护自己。有人回报刘彻，谎称太子造反。刘彻大怒，派兵前去清剿，刘据起兵反抗，激战5天后兵败自杀，皇后卫子夫也随之自杀。这一事件后来被称为"巫蛊之祸"。

事情发展到了这个地步，刘彻仍不想罢休，继续追查，从丞相到边关大将，先后有数万人因此丧生。后来真相大白，他追悔莫及，开始检讨自己。征和四年，他召集文武百官，下罪己诏："朕即位以来，所为狂悖，使天下愁苦，不可追悔。自今事有伤百姓，靡费天下者，悉罢之。"为了弥补自己的过错，他下令禁止一切迷信活动，不再穷兵黩武，将精力转移到国家经济发展和民生大计上来。

防范后宫　杀母立子

太子刘据死后，之后数年刘彻一直没有立太子。不过，在皇子当中，他对钩弋夫人所生的小儿子刘弗陵抱有很大期望。刘弗陵从小聪明，身体强壮，长到五六岁的时候便有一种小男子汉的气魄，刘彻不无骄傲地评价他："类我！"他有意传位于刘弗陵，但为了防止自己百年之后"子幼母壮"，出现类似吕后专政之事而危及大汉江山，他决定在刘弗陵继位之前先杀掉其生母钩弋夫人。

后元元年（公元前88年），刘彻带着钩弋夫人到甘泉宫避暑。有一天，钩弋夫人犯了一点小错误，刘彻便借着由头，喝令左右将她拿下，拖出去斩首。钩弋夫人大惊失色，急忙磕头求饶，但刘彻不为所动，狠下心来拂袖而去。就这样，钩弋夫人不明不白地丢了性命。

处死钩弋夫人之后，刘彻对群臣说："自古以来，国家动荡、社稷不稳，大都因为太子年幼继位，后宫干政，骄横淫乱所致，吕后就是一个很好的例子。朕除掉钩弋夫人，正是为了大汉江山着想。"刘彻杀母立子的先例，后来被魏晋南北朝的许多君主效仿。

同年，刘彻册立7岁的刘弗陵为太子。考虑到太子年幼，他将一张周公背成王朝见大臣的画赐给奉车都尉霍光⑪，委托其辅佐太子。

注释：

①主父偃（？—前126年）：初至长安上书，就被汉武帝召见，从郎中到中大夫，一年四迁。他提出进一步削弱诸侯王势力，下"推恩令"，从此诸侯王封地越来越小，名存实亡。后为齐相，因胁齐王自杀，被族诛。

②丝绸之路：一般指陆上丝绸之路，其最初作用是运输中国出产的丝绸。起源于西汉，是以首都长安为起点，经甘肃、新疆，到中亚、西

亚，并连接地中海各国的陆上通道。

③田蚡（？—前131年）：西汉外戚大臣，孝景帝王皇后同母弟，武帝时封武安侯，任太尉。推崇儒术，为窦太后所贬。后任丞相，以帝舅骄横专断。

④桑弘羊（前152—前80年）：西汉大臣，商人出身，武帝时任搜粟都尉，领大司农。制定、推行盐铁酒类官营，设立平准、均输机构，控制全国商品，增加了朝廷的财政收入，为汉武帝的文治武功奠定了雄厚的物质基础。昭帝时与霍光等人共同辅政，任御史大夫。后来受上官桀等谋废昭帝、立燕王旦之事牵连，被杀。

⑤李广（？—前119年）：西汉名将，善骑射，被誉为"飞将军"。历仕文帝、景帝、武帝三朝，前后与匈奴作战七十余次，以勇敢善战著称。元狩四年随大将军卫青攻打匈奴，因迷途延误军期，获罪自杀。

⑥卫青（？—前106年）：西汉名将，卫皇后之弟，官至大将军，封长平侯。曾七征匈奴，解除了匈奴对汉王朝的威胁。

⑦霍去病（前140—前117年）：西汉名将，官至骠骑将军，封冠军侯。后升大司马，与卫青同掌兵权。曾六征匈奴，善骑射，用兵灵活，注重方略，不拘古法，勇猛果断，善于长途奔袭、快速突袭和大迂回、大穿插作战。

⑧姑师：古西域国名，后名车师，国都交河城，遗址在今新疆吐鲁番西北。

⑨焉耆：又称为乌夷、阿耆尼，新疆塔里木盆地古国，在今新疆焉耆回族自治县附近。

⑩龟兹：又称丘兹、鸠兹、屈支，古西域大国之一，在今新疆库车。以务农为主，兼营畜牧，冶铸、酿酒等也较发达。

⑪霍光（？—前68年）：西汉权臣，麒麟阁十一功臣之首，霍去病异母弟、汉宣帝皇后霍成君之父。武帝时为奉车都尉。昭帝时为辅政大臣，任大司马大将军，封博陆侯。昭帝死后迎立昌邑王刘贺为帝，不久即废，又迎立宣帝。

昭帝刘弗陵

刘弗陵档案

生卒年	公元前94—前74年	在位时间	公元前87—前74年
父亲	武帝刘彻	谥号	孝昭皇帝
母亲	钩弋夫人	庙号	无
后妃	上官皇后	曾用年号	始元、元凤、元平

刘弗陵，汉武帝刘彻的小儿子，生母为钩弋夫人，西汉第八位皇帝。

武帝后元二年，刘彻病逝，刘弗陵继位，改元始元，时年8岁。

刘弗陵继位时尚年幼，由大臣霍光、金日䃅（dī）、桑弘羊等辅政，仍然沿袭武帝后期政策，政治上沿用武帝末期的严刑峻法，重视吏治，调查民间疾苦及冤案、官吏失职等事宜，罢免了一批无能的官员；经济上，劝勉农桑，减免田租、口赋及其他杂税，降低盐价并停止酒类专卖；对外则加强北部边防，并重新与匈奴和亲。这一系列措施解决了武帝后期遗留下来的社会矛盾，对于扭转西汉王朝的衰退局面起到了良好的效果。

元平元年（公元前74年），刘弗陵驾崩于未央宫，年仅21岁，谥号孝昭皇帝，葬于平陵。

传奇身世　成就帝业

据传，汉武帝有一年巡游到河间国，听说民间有一女子，出生时双拳紧握，直到十几岁还无法伸开。汉武帝甚是好奇，便派人召来察看。等那女子到了跟前，武帝拉住她的手轻轻一掰即开。汉武帝十分高兴，认为她和自己缘分不浅，又看她年轻貌美，就带回宫中，因其双手特殊而封其为"拳夫人"。汉武帝对拳夫人十分宠爱，不久又封为婕妤，让她住进钩弋宫，因此又称钩弋夫人。与别人不同的是，钩弋夫人怀胎14个月才生下了一个儿子，因此宫中流言顿生。汉武帝不但不放在心上，反而非常得意地说："昔日上古贤君帝尧也是母亲怀胎14个月才降生的，想不到我也会有这样一个儿子。"为此，他特意将钩弋夫人产子的那道宫门更名为"尧母门"，并为这个孩子取名弗陵，对其疼爱有加。

经历"巫蛊事件"后，汉武帝从伤子之痛中走出来，开始重新考虑册立太子一事。他一生妃嫔众多，但子女大多是平庸之辈，缺乏过人的才智，不能治国安邦，唯有刘弗陵聪慧过人，加上身世传奇，被认为是最佳人选。因此，汉武帝决定让刘弗陵继位。

汉武帝晚年昏庸，犯下了许多错误，致使社会动荡，尽管他在统治后期试图实行一些补救措施，但不到一年就驾崩了，留下了一个烂摊子。刘弗陵继位后，在大司马霍光、车骑将军金日䃅、左将军上官桀、御史大夫桑弘羊等人的辅佐下，开始补救时弊。

有胆有识　稳定政局

刘弗陵执政之初，以霍光为首的辅政大臣协政并不顺利，彼此之间产生了不少分歧。御史大夫桑弘羊擅长经济，曾帮助汉武帝策划盐、铁、酒收归国有的改革措施，但他和汉武帝一样好大喜功，反对霍光改变国策的做法。

始元六年（公元前81年），刘弗陵刚刚亲政便针对武帝时期的盐铁官营、治国理念等问题召集贤良讨论对策，询问民间疾苦，会后罢除了榷酒（酒类专卖），故称"盐铁会议"。当时刘弗陵年仅14岁，但却表现出过人的才智，他坚决支持霍光的改革方针，注重休养生息、轻徭薄赋，此举进一步促进了经济发展，缓和了社会矛盾，繁荣了经济，安定了民心。

因为在众兄弟中排行最小，刘弗陵的继位引起了兄长们的不满，尤以燕王刘旦为甚，他一直想篡权夺位。当时上官桀和霍光在政治上是对头，刘旦乘机收买他，两人结党营私，密谋造反。而桑弘羊因为得不到刘弗陵重用，心生怨恨，也投入了刘旦的阵营。

元凤元年（公元前80年），霍光奉命检阅御林军，将一个校尉临时调到府中替自己办事。上官桀等人得知后，以刘旦的名义上书弹劾霍光勾结将士，阴谋造反。霍光惊慌失措，不敢上朝面圣。刘弗陵命人将霍光找来，霍光战战兢兢，欲下跪请罪，刘弗陵却阻止他说："爱卿莫怕，朕知道奏折内容是假的，不会怪罪于你。"霍光疑惑不解，问道："陛下何以知道？"刘弗陵不慌不忙地说："爱卿阅兵，调动校尉，也不过最近几天的事情，远在千里外的燕王怎会知道得如此之快；而且爱卿手握重兵，如要谋反，何须一个小小的校尉？"霍光感激涕零，从此更加忠于朝廷。

燕王刘旦一计不成，又指使上官桀等人暗杀霍光。经过多次密谋，他们将行刺地点选在刘弗陵的姐姐鄂邑长公主的府上。鄂邑长公主和刘弗陵关系本来十分密切，但有一次她的情夫犯了事，她去面圣求情，刘弗陵却秉公办理，依法治罪。鄂邑长公主从此对刘弗陵怀恨在心，此事刚好被上官桀利用。但是，他们的计划却因消息泄露而没有得逞，最后，上官桀等人被处死，燕王刘旦和鄂邑长公主也畏罪自杀，内乱就此平息，局势得以稳定。之后，刘弗陵进一步改革武帝时的制度，罢免了一批无能的官员，并减免赋税，使百姓受惠，有力地推动了经济发展。

可惜刘弗陵因病早逝，没有留下子嗣。

宣帝刘询

刘询档案

生卒年	公元前91—前49年	在位时间	公元前74—前49年
父亲	刘进	谥号	孝宣皇帝
母亲	王翁须	庙号	中宗
后妃	许皇后、霍皇后、王皇后等	曾用年号	本始、地节、元康、神爵、五凤、甘露、黄龙

刘询，原名刘病已，字次卿，汉武帝刘彻的曾孙，太子刘据之孙，西汉第九位皇帝。

由于"巫蛊之祸"的牵连，刘询自幼在官狱中生活，直到武帝后元二年汉昭帝刘弗陵继位，大赦天下，他才得以出狱，依据武帝的遗诏养于掖庭。元平元年，汉昭帝刘弗陵驾崩，因为无后，必须再选一位继承人，众辅政大臣先是选中了昌邑王刘贺，之后又废掉重选，最终刘询被选中。在霍光等大臣的迎接下，刘询进入皇宫，先封为阳武侯，随后即帝位，时年19岁，次年改元本始。

少时特殊的经历使刘询对百姓疾苦和吏治得失感受颇深，这也直接影响了他的施政方针。在位期间，他励精图治，选贤任能，贤臣循吏辈出，著名的有麒麟阁十一功臣。在农业方面，他减轻赋税，提高农民种地的积极性，使经济得以快速发展；在政治方面，他知人善用，要求吏治清明，认为治国之道应以"霸道""王道"杂治，反对专用儒术。在对外方面，他采取灵活多变的方式，于本始二年（公元前 72 年）联合乌孙打败匈奴，迫使匈奴呼韩邪（yé）单于对汉称臣；神爵二年（公元前 60 年），他又出兵平定西羌，并在西域设都护府，用以监护西域各国，正式将西域纳入汉朝的版图。

刘询是中国历史上有名的贤君，在位期间夺回了被霍氏把持的皇权，大力整顿吏治，勤于发展生产，西汉因而出现了"昭宣中兴"的良好局面。

黄龙元年（公元前 49 年）十二月，刘询病逝于未央宫，终年 44 岁，谥号孝宣皇帝，葬于杜陵。

幼年坐狱　意外称帝

刘询幼年时的经历十分坎坷，他的祖父是大名鼎鼎的戾太子刘据，受"巫蛊事件"牵连，他的父母、祖母、姑姑均在长安遇害，还在襁褓之中的刘询则被送进了官狱。幸运的是，他碰上了正直善良的狱吏邴吉。邴吉对他的遭遇非常同情，找来狱中的两个女犯当他的乳娘，还拿出自己的俸禄替他买来衣服，使刘询得以长大成人。武帝后元二年，汉武帝病重，听信谗言说是因为受到了长安监狱内"天子之气"的冲撞，于是下令将监狱里的囚犯全部杀死，幸得邴吉全力保护，刘询才逃过一劫。

武帝后元二年，即刘询 5 岁的时候，汉昭帝刘弗陵登基，大赦天下，刘询这才结束了暗无天日的牢狱生活。因为父母已经亡故，他在邴吉的帮助下，回到祖母史良娣的娘家生活，得到了悉心照料。邴吉又将刘询的身份上报官署，帮刘询恢复了皇族的身份，之后，刘询被送到掖庭生活。掖庭令[①]张贺曾是刘据的老部下，他知恩图报，对刘询非常照顾，并请来老师教他读书识字。刘询 17 岁时，张贺从中撮合，并替他出资聘娶了掖庭典狱长许广汉之女许平君为妻，小两口恩恩爱爱，生活十分幸福，后来生了一个儿子，取名刘奭（shì）。

元平元年四月，汉昭帝驾崩，没有留下子嗣，众大臣只能在刘氏宗亲中物色继位人选。霍光负责办理此事，因为辅助汉昭帝多年，一直受到恩宠，他已经变得权欲熏心，欲拥立一个傀儡皇帝，将朝政大权掌握在自己手中。经过反复挑选，他认为昌邑王刘贺适合继承皇位，于是联络众大臣上奏太后，迎接刘贺进京。可是，刘贺急于求成，带着自己的部下浩浩荡荡地来到长安，刚即位就开始大规模地进行人事调整。霍光见自己的位置即将不保，急忙联合众臣向太后上书，要求废掉刘贺，重新立帝。结果，刘贺只当了27天皇帝就被赶下了台。

这时，邴吉又一次站了出来，向霍光推荐刘询。经过反复考虑，霍光觉得刘询来自民间，在朝中没有根基，平时也安分守己，年龄不大，最重要的是没有从政经验，容易控制，于是就同意了。就这样，刘询先被封为阳武侯，而后登基称帝。

忍辱负重　等待时机

刘询从小生活在逆境之中，锻炼出了常人所不具备的隐忍之功。他即位之初，朝政大权完全掌握在霍光手中，他非常清楚自己的处境，生怕得罪霍光而遭到废黜。因此，他表面上对霍光毕恭毕敬，从来不敢有所违背。尽管如此，霍光对他仍然不放心，在他即位不到一年的时候主动提出还政。刘询知道这不过是霍光的试探之言，自己根基未稳，势单力薄，根本就不是霍光的对手，于是坚决推辞不从，极力夸赞霍光对朝廷的忠心，还颁布诏书：以后朝中大小事务，须先报霍光，然后再上报朝廷，并对霍氏家族加官封爵，使霍光放松警惕，从而稳固自己的地位。

霍光见刘询如此软弱，更加肆无忌惮，不仅把持朝政，还将手伸到了后宫，欲将自己的女儿霍成君嫁给刘询。但这个提议却遭到了朝中大臣的反对，刘询也以寻找登基前所用故剑为名，委婉地表达了要立结发妻子许平君为皇后的决心。霍光只好作罢，表面应允刘询立许平君为皇后，却又坚决反对刘询封岳父为列侯，理由是许广汉是一个"刑余之人"，没有资格封为列侯。刘询无奈，只好改封许广汉为昌成君。但霍光显然不会就此善罢甘休。恰巧许皇后入宫两年后又一次怀孕，在即将临产的时候感到身体不适，请来女医官诊视。霍光的妻子霍显便暗中贿赂女医官淳于衍，在中药中掺入孕妇禁用的附子，致使许皇后在生产之后暴病身亡。刘询十分伤心，暗中命人追查真相，不久就查到了霍光的头上。刘询深知自己现在还不是霍光的对手，只能继续忍耐。不久，霍光终于心想事成，将自己的女儿嫁入宫中，并助其顺利登上皇后宝座。

地节二年（公元前 68 年），霍光因病不治身亡。刘询知道自己亲政的机会来了，于是开始悄悄地着手准备。当时霍光虽然死了，但其势力仍然把持着朝政，所以刘询没有急于求成，而是按部就班，稳步推进。首先，他按朝中最高规格厚葬了霍光，加封霍光的侄孙霍山为乐平侯，并授予重权。之后，他突然动手，免掉了霍光两个女婿的东、西宫卫尉军职，然后撤了霍光两个侄女婿的中郎将②和骑都尉③官职，接着又撤了霍光之子霍禹的右将军④职务，并将霍家党羽撤职调岗。

霍家人感到大祸临头，垂死挣扎。霍光的妻子霍显和女儿霍皇后密谋，想用毒药害死太子刘奭，但刘询早已料到她们会对太子下毒手，因而严加防范，结果霍显母女的阴谋没有得逞。地节四年（公元前 66 年），霍家困兽犹斗，密谋发动政变废掉刘询，立霍禹为帝。刘询将计就计，将霍家一网打尽，罪首霍禹被腰斩于市，霍皇后被打入冷宫。至此，霍家彻底覆灭，刘询夺回了皇权，正式亲政。

励精图治　孝宣中兴

因幼年在民间生活，刘询对民间疾苦了如指掌，所以亲政后便开始进行改革。

在皇权方面，实行中书制，所有上书，须经过中书省然后转到皇帝手中，大大削弱了尚书省的权力，扩大了皇权。

在吏治方面，为了防止地方官员营私舞弊、贪污受贿、草菅人命，刘询重新启用了汉昭帝废止的刺史制度，让刺史负责监督郡县官员。在任命地方官员之前，他总是亲自接见，先对他们做一番思想教育，勉励他们勤政为民，然后根据政绩进行考核，赏罚分明，这就是历史上著名的"循名责实"。因此，宣帝时期吏治清明，百姓安居乐业，社会矛盾极大地缓和，时局稳定。

在法制方面，刘询一家曾蒙冤入狱，他知道这样的冤案不在少数，于是下令对冤假错案进行彻查，一经核实，定要平反昭雪。他对手下的官员说，治理天下要"霸、王道杂之"。"霸道"就是讲究法制，"王道"就是要体恤民情，二者合而为一，既要讲法制建设，执法严明，用以惩治豪强劣绅，又要保护平民利益。刘询在执政期间曾10次大赦天下。

在经济方面，刘询继续推行轻徭薄赋的政策，平抑物价，打击奸商，鼓励开荒种田，大力发展农业。他将农业放在重要位置，专门派农业专家到全国巡视，指导农民合理生产和种植，从而调动了农民种地的积极性，使经济出现了高速增长。宣帝后期，农业连年大丰收，为了防止谷贱伤农，他设立常平仓，调动国家的力量来干预粮食价格，从而保护了农民利益。

在文化方面，刘询倡导百家争鸣，使各种学说都得到了长足的发展。

在对外方面，刘询也取得了卓越的政绩。汉武帝时期频繁用兵，致使国力消耗严重，虽然暂时赶走了匈奴，但武帝死后，匈奴又卷土重来。刘询执政时期，先派重兵驻扎边境，时刻注意匈奴的动向，接着联合附近的少数民族，对匈奴实行左右夹击，并在西域建立都护府，将西域纳入汉朝疆域。同时又实行和亲政策，与当地的少数民族建立姻亲关系，最终使边境安定下来。甘露三年（公元前51年），匈奴呼韩邪单于亲自来到长安朝拜，表达了愿意成为西汉属国的意愿，从此结束了西汉和匈奴之间100多年的战争状态，使北方边境的百姓过上了安定的生活，促成了各民族之间的融合发展，其意义非常深远。

作为一个从监狱里走出来的皇帝，刘询在位25年，扭转了权臣专政的局面，平定了匈奴，使生产得到快速发展，经济腾飞，开创了繁荣昌盛的大好局面。历史上将他统治的时期与昭帝时期并称"昭宣中兴"。

注释：

①掖庭令：官员，西汉武帝太初元年由永巷令改名，隶少府，掌后宫宫女及供御杂务，管理宫中诏狱，由宦官充任，侍从皇帝左右，权势颇重。

②中郎将：武官名，秦置中郎，西汉分五官、左、右三署，各置中郎将以统领皇帝的侍卫，隶光禄勋。

③骑都尉：官名，秦末汉初为统领骑兵之武职，不统兵时为侍卫武官。宣帝时以一人监羽林骑，一人领西域都护，秩比二千石，遂成定制。因亲近皇帝，多以侍中兼任。

④右将军：官名，汉代置，为重号将军之一。与前、左、后将军并为上卿，位次于大将军及骠骑、车骑、卫将军。有兵事则典掌禁兵，戍卫京师，或任征伐。设长史、司马等僚属。平时无具体职务，一般兼任他官，常加诸吏、散骑、给事中等号，成为中朝官，宿卫皇帝左右，参与朝政。如加领尚书事衔则负责实际政务。不常置。

元帝刘奭

刘奭档案

生卒年	公元前75—前33年	在位时间	公元前49—前33年
父亲	宣帝刘询	谥号	孝元皇帝
母亲	许平君	庙号	高宗
后妃	皇后王政君、傅昭仪、冯昭仪、卫婕妤	曾用年号	初元、永光、建昭、竟宁

刘奭，汉宣帝刘询之子，西汉第十位皇帝。

刘奭5岁的时候，其母许平君被奸人毒害。地节三年（公元前67年）四月，刘奭被立为太子。黄龙元年（公元前49年）十二月，汉宣帝病逝，刘奭继位，改元初元，时年27岁。

刘奭是一个多才多艺的皇帝，他博古通今，精于音律，尊崇儒术，但同时他性格柔弱，处事昏庸，加上荒淫好色，宠信宦官，以致朝纲混乱不堪，西汉由此走向衰落。

竟宁元年（公元前33年），刘奭病逝于长安未央宫，终年43岁，谥号孝元皇帝，葬于渭陵。

大难不死　终登帝位

刘奭出生几个月后，父亲刘询便当了皇帝，母亲许平君也被册为皇后。按说刘奭应该被册封为太子，但是，当时辅政大臣霍光把持朝纲，有意扶持自己的女儿霍成君当皇后，所以不许宣帝册封刘奭为太子，宣帝自然不敢不从。后来，皇后许平君被霍家害死，霍成君如愿以偿地入主后宫，并屡次对刘奭施以毒手，因为宣帝的极力保护，刘奭幸免于难。地节三年，9岁的刘奭终于被册立为太子。因为宣帝对许平君的感情非常深厚，所以对刘奭也备加疼爱。

刘奭饱读诗书，聪明伶俐，多才多艺，但为人软弱，心慈手软。有一次，他看到宣帝加强法治，觉得太过残酷，于是向宣帝进言道："陛下持刑太深，宜用儒生。"宣帝见他性格软弱，认为他不适合当皇帝，有心改立太子，但是一想到死去的妻子又于心不忍，最终放弃了改立太子的想法。黄龙元年十二月，宣帝病逝，刘奭顺利继位。

以儒治政　心怀天下

刘奭偏爱儒生的性格在他执政后不久便显露出来。当时有三位辅政大臣，一个是外戚史高[①]，另外两个是刘奭的恩师萧望之[②]和周堪[③]。刘奭对他们都很尊敬，而且言听计从。每次听说哪里有出名的儒生，他必定召来重用。为了发展儒学，重用儒生，他下令取消京师太学的博士弟子名额限制，民间凡通儒经的儒生可免除兵役、徭役。他的执政理念是"以柔治国，强化教育，轻视刑罚"。他在位期间，朝中大臣多半是儒学名家，其中不乏言辞激烈、敢于进谏的忠良之臣。所以，刘奭虽贪图玩乐，但大臣们直言讽谏，也使他收敛不少。永光元年（公元前43年），全国发生大面积灾荒，刘奭却外出巡游，御史大夫直言不讳，说他罔顾天下百姓，只顾自己享乐。刘奭没有生气，反而乖乖地返回京城。

刘奭以儒治政的举措，对于改善民生、缓解社会矛盾起到了积极作用，但有利也有弊，他在提拔有真才实学的儒生的同时，也将很多迂腐之人弄到朝廷中来，大大降低了朝廷的办事效率，制约了社会的发展。

不辨忠奸　昏庸无能

刘奭有一个致命的缺点，那就是缺乏明辨是非的能力。与虚心听从忠臣谏言相比，他更喜欢奸佞小人的花言巧语、阿谀奉承，其中最会溜须拍马的要数宦官石显④。当时朝廷实行中书制，而中书省的人又都是皇帝身边的宦官，这大大提升了宦官的权力，也为宦官干政埋下了祸根。石显利用自己的特殊身份，与外戚勾结，党羽遍布朝野，在皇宫内恣意妄为，很快引起了辅政大臣萧望之和周堪的不满。萧、周二人联名向刘奭提出废除中书制度，但刘奭优柔寡断、犹豫不决，结果给石显等人创造了机会。石显等人对萧、周二人设计陷害，先是迫使萧望之自杀，后又中伤周堪，周堪因有暗疾，最终不能开口说话而逝。

后来，有一位正直的官员京房⑤编写了一套清明吏治的奖惩方案献给刘奭。刘奭很欣赏，有心推行，但因涉及中书省的权力，对石显十分不利，他再次犹豫不决，最后不了了之，继续重用石显。几年后，很多奸佞之臣借助石显的势力占据了重要职位，而忠臣则被一个个地排挤出局，朝廷变得越来越腐败。

昭君出塞　元帝病逝

刘奭本来并不荒淫，在他还是太子的时候，有一个姓司马的女子，相貌美丽，心地善良，深得他的喜爱。但他姬妾众多，相互争风吃醋，司马氏不幸被人害死。刘奭伤心欲绝，整天郁郁寡欢。为了尽快让儿子从伤痛中走出来，宣帝下令从全国各地召来美女，刘奭相中了一个名叫王政君的女子，后来王政君生下了一个儿子，取名刘骜。宣帝为此十分高兴，不料刘奭从此变得贪恋女色，尤其到了后期，更是荒淫奢侈至极。

由于后宫美人无数，刘奭觉得眼花缭乱，于是找来画师为每一个美人画像，按照画像来挑选宠幸的妃子。后宫的佳丽为了得到刘奭的宠爱，私下贿赂画师将自己画得更加美丽，以期引起刘奭的注意。但是，在这些佳丽中，也有一个非常特殊的人物，她就是王昭君。王昭君是历史上四大美女之一，长得貌美如花，但她性格耿直，不愿贿赂画师。结果，画师毛延寿故意将她画成一个丑女，以至于她进宫多年，仍然未被召幸。

竟宁元年（公元前33年），匈奴的呼韩邪单于亲自来到长安，请求和亲。刘奭让人在后宫中挑选一名女子封为公主，嫁给单于。宫女们早已听说匈奴乃蛮荒之地，以游牧为生，贫穷落后，唯恐这个和亲公主的身份会落在自己身上，纷纷想方设法躲避。王昭君因为不愿老死宫中，主动提出远嫁匈奴。临行前，王昭君盛装向刘奭辞行，刘奭深深地被她的容貌所吸引，后悔自己没有将之纳为美人。

王昭君出塞后，刘奭对她念念不忘，对画像不实之事十分愤怒，下令处死了画师毛延寿。同年，刘奭病重而逝，终年43岁，谥号孝元皇帝，庙号高宗。他在位16年，政绩不佳，使西汉从此走向衰落。

注释：

①史高（？—前43年）：宣帝祖母史良娣之侄，宣帝时任侍中，因检举霍禹谋反有功，封乐陵侯。宣帝临终时拜为大司马、车骑将军，领尚书事。与萧望之、周堪同为托孤之臣，辅政5年后致仕。

②萧望之（？—前47年）：萧何七世孙，宣帝时历任大鸿胪、太子太傅等。元帝继位后，以前将军光禄勋，领尚书事，辅佐朝政，甚受尊重。后遭宦官弘恭、石显等诬告下狱，被迫自杀。

③周堪（？—前40年）：宣帝时任太子少傅，元帝继位后拜为光禄大夫，领尚书事。后因中书令石显控制尚书台，积愤病逝。

④石显（？—前32年）：西汉汉元帝时期的奸臣，年轻时受过腐

刑，后任中黄门，又被选为中尚书。宣帝时任中书仆射，元帝时任中书令。结党营私，打击异己，扰乱朝政。成帝继位后失势，被弹劾免官，死在回乡路上。

⑤京房（前77—前37年）：西汉今文易学"京氏学"的开创者，律学家。武帝时历任大中大夫、齐郡太守。元帝时立为博士，屡次上疏，以灾异推论时政得失。因劾奏石显等人专权，出为魏郡太守，不久被下狱处死。

成帝刘骜

刘骜档案

生卒年	公元前51—前7年	在位时间	公元前33—前7年
父亲	元帝刘奭	谥号	孝成皇帝
母亲	王政君	庙号	统宗
后妃	许皇后、赵皇后、赵昭仪、班婕妤等	曾用年号	建始、河平、阳朔、鸿嘉、永始、元延、绥和

刘骜,汉元帝刘奭之子,西汉第十一位皇帝。

竟宁元年,元帝刘奭驾崩,刘骜继位,改元建始,时年19岁。

刘骜继位后,贪恋酒色,荒淫无道,昏庸无能,致使外戚擅政,大权几乎为太后王政君一族掌握,为王莽①篡汉埋下了祸根。刘骜又宠爱赵飞燕、赵合德姐妹,致使二人祸乱后宫,没能留下子嗣。这一时期,全国各地农民起义此起彼伏,对西汉的统治造成了很大威胁,西汉江山摇摇欲坠。

绥和二年(公元前7年),刘骜驾崩,终年45岁,谥号孝成皇帝,庙号统宗,葬于延陵。

德不配位　几被废黜

王政君的父亲本来只是地方上的一个小官吏，某年朝廷选秀女，负责选拔的官吏见王政君长得十分貌美，便将她带入宫中。刘奭也看中了王政君，当晚便召幸了她，但之后便弃之不理，幸运的是，王政君怀孕了，生下一个儿子，即日后的汉成帝。宣帝看到自己有了皇孙，十分高兴，给这个孩子取名刘骜。

刘骜小时候聪明伶俐，深得宣帝喜爱，去哪里都带着他。后来宣帝驾崩，元帝继位，立王政君为皇后，刘骜被封为太子。因为缺乏良好的教育，又过惯了安逸的生活，刘骜贪恋酒色、昏庸无能。元帝对刘骜备感失望，转而宠爱傅昭仪所生的定陶王刘康，一度打算废太子另立。所幸刘骜的亲信、驸马都尉侍中史丹足智多谋，从中周旋，总算稳住了刘骜的太子之位。竟宁元年，元帝病重，又产生了另立太子的念头，史丹借进宫探望元帝病情的机会，在元帝面前极力夸赞刘骜，并声泪俱下地替刘骜求情。元帝见状不由得心软了，表示不会废黜太子。不久，元帝驾崩，刘骜继位。

刘骜登基后，马上就处理了石显这个大奸臣，打击其残余势力，但他任命王太后同父异母之兄王凤[②]为大司马、大将军，领尚书事，总揽朝政大权，对王太后其余5个同父异母的兄弟王谭、王商、王立、王根、王逢时也封侯加爵，使西汉陷入了外戚专权的危机之中。

在民生问题上，刘骜倒也有过一些作为。此前全国每人的赋钱是120文，他继位后下令减40文。永始四年（公元前13年），以"五侯"为代表的汉室腐败之风盛行，官员间竞相攀比，挥金如土，大汉江山摇摇欲坠。刘骜见状，下令严禁奢靡之风，但是"五侯"依然我行我素，最后不了了之。这事让刘骜产生了危机感，决定采用三公制度来处理外戚专权的问题，即在朝堂上设立三个级别地位相同的官职——丞相、大司马、大司空，分解丞相的权力，使三者互相牵制，从而达到加强皇权的目的。这确实是一个不错的方法，对于后世王朝也起到了积极的影响。

另外，刘骜组织农业方面的专家编写了著名的《氾胜之书》，书中总结了北方农业生产的技术，推动了农业的发展；又命大学者刘向③主编了《七略》④，将13269类图书的目录收入其中，共分七类，故曰《七略》，但是此书还没有编撰完毕，刘向便病逝了，后来由他的儿子刘歆完成后续工作，此书创立出的分类法、著录法对我国图书馆目录学的发展产生了深远影响。

纵情声色　红颜祸水

刘骜是历史上出名的酒色之徒，一生纵情声色，奢靡无度。继位之初，他便大兴土木，建造霄游宫、飞行殿和云雷宫作为淫乐场所。在后宫众多佳丽中，他最宠爱的是结发妻子许皇后。许皇后是汉宣帝皇后许平君的侄女，论辈分还是刘骜的表姑。她相貌美丽，为人温柔、聪慧，深受刘骜的宠爱，但这很快引起了以王太后为首的王氏外戚集团的不满。随着时间的推移，许皇后美貌不再，一双儿女也先后夭折，刘骜心中烦闷，加上王太后不喜欢许皇后，刘骜便将注意力转移到班婕妤身上。

班婕妤是历史上有名的才女，擅长辞赋、品行贤惠，刘骜对她很是欣赏。班婕妤不仅不求专宠，还把自己身边貌美的侍女李平进献给成帝。不久，成帝也将李平封为婕妤。

在后宫美人无数的情况下，刘骜仍常常到宫外寻欢作乐。

一天，他微服出访，带了富平侯张放等几个随从，来到阳阿公主的府邸饮酒作乐，席间为了助兴，阳阿公主特意将府中豢养的良家女叫出来献艺，刘骜的目光一下子被其中一个美女吸引住了。这名女子名叫赵飞燕，长得明艳动人，舞姿优美，身轻如燕。阳阿公主知道刘骜好色成性，也乐见其成，便将赵飞燕送给了他。赵飞燕不但貌美善舞，而且很会讨刘骜欢心，刘骜封她为婕妤，爵比列侯。赵飞燕专宠后宫后，赵氏一门也跟着得势。为了更加讨得皇帝的欢心，在皇宫中扩大自己的势力,她又将自己的妹妹赵合德接进后宫,姐妹二人共同侍奉刘骜。

赵合德姿色出众,性情温柔,善解人意,比姐姐赵飞燕更具魅力,没过多久,刘骜也将她封为婕妤,还称赞她的怀抱是"温柔乡",慨叹道:"吾老是乡,不能效武皇帝求白云乡也。"

因为刘骜专宠王美人与赵氏姐妹,雨露不均,致使后宫不宁,纷争迭起。许皇后受到冷落,备感凄凉,为了发泄内心的不满,她在姐姐许谒的帮助下请来了一名巫师,在宫中设坛作法,一是祈求王美人、赵家姐妹早日失宠,胎儿出问题;二是祈求皇帝回心转意。此事被王太后、赵氏姐妹得知,王太后大怒,许谒等被杀,许皇后被废。

皇后的位置空缺后,刘骜本打算立班婕妤为皇后,但赵飞燕诬蔑班婕妤也参与了巫蛊事件。班婕妤以心性善良、高洁著称,所以刘骜并不相信,便亲自去问班婕妤。班婕妤不卑不亢,从容答道:"妾闻生死有命,富贵在天,对于那些鸡鸣狗盗的小人之为,妾非但不敢为,也不屑为之。"刘骜听了,知道班婕妤受了冤枉,于是赏黄金千两以示安抚。

班婕妤为求自保,请求到长信宫伺候王太后,远离是非之地,闲暇之时吟诗作赋,聊以自慰。她因事感怀,曾作诗一首:"新裂齐纨素,鲜洁如霜雪。裁为合欢扇,团团似明月。出入君怀袖,动摇微风发。常恐秋节至,凉风夺炎热。弃捐箧笥中,恩情中道绝。"以团扇自比,道出了世态炎凉和君王的薄情寡义。故此,便常用"团扇悲秋"一词来委婉地形容妃嫔失宠。班婕妤自从移居长信宫后,再也没有被召幸过,直到刘骜驾崩,她才以嫔妃的身份前去守灵,郁郁而终。

未老先衰　亡国之兆

赵氏姐妹受宠十余年,可惜一直没有子嗣,而许皇后和班婕妤的儿子也相继夭折。刘骜也曾宠幸过其他妃嫔,但皇嗣生下后便被赵氏姐妹残害,而刘骜对赵氏姐妹的宠爱已经到了走火入魔的地步,非但没有怪罪她们,反而对她们的行为袖手旁观。

刘骜在位后期,愈加荒淫,怠于政事,以至于未老先衰,朝政大权由王氏外戚掌握。因为自己无后，为了西汉的江山社稷，刘骜不得已立侄子、定陶王刘欣为太子。但就在册封太子的第二年，忽然出现奇异天象，光耀汉朝的火星竟然失去了往日的光彩，这在古人看来是极为不祥的征兆。一时间宫中人心惶惶，谣言四起。这时，一个名叫贲丽的郎官求见，自称善观天象，只要略施小计就能让皇帝逢凶化吉、转危为安。刘骜大喜，忙追问具体的破解办法。贲丽说："方法很简单，只要在朝中寻找一个位高权重的大臣做陛下的替身，陛下即可安然无恙。"

于是，可怜的丞相翟方进⑤充当了刘骜的替死鬼，自尽身亡。翟方进死后，刘骜还假惺惺地到他家中慰问，并为他举行了隆重的葬礼，大赞其效忠君主。

刘骜自以为劫难已除，从此可以高枕无忧，复又肆无忌惮地寻欢作乐。绥和二年，刘骜夜宿未央宫，翌日起床时突然中风倒地，动弹不得，当日驾崩。赵合德一直随侍在侧，知道自己罪责难逃，也畏罪自杀。

注释：

①王莽（前45—23年）：新王朝的建立者。元帝皇后王政君之侄，以外戚掌权，成帝时封新都侯。西汉末年，在哀帝早亡、皇权旁落的情况下窃取朝政大权，并于初始元年（8年）称帝。后来新王朝在赤眉、绿林等农民起义军的打击下崩溃，王莽本人亦被杀。

②王凤（?—前22年）：西汉外戚、权臣，元帝皇后王政君之兄，成帝时以外戚为大司马、大将军，领尚书事，其弟5人也都封侯，形成了"王凤专权，五侯当朝"的局面。

③刘向（约前77—前6年）：西汉经学家、目录学家、文学家，历侍宣帝、元帝、成帝三朝，成帝时历任光禄大夫、中垒校尉。

④《七略》：分为辑略、六艺略、诸子略、诗赋略、兵书略、术数略、方技略，是中国最早的图书分类目录。班固所撰《汉书·艺文志》即以其为蓝本。

⑤翟方进（?—前7年）：西汉大臣，成帝时历任朔方刺史、御史大夫，后为丞相，封高陵侯。为政公洁，请托不行，然持法深刻，中伤者尤多。

哀帝刘欣

刘欣档案

生卒年	公元前25—前1年	在位时间	公元前7—前1年
父亲	刘康	谥号	孝哀皇帝
母亲	丁氏	庙号	无
后妃	傅皇后、董昭仪	曾用年号	建平、元寿

刘欣，汉元帝刘奭之孙，汉成帝刘骜之侄，定陶恭王刘康之子，西汉第十二位皇帝。

阳朔二年（公元前23年）八月二十二日，定陶恭王刘康去世，时年3岁的刘欣承袭父位。因为汉成帝刘骜无子嗣，绥和元年（公元前8年），刘欣被立为太子。

绥和二年，汉成帝驾崩，刘欣继位，改元建平，时年19岁。

刘欣在位期间，汉朝人口总数达到顶峰，他也曾试图有所作为，颁布过限田限奴令、废除任子令和诽谤欺诋法、罢乐府、禁郡国献名兽等，可惜他有治国之志却无治国之才，最后这些都成了一纸空文。

元寿二年（公元前1年），刘欣因病去世，终年25岁，谥号孝哀皇帝，葬于义陵。

脱颖而出　继位为帝

刘欣的父亲刘康品行端正，博学多才，深得元帝喜爱，元帝曾有意立他为太子。刘欣3岁的时候因父去世而承袭王位，为定陶王。在祖母傅昭仪的看护下，他从小饱读诗书，才华横溢。因为自己无后，成帝不得不从宗室中挑选皇位继承人，经过比较，他认为刘欣和中山王刘兴比较适合。刘兴是元帝刘奭的儿子，在辈分上是刘欣的叔叔。成帝召他们二人进宫，当面考查，问他们礼法，让他们背诵《尚书》。刘欣自幼接受儒家教育，对答如流，讲得头头是道。而在个人修养方面，刘欣也为人谦恭，彬彬有礼，给成帝留下良好的印象。刘兴则一问三不知。

绥和元年，刘欣被册立为太子。当上太子以后，刘欣不骄不躁，处事谨慎，对成帝十分尊敬。有一次，他对成帝说："我学识浅薄，不足以胜任太子，陛下圣德宽仁，肯定会再有皇子的。我现在侍奉在陛下身边，等陛下有了皇子，我还回自己的封地。"成帝听了十分高兴，认为自己选对了继承人。

先贬后召　引狼入室

刘欣还是太子的时候，就发现朝廷中存在许多弊端，其中最明显的有两个：一是外戚专权，严重危及皇权；二是高官重臣贪污成风，相互勾结，导致社会矛盾日益尖锐。所以，他登上帝位之后，重点整顿朝纲、缓和阶级矛盾，在削弱外戚权力的同时，又利用赏赐进行安抚。比如，他以曲阳侯王根、安阳侯王舜、新都侯王莽有辅助之恩为名，对他们大加封赏。但不久他又令司隶校尉解光弹劾王根、王况（王根之侄），下诏让王根返回其封国，贬王况为庶人。两年后，刘欣又找了个借口将王莽、平阿侯王仁（王谭之子）强制就国。

不过，刘欣没有赶尽杀绝，在将他们遣送就国的同时，也保留了一定的待遇，不久又封王况的兄弟王邑为成都侯。元寿元年（公元前 2 年），刘欣将王莽、王仁召回朝中，侍奉太后。经过这一贬一召，刘欣有效调控了朝野各派势力，震慑了王侯贵戚，将权力集中在自己手上。

但是，在实施的过程中，刘欣也犯了一个错误：为了打击王姓氏族，他将祖母傅家和母亲丁家的外戚引了进来，任命丁明为大司马骠骑将军、丁望为左将军、傅喜为右将军、傅晏为大司马，虽然没有让他们掌握太大的实权，但对他的政绩却产生了不小的影响。

欲挽狂澜　独木难支

刘欣颇有抱负，眼看大汉江山摇摇欲坠，他颁布诏令，倡导百姓行节俭之风，限制豪门贵族的土地数量和奴婢数量，规定：诸侯王、列侯、公主、吏民占田不得超过 30 顷；诸侯王的奴婢不得超过 200 人，列侯、公主 100 人，吏民 30 人；商人不得占有土地，禁止做官。超过以上限量的，田蓄奴婢一律没收入官。这些举措在某种程度上缓和了社会贫富分化的矛盾，但因为涉及朝中大臣的利益而遭到强烈抵制，而他又势单力薄，最终不了了之。

之后，刘欣尝试用神学理论来加强皇权，编造"汉运将终，应更受命"的言论，并搞了一个"再受命"的仪式，在宫中设坛祭法，以求得到天下的拥护。可惜这个办法并没有起到明显的效果，两个月后，"再受命"就在一片嘲讽声中落下了帷幕。刘欣见自己实施的措施已经无法缓解汉王朝的统治危机，深感无奈。

偏宠董贤　埋下祸根

董贤起初只是个小小的郎官，他的父亲曾任御史，出身贵族的董贤言谈举止大方有礼，深得刘欣喜爱。后来，刘欣越发看重董贤，就将他调到自己身边，每日同进同出。

刘欣对董贤非常依赖，董贤亦因此加官受禄，先为高安侯，后任大司马，可谓权倾天下，傲视权贵，他的家族也受到了异常丰厚的赏赐，他的父亲、岳父、内弟等官至公卿。刘欣重用董贤，看似夺回了大权，实际上董贤胸无点墨，把大司马这个重要职位授予他无疑是昏庸之举。

这引起了刘欣之母丁皇后家族、祖母傅太后家族的极度不满，他们认为自己才是名正言顺的皇亲国戚，现在竟然被董贤这样的外人夺去了权力。建平四年（公元前3年），丞相王嘉①扣留了刘欣给董贤增加2000采邑的诏书，苦口婆心地劝说刘欣，痛骂董贤是奸佞，祸国殃民。但刘欣执迷不悟，认为王嘉以下犯上，不久便找了个理由将王嘉逮捕入狱，王嘉最终惨死狱中。

而位极人臣的董贤，怎么也不会想到自己的末日来得那么快。元寿二年，刘欣驾崩。不久，太皇太后王政君罢免董贤的大司马之职。被罢免当日，董贤与妻子一起自杀，野心勃勃的王莽接任大司马一职。

注释：

①王嘉（？—前2年）：西汉大臣，成帝时历任太中大夫、九江太守、京兆尹、御史大夫等职。哀帝时任丞相，封新甫侯。

平帝刘衎

刘衎档案

生卒年	公元前9—公元5年	在位时间	公元前1—公元5年
父亲	刘兴	谥号	孝平皇帝
母亲	卫姬	庙号	元宗
后妃	王皇后等	曾用年号	元始

刘衎（kàn），原名刘箕子，汉元帝刘奭之孙，中山王刘兴之子，西汉第十三位皇帝。

元寿二年，哀帝刘欣病逝，外戚王莽为了更好地把控朝政，将年仅9岁的刘衎迎入宫中，拥其为帝，改元元始。

刘衎年纪小，又体弱多病，继位之后，朝政大权一直掌握在王莽手中。

元始五年（5年），刘衎驾崩，谥号孝平皇帝，庙号元宗（后除庙号），葬于康陵。

傀儡皇帝　英年早逝

哀帝刘欣没有子嗣，有意让董贤继位，但是太皇太后王政君无法容忍江山落入旁人之手，于是就将玉玺从董贤手中收回。而董贤作为一个只会阿谀谄媚的宠臣，根本不懂朝政和权术，也就任由王政君摆布。王政君将自己的侄子王莽召入宫中，先主持了哀帝的丧事，之后又罢免了董贤，并封王莽为大司马。随后，王政君与王莽开始在刘氏宗亲中寻找皇位继承人。此时元帝一脉与成帝关系最近的只有中山王刘箕子，他们决定让刘箕子做皇帝，并让他改名刘衎，取"和乐"之意。

因为刘衎年幼，朝政大权实际上掌握在王莽手中。王莽野心很大，不满足于担任大司马，他的最终目标是称帝。为了给自己篡权创造机会，他严格控制外戚入朝当官，另立刘成为中山王，将刘衎的母亲卫氏及其一族封到中山国，禁止他们回到京城。元始三年（3年），王莽将自己15岁的女儿嫁给12岁的平帝为妻，不久即封为皇后。

刘衎逐渐长大后，对王莽专政愈加不满，对自己的母亲被强留在中山国十分愤恨。王莽恐刘衎对自己不利，决定除掉刘衎。元始五年（5年）冬，平帝身患重病，王莽亲自在宫中照料，趁腊日进献椒酒时在酒中下毒，使刘衎毒发身亡（一说为病逝）。

孺子刘婴

刘婴档案

生卒年	公元5—25年	在位时间	公元6—8年
父亲	刘显	谥号	无
母亲	不详	庙号	无
后妃	无	曾用年号	居摄、初始

刘婴,汉宣帝的玄孙,广戚侯刘显的儿子,居西汉皇太子位,世称"孺子婴"。

更始三年(公元25年),刘婴在临泾为乱兵所杀,终年21岁,不知葬所。

惨遭软禁　死于乱军

平帝驾崩后,王莽有意自立为皇帝,但又觉得时机未到,于是决定再寻找一个傀儡皇帝。此时宣帝的曾孙中还有5个诸侯王、48个列侯,都有继承帝位的资格,但他们都已成年,有着广阔的人脉和丰富的从政经验,难以控制。王莽以"兄弟不得相为后"为借口,将他们一一排除,最后选定了宣帝的玄孙、广戚侯刘显之子刘婴。此时,刘婴不满2岁,仅被立为皇太子,没有称帝。

由于刘婴年幼，无法理政，王莽就以摄政王的身份独揽朝中大权，等同于皇帝，这引起了以刘氏宗室为主的反对派的抗拒。居摄元年（6年），安众侯刘崇率领百余人进攻宛城，但以失败告终。同年九月，东郡太守翟义起兵，拥立严乡侯刘信为帝，通告各地，长安以西23个县的"盗贼"赵明等也起来造反。王莽十分恐慌，日夜抱着刘婴在宗庙祷告，同时调动大军镇压，希望消灭翟义的部队。初始元年（8年），王莽见时机成熟，强迫刘婴禅位于他，改国号为"新"，尊太皇太后为皇太后，废刘婴为安定公。至此，西汉灭亡，从刘邦到刘婴，享国210年。

刘婴被废时年仅4岁，王莽害怕杀了他会引起朝中大乱，于是就将他软禁起来，将大鸿胪府改为安定公府，不许安定公府的任何人和刘婴说话，也不许任何人接触他。刘婴就这样被关了15年，过着与世隔绝的生活。

更始元年（23年），号称更始皇帝的刘玄带兵攻入长安，杀了王莽，救出刘婴。然而，此时刘婴已经痴呆。后来，刘婴又被隗嚣①的军师方望劫持到临泾，拥立为帝，借此号令天下，与刘玄抗衡。刘玄大怒，派丞相李松、讨难将军苏茂出兵，打败方望，并杀死刘婴。至此，刘婴结束了他那悲剧性的一生，年仅21岁。

注释：

①隗嚣（？—33年）：新朝末年地方割据军阀，据有天水、武都、金城等郡。后归附更始，不久自称西州上将军。后归汉，仍图谋割据，并称臣于公孙述。因屡为汉军所败，忧愤而死。

新帝王莽

王莽档案

生卒年	公元前45—23年	在位时间	公元8—23年
父亲	王曼	谥号	无
母亲	不详	庙号	无
后妃	王皇后、杜皇后等	曾用年号	始建国、天凤、地皇

王莽，字巨君，魏郡元城人，新显王王曼之子、西汉孝元皇后王政君的侄子，新朝开国皇帝。

西汉后期，王莽以外戚身份掌控朝政，独揽大权。他善于伪装，在称帝之前，一直隐忍不发，表现出谦恭俭让、礼贤下士的儒雅姿态，赢得了朝中百官的赞誉，被视为挽救汉朝危局的不二人选，有人称其为"周公再世"。

初始元年十二月，王莽废掉刘婴，建立新朝，自立为帝，建元"始建国"。

王莽称帝以后进行了大刀阔斧的改革，史称"王莽改制"。但是，他的一系列措施不但没有安定社稷，反而使百姓陷于水火之中。在他执政末期，天下大乱，农民起义风起云涌，新朝岌岌可危。

新莽地皇四年（23年），更始军攻入长安，将王莽斩杀于乱军之中。

王莽终年69岁，而新朝也成为中国历史上的短命王朝之一。

巧妙伪装　步步高升

王莽的先祖是战国时期齐国的贵族，本姓田，后来秦始皇统一天下，结束了战国时代，田氏随之没落。秦朝灭亡后，王莽的先祖田安被项羽封为济北王，遂将姓氏也改成王。到了汉朝的时候，他的姑姑王政君被册立为皇后，王氏家族开始活跃于朝野。王莽的父亲王曼共有兄弟8人，老大王凤官至大司马，除了王曼早亡之外，其余6人均是朝中大臣。

竟宁元年，元帝驾崩，成帝刘骜继位，王政君被尊为太后，王氏家族也被封官加爵。当时，由于王曼早年病逝，王莽一家没有受到家族的重视，过着清苦的生活。不过，王莽并不因命运的不公而灰心丧气，他一心侍奉母亲，照顾兄嫂，教导侄儿。同时，为了改变处境，他也尽可能地结交社会贤达，虚心学习，将自己修炼成一个谦恭内敛的文雅之士。

成帝阳朔三年（公元前22年），独揽朝纲的王凤突发重病，王莽主动请缨照顾大伯，侍奉汤药，一连几个月衣不解带，胜过亲生儿子。王凤深受感动，临终前特意将成帝和太后叫到跟前，请求他们照顾王莽，二人点头答应。王莽由此开始发迹。

王莽的第一个官职是黄门郎，贴身随奉皇帝左右。虽然当了官，但他依然保持着谦卑的姿态，处事低调，因而得到了成帝的赏识。这个时候，王家第五子、大司马王商也看中了这个侄子，认为他是一个可造之才。为了拉拢王莽，也为了在朝中为王家再争一席之地，王商向成帝上奏，表示愿意献出自己的一半封地给王莽。于是，王莽在永始元年（公元前16年）被封为新都侯，封地在南阳新野的都乡，食邑1500户。同时，成帝还将他提拔为骑都尉、光禄大夫、侍中。这一年，王莽30岁。

尽管已经成为朝廷中的核心人物，但王莽并没有因为自己平步青云而得意忘形，仍然为人谦和、礼贤下士，得到了朝中大臣的一致好评。绥和元年，王家第七子、大司马、大将军王根因病请辞，他向成帝极力推荐王莽接任大司马一职。当时，王太后的姐姐王君侠之子、王莽的表兄弟淳于长也极有权势。淳于长曾经为赵飞燕封后立下汗马功劳，深得成帝宠爱，被封为关内侯，又封定陵侯，权势比王莽还大。现在，因为这个大司马的位置，表兄弟间形成了竞争之势。王莽工于心计，一面在王根床前精心照料，一面派人秘密搜集淳于长的不法证据。淳于长虽然得到成帝和赵飞燕的赏识，但他嚣张跋扈、贪污受贿、得意忘形，在百官中的口碑很差。王莽将淳于长的罪证上报后，成帝免掉了淳于长的官职，遣送他回封地。但淳于长不甘心，为了让成帝收回成命，他贿赂政敌王立，让王立为自己说情，结果反倒引起了成帝的关注。成帝派人查明事情真相后，立即命人捉拿淳于长，并斩首示众。就这样，王莽如愿以偿地坐上了大司马的宝座。

残害二帝　代汉自立

王莽当上大司马后，仍旧殷勤周到，不改寒素之风，将自己得到的赏赐和俸禄都用在礼贤下士上，自己则勤俭节约。有一次他的母亲生病，王公大臣都来探望，他的夫人穿着粗布线衣站在门外迎接客人，竟被误认为是王府里的下人。

不过，王莽在大司马位置上并没有坐多久，因一次意外而被撤职。事情源于绥和二年成帝驾崩，哀帝刘欣继位，刘欣的祖母傅家和母亲丁家因权位之争与王家发生了矛盾。哀帝也痛恨王家专权，于是对王家采取打压政策。王莽不得不暂时隐忍，从大司马的位置上退下来，回到封地新野。

回到新野后，王莽韬光养晦、养精蓄锐，等待东山再起的时机。他装出一副勤俭谦虚的模样，暗中则一直关注朝廷的动向。有一次，他的儿子王获失手杀死了一个仆人，王莽以此大做文章，令儿子自杀，为仆人偿命。此事传入宫中，文武百官交口称赞，说王莽为人正义、大公无私，可托以大任。于是，群臣纷纷向哀帝上书，要求将王莽调回京城。元寿元年，王莽如愿以偿地回到长安，名义上是为太皇太后王政君侍疾。第二年哀帝驾崩，将传国玉玺交给董贤。太皇太后王政君从董贤手中夺回玉玺后，将朝政大权交给王莽，自己退居幕后。

王莽掌权可以说是众望所归，大家都被他谦卑的假象所迷惑，希望他能出来主持大局，稳住大汉江山。因为哀帝无子，而成帝又和中山王刘兴的儿子刘箕子血缘最近，于是王莽就将刘箕子扶上了皇帝的宝座，改名刘衎。刘衎年幼，根本无力主政，大权全部掌握在王莽手中。为了达到长期专政的目的，王莽将刘衎的家族亲属迁出京城，与刘衎隔绝。成帝的皇后赵飞燕曾谋害皇子，致成帝无后；哀帝的皇后飞扬跋扈，品行不端，王莽借故将她们或废或逼其自尽，之后又将这两家的外戚迁出京城。

清除了朝中所有的绊脚石后，王莽不再掩饰自己的野心，先是逼迫太皇太后王政君赐给自己尊贵的封号。元始元年（1年），王莽被封为"安汉公"，食邑2.8万户；次年，他又将自己的女儿嫁给刘衎，并封为皇后，当上了"国丈"。元始四年（4年），王莽又被封为"宰衡"，位居所有王侯之上。为了显示自己的尊贵，他还特意刻了一枚印章，名为"宰衡太傅大司马印"。

在王莽的野心和权欲急剧膨胀的同时，而刘衎也在逐渐长大，他对王莽干政甚为不满。王莽意识到了危险，杀心顿起，用毒酒毒杀平帝，而后拥立2岁的刘婴为太子，自己为摄政王，处理一切政务。他的党羽遍及朝野，连太皇太后王政君都奈何不得。居摄元年，东郡太守翟义、长安人赵明先后起义，都被王莽派兵镇压。初始元年，王莽感到时机成熟，便开始实施称帝计划。

他先是将年号由居摄改为初始，意在将"摄"去掉，接着授意各地的党羽制造各种符瑞敬献给他，以表示他做皇帝是众望所归，上天授命。其中有一个名叫哀章的投机分子，伪造了两个铜匮，分别刻上"天帝行玺金匮图"和"赤帝行玺某传予皇帝金策书"。赤帝即指高皇帝刘邦，皇帝暗指王莽。王莽看到这两件宝贝后欣喜若狂，公然逼迫孺子婴禅位，自立为帝，改国号为"新"。

频出新政　适得其反

王莽称帝后，为了缓和社会矛盾，进行了大刀阔斧的改革，制定了一系列的政策，其中最重要的是"王田令"和"私属令"。

顾名思义，"王田令"就是将天下所有的田地都收归国有，不准私自买卖，由国家按人口分配，如一对夫妇可分田100亩，任何人不得多占；禁止土地买卖；一家男口不满8人而田过900亩的，要将多余的交出来；等等。王莽本想以此缓和社会矛盾，解决土地兼并和贫富严重不均的问题。但是，这项政策实施起来却困难重重，因为这严重损害了王公贵族的利益，引起他们的强烈反对；同时也严重制约了农民，打击了农民种地的积极性。由于全国上下一致反对，王莽的第一次改革以失败而告终。

为了抑制贩卖奴仆，王莽又下达了"私属令"，即所有奴仆都不得私有，任何人不得买卖，违者严惩。但是这和"王田令"一样，严重侵犯了地主官僚的利益，而各级官员又以新政的名义到处搜刮民脂、横征暴敛，给农民增加了极大的负担，激化了社会矛盾。

在经济方面，王莽仿照《周礼》，制定了五均、赊贷、六筦（guǎn）。"五均"指工商业经营和物价都归国家统一管理；"赊贷"指发放贷款，百姓遇到困难的时候，可以向国家提出无息或低息贷款；"六筦"指国家专管的6项经济政策，包括"五均赊贷"，盐、铁、酒专卖，铸钱，征收山泽生产税等。这些改革表面上看似对百姓有很大好处，但对那些执行政策的地方官员和富豪劣绅来说，不过是换了一种敛财的方式，他们相互勾结、鱼肉百姓，致使民怨四起。

王莽还参考上古官制和汉代官制，制定了新朝的官制，但也是虎头蛇尾，以失败告终。后来，他又对货币实行了4次改革，造成了严重的经济混乱，给地主官僚创造了更多敛财的机会，以至于"民涕泣于市道"，"愁苦死者什六七"。

众叛亲离　死于非命

因为改革连连不利，官民齐声反对，社会矛盾迅速激化，起义的烽火在全国各地点燃；匈奴闻风而动，大肆骚扰边关；其他地区的少数民族也纷纷起兵。内忧外患使得王莽焦头烂额。

此时朝廷内部也开始分化，大臣王舜、甄（zèng）丰等人都想趁机篡权夺位，因为谋反泄密，被王莽察觉，一干人全部被斩首，并株连九族。然而，一波未平一波又起，王莽的孙子王宗觊觎帝位已久，与舅舅吕宽商议起事，被王莽得知，正要问罪，王宗却畏罪自杀了。此后，王莽连自己的亲人也不敢相信了。地皇三年（22年），王莽的皇后病危，不得不将太子召回宫中。结果，王莽又怀疑太子欲行不轨，竟然将太子杀害。至此，王莽众叛亲离，新朝岌岌可危。

为了名正言顺地当皇帝，王莽做了很多荒唐事。有一次，一个郎官上书说若求天下太平，必须立"民母"，要像黄帝一样娶够120个民女，然后便能修炼成仙。王莽信以为真，立即命人到民间征集民女。还有一次，一个大臣说当年黄帝曾建华盖而成仙，王莽便命人建造一个九重的华盖，高达八丈一尺，当作自己成仙的车驾，每次外出必让华盖车子在前面开路，由300名壮丁拉着，一边走一边齐声呼喊："登仙，登仙……"更有一人向他献计说，按照古代的风俗，国家有大难时，国君都要双膝跪地，哭着向上天求助，感动上苍，危机便可化解。王莽立即效仿，带领文武百官到长安城外，伏地痛哭。为了壮大声势，他还强迫全城的百姓和太学生都去跪哭，并免费提供伙食，哭得最悲痛的还将授予郎官职位。结果，短短几天之内便有几千人当上了郎官，可谓荒唐至极。

地皇四年，汉室后裔刘玄响应起义，并很快被拥立为帝。六月，义军攻至昆阳，王莽派兵迎敌。这场决定双方命运的决战，以王莽失败而告终。同年十月，义军攻入长安，火烧未央宫，王莽死于义军的乱刀之下，新朝宣告灭亡。

更始帝刘玄

刘玄档案

生卒年	？—25 年	在位时间	23—25 年
父亲	刘子张	谥号	无
母亲	何氏	庙号	无
后妃	皇后赵氏、韩氏等	曾用年号	更始

刘玄，字圣公，南阳蔡阳人，西汉宗室后裔，汉景帝刘启之子长沙定王刘发之后，东汉光武帝刘秀的同族兄弟。

地皇三年，刘玄被绿林军在淯水之滨拥立为皇帝，建年号更始，成为历史上著名的更始帝。同年，新朝灭亡，刘玄入主长安。

更始三年，更始政权在赤眉军和刘秀大军的两路夹击之下土崩瓦解，刘玄被迫向赤眉军投降，更始政权宣告灭亡。不久，刘玄被赤眉军所杀，刘秀委托大将邓禹[①]将刘玄安葬在长安附近的霸陵。

起于绿林　被拥称帝

天凤四年（17 年），鄂西一带发生饥荒，民不聊生，官府不思救援，反而横征暴敛，导致民怨四起，于是爆发了以王匡、王凤为首的农民起义。因为他们聚集在绿林山，故被称为绿林军。经过几年的战斗，绿林军辗转各地，逐渐分成下江兵②、新市兵③和平林兵④，刘縯（yǎn）、刘秀领导的春陵兵⑤几支。

刘玄是刘秀的族兄，因为弟弟被仇人所杀，他气愤难忍，一门心思要为弟弟报仇。但是，他又不敢单独行动，便纠集了一帮朋友为自己壮胆，其中就有负责当地治安的官府人员。不料席间有一个人喝醉后说话没分寸，得罪了官府人员，刘玄害怕受到牵连，急忙躲藏起来。果然，官府很快派人前来抓捕刘玄，遍寻不见人，气怒之下，便将其父刘子张抓捕入狱。刘玄听到消息后，为了蒙蔽官府，竟故意营造自己已死的假象，还特意让家人安葬了一具空棺木。官府信以为真，也就不再深究，将刘玄的父亲放了。之后，刘玄再也不敢回家，过着四处漂泊的生活。

有一天，刘玄听说平林有个叫陈牧⑥的人领导着一支队伍，专门和官府作对，于是就去投靠陈牧，陈牧让他当了一支军队的小头领。

不久，刘玄参加的这支队伍和新市兵、平林兵，刘秀、刘縯所率领的春陵兵联合起来，与王莽的新朝军队交战，不断取得胜利。但是，在战争中，将领们发现了一个很大的问题——军队派系太多，没有统一的指挥系统，行动不统一。大家纷纷提议选出一个首领，以恢复汉室为口号，以便得到百姓的支持。大家经过考虑，最后看中了具有皇室血统的刘玄和刘縯。刘縯生性豪爽、粗放、不拘小节，因此赢得了一部分人的尊重和拥护。相比之下，刘玄则显得柔弱、犹疑和没有主见。但新市兵、平林兵的将领们和刘縯的关系比较疏远，害怕刘縯当了头领会对自己不利，出于私心，他们选择了易于掌控的刘玄为首领。

地皇四年，刘玄称帝，封百官，建元更始，史称更始帝。登基当天，刘玄作为新君，要站在众将士面前讲话，以提高自己的威望。但是，面对黑压压的一片人头，刘玄竟然一句话也说不出来。在万分尴尬之下，他只好直接宣布任命：封王匡为定国上公，王凤为成国上公，朱鲔⑦为大司马，刘縯为大司徒，陈牧为大司空，刘秀为太常偏将军。其余都拜为九卿和将军。就这样，一个新的朝代诞生了。

软弱皇帝　强硬臣子

性格软弱、才能平庸的刘玄被拥立为皇帝后，刘縯及南阳宗室都很不满意，但迫于联军中绿林军人多势众，又有强敌在前，只得暂且作罢。而刘玄也很忌惮刘縯的勇猛，总想找机会除掉刘縯。

昆阳一战，绿林军在刘秀的领导下以少胜多，将王莽的新军打得溃不成军，取得了决定性的胜利。从此，刘縯、刘秀兄弟二人名声大振。这也使当初反对刘縯称帝的将领们感到了巨大的威胁，害怕刘縯得势对自己不利，于是暗中怂恿刘玄除掉刘縯、刘秀兄弟。刘玄也恰好有此意，决定摆下酒宴，趁机杀死刘縯。然而在酒宴上，刘玄突然犹豫起来，不敢动手。绣衣御史申屠建⑧多次举起玉佩暗示，刘玄都视而不见，最终错过了机会。

随同刘縯前来的舅舅樊宏看出了其中的端倪，酒宴完毕，他在回自己军帐的路上提醒刘縯说："当初鸿门宴上，范增曾多次举起玉佩示意项羽杀掉高皇帝，今天申屠建的行为和鸿门宴一样，肯定别有用心，不得不防。"但刘縯却不以为然。

刘縯手下的大将刘稷听说刘玄欲谋害刘縯，气得暴跳如雷，大骂刘玄不是东西。此话很快传到了刘玄的耳朵里，刘玄心虚，为了收买刘稷，要封他为抗威将军，刘稷坚辞不受。刘玄认为他不识抬举，于是派人将他抓来，决定杀掉他。刘縯听到消息后，急忙跑来为刘稷求情。大司马朱鲔等人认为机会难得，劝刘玄赶快动手，千万不要再放刘縯回去，以免后患无穷。刘玄终于下了决心，将刘縯、刘稷一同杀死。

这时刘秀正带领一支部队在外作战，听到兄长被杀的消息，他内心悲痛不已，恨不能马上回去替哥哥报仇，但是他冷静下来后，知道凭自己现在的实力，还不是刘玄的对手，必须耐心等待机会。于是，他将满腔悲愤深深地隐藏起来，驰马去见刘玄，替兄长谢罪。刘縯的部将听说刘秀归来，都纷纷来迎接，为刘縯鸣不平。刘秀非但不听，还将罪责揽在自己身上，也不为兄长发丧，一个劲地在刘玄面前赔罪。刘玄被刘秀的真诚所打动，便放弃了杀掉他的想法，封他为破虏大将军、武信侯。

很快，刘玄展开了对王莽的最后一战。他下令兵分两路，一路由王匡率领，向北直取洛阳，一路由大将军申屠建、丞相司直率领，向西进攻武关。西路大军进展迅速，一路攻城略地，很快拿下了武关，然后又攻取长安。长安城内，朱弟、张鱼等豪杰听说义军到来的消息，也起兵配合，向皇宫发起进攻。王莽见大势已去，急忙向渐台逃跑，途中被起义军杜吴杀死。与此同时，定国上公王匡也攻克了洛阳，新朝灭亡。

刘玄有意迁都洛阳，于是派遣刘秀带领很少一部分人马先期进入洛阳，做迁都前的准备工作。刘秀不辱使命，很快修复好了皇宫，并安抚了百姓。为了表彰刘秀的功劳，刘玄封他为破虏将军行大司马事，持节，北渡黄河，到河北一带镇守。这时，已经占领长安的申屠建等人希望刘玄能够定都长安，并送来了皇帝的车马和服饰。刘玄本无主张，于是接受建议，于更始二年（24年）迁都长安，入长乐宫。

定都长安之后，刘玄先封刘姓宗室6人为王，又封王匡等14员大将为王，其中，朱鲔被封为胶东王。但是，朱鲔以汉高皇帝有约"异姓不得封王"为由，没有接受封赏，刘玄只好任命他为左大司马，让他和舞阴王李轶、西平王李通、邓王王常等镇守关东地区。同时，刘玄以李松为丞相、赵萌为右大司马，留在朝中辅政。

赵萌有一个女儿貌美如花，被刘玄纳入后宫，百般宠爱。赵萌仗着女儿得宠，渐渐掌握朝政大权，变得骄横跋扈起来，而刘玄沉迷酒色，不理政务，使赵萌更加嚣张，不久即引起了朝中大臣的不满，有个郎官不惧权威，上疏弹劾赵萌。刘玄气怒之下，将郎官斩首，杀一儆百。果然，自此以后，再也没有人敢站出来反对赵萌。有一天，一位侍中惹怒了赵萌，赵萌也不向刘玄禀报，便下令推出去斩首，刘玄得知后急忙从中说情，但赵萌置之不理，执意将其杀死，完全不将刘玄放在眼里。

除了赵萌，那些曾经为更始江山立下汗马功劳的大臣，比如李轶、朱鲔、王匡、张卬（áng）⑨等也不将刘玄放在眼中。这些大臣都出自绿林，没有学问，更谈不上修养，成为新贵，便恃功傲宠，为所欲为，致使朝政混乱、人心不稳。当时还有人编了一首歌谣来讽刺这些新权贵："灶下养，中郎将。烂羊胃，骑都尉。烂羊头，关内侯。"

军师将军李淑看到这种情况，向刘玄上书说："这些公卿大臣都是行伍出身，而尚书等官员也大多如此，根本没有治国安邦的能力。如果想要国家长治久安，必须将这些人统统罢免，重新选拔贤能之士，委以重任。"没想到刘玄龙颜大怒，认为李淑是妖言惑众，下令将他关进监狱。

醉心淫乐　亡于赤眉

刘玄为人胆小懦弱，每次上朝，见了大臣们都不敢抬头。然而，他下朝回到后宫却完全是另一副模样，对嫔妃们左拥右抱，饮酒作乐，好不快活。群臣有事必须向他禀报时，往往会看到他喝得烂醉如泥、不能自控。在稍微清醒些的时候，他便吩咐左右扶着自己在帷帐内勉强坐着听取奏报。大臣们对此非常反感，说道："江山未稳，成败尚不可知，皇上便如此放纵，成何体统！"

就在刘玄沉迷享乐、不思作为的时候，另一支起义军迅速发展壮大起来，这就是赤眉军。刘玄曾经招降过赤眉军的首领樊崇，答应封他及20名部下为列侯，但樊崇先降后叛，他野心极大，欲取刘玄而代之。更始三年，樊崇率军一路势如破竹，向长安进发，队伍很快发展到30万人。樊崇将军队分为30个营，每营1万人。大军行至华阴时，为了笼络人心，樊崇决定效仿绿林军的做法，拥立刘姓后人、年仅16岁的刘盆子为帝，建元"建世"。

这时，刘玄政权内部又出现叛乱，赤眉军趁机将大军转移到高陵，对长安发起进攻。刘玄不敌，急忙逃命。

赤眉军进入长安后，向刘玄放话说：限期20天，若刘玄主动投降，可以不予追究，封其为长沙王；超过20天，将不再受降。刘玄得到消息后，急忙委托刘盆子的哥哥刘恭传话，表示愿意投降。刘盆子遂派大将谢禄前去受降，将刘玄押回长安，下令将刘玄斩首。谢禄为刘玄说情，遭到刘盆子拒绝。刘恭拔出宝剑，声称若不遵守诺言放过刘玄，自己将以死相随，刘盆子无奈，只好赦免了刘玄，封其为长沙王，暂居谢禄军营。

刘玄投降以后，有人开始怀念他执政时期的稳定局面。刘盆子手下大臣张卬对右大司马谢禄说道："我听说现在有很多人想救出长沙王，一旦成功，必然会对我们造成严重威胁，不如趁早除掉他，永绝后患。"谢禄认为言之有理，便派卫士趁机将刘玄杀死。刘恭听说刘玄被杀，不胜悲切，连夜将其收殓。刘秀登基后，下令将刘玄葬在汉文帝的陵墓霸陵陵园内。

注释：

①邓禹（2—58年）：东汉开国名将，云台二十八将之一。年轻时游学长安，与刘秀交好。后从刘秀镇压河北的铜马等部起义军，为前将军。又破更始将王匡、成丹诸部于河东，协助刘秀建立东汉，被拜为大司徒，封酂侯。渡河入关，多方招降，所部号称百万，一度入长安，不久为赤眉军所败。刘秀统一全国后封高密侯。明帝时任太傅。

②下江兵：绿林军的一支。由王常、成丹等率领，进入南郡活动，当时称长江自南郡以下为"下江"，故称下江兵。

③新市兵：绿林军的一支。因首领王匡、王凤都是新市人，故称"新市兵"。

④平林兵：绿林军的一支。以陈牧、廖湛为首，在平林起义，故称"平林兵"。

⑤舂陵兵：南阳西汉宗室刘縯、刘秀兄弟策动族人及宾客七八千人，起兵于舂陵，故称"舂陵兵"。

⑥陈牧（?—25年）：新朝起义头目，地皇三年与廖湛等在平林起兵，后合于绿林军。王莽政权被推翻后，受封为阴平王。后遭刘玄猜忌，被杀。

⑦朱鲔：绿林军首领之一，拥立刘玄为帝，被拜为大司马。刘秀称帝后投降，被拜为平狄将军，封扶沟侯。

⑧申屠建（?—25年）：绿林军将领，初为起义军绣衣御史，更始元年任西屏大将军，率起义军攻入武关，占领长安。次年封平氏王。后遭刘玄猜忌，被杀。

⑨张卬：绿林军下江兵主要将领之一，刘玄称帝后被封为淮阳王，后遭刘玄猜忌，率军归赤眉军。

商山四皓图 ↑

清代黄慎绘制,描绘的是秦末东园公、绮里季、夏黄公、甪里隐于商山(今陕西省商洛市商州区东南)的故事。

霍去病墓 ↑

位于陕西兴平市南位镇道常村西北,汉武帝茂陵东约1千米处,墓为山形。

"单于和亲"瓦当 ↑

1954年内蒙古包头市郊召湾村出土,是西汉与匈奴政治联姻的实物见证。

汉景帝像 ↑

出自明代万历《三才图会》。

苏武牧羊图 →

清代黄慎绘,立轴纸本设色,上海博物馆藏。画中的苏武身穿汉装,须发尽白,目视着远方,非常写实。

内蒙古和林格尔汉墓壁画《举孝廉图》↑
西汉选官为察举制,包括举孝廉、举茂才等。

汉昭帝→
出自《历代帝王图》。传为唐代阎立本画作,绢本设色,现存为后人摹本,现藏于美国波士顿博物馆。

马王堆汉墓T型帛画↓
1972年出土于长沙马王堆一号汉墓,现藏于湖南省博物馆。画面的内容分上、中、下三部分,分别代表天上、人间和地下。

明代仇英绘《明妃出塞图》扇面↑
竟宁元年(前33年),匈奴呼韩邪单于入汉朝求和亲,王昭君自请嫁匈奴。图中表现了王昭君(明妃)出塞的场景。

霍光索玺↑
明代佚名画家所绘《历代君臣故事图》,表现霍光向尚符玺郎索取国玺,尚符玺郎按剑与之据理相争之事。

↑"大泉五十"陶范

1958年陕西省西安市西北郊新莽钱范窑址出土。

冯婕妤挺身护主↑

晋代顾恺之《女史箴图》（隋唐官本）第一段，画的是汉元帝率宫人幸虎圈看斗兽，后宫佳丽美人在座。有一黑熊突然跃出围栏，直逼汉元帝，冯婕妤挺身护主。

张骞出使西域图↑

初唐敦煌壁画《张骞出使西域辞别汉武帝图》（莫高窟第323窟），持笏跪地辞行的是张骞。

西汉长信宫灯→

1968年出土于河北满城中山靖王刘胜（汉武帝异母兄）妻窦绾墓中。此灯因曾放置于窦太后（刘胜祖母）的长信宫内而得名，现藏于河北博物院。

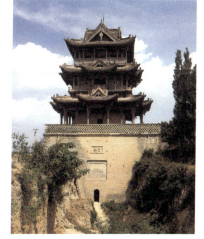

←山西省万荣县秋风楼

前112年，汉武帝巡幸黄河，祭祀土神，在龙舟中作《秋风辞》，后人所据辞意在此修建了"秋风楼"。

鎏金鸟兽纹铜尊→

西汉盛酒器，筒形，熊形足，盖上有环和三飞鸟，器底嵌银铭文，四身鎏金。

←汉光武锡封褒德

　　清代陈书绘,绢本册页,设色,现藏故宫博物院。此图为《历代帝王道统图册》之一。图中画的是汉光武帝封褒德侯卓茂的场面。其中汉光武帝着冕服。

光武帝陵↓

　　位于河南洛阳孟津县铁谢村附近,始建于公元50年,由神道、陵园和祠院组成。

←汉明帝刘庄

　　光武帝刘秀第四子,母光烈皇后阴丽华,57—75年在位。图为明代万历《三才图会》中的汉明帝像。

东汉陶灶→

　　1955年广州市东郊先烈路出土,为随葬陶灶,现藏国家博物馆。

和林格尔庄园农作图(局部)→

　　1971年秋,考古工作者在内蒙古呼和浩特和林格尔县发掘的一座东汉墓,出土了一幅地主庄园图。图中画面表现农夫正鞭牛犁地、妇女采桑等场景,比较全面地反映了东汉地主庄园的特点。

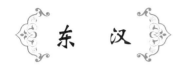

东汉

光武帝刘秀

刘秀档案

生卒年	公元前6—公元57年	在位时间	25—57年
父亲	刘钦	谥号	光武皇帝
母亲	樊娴都	庙号	世祖
后妃	郭皇后、阴皇后、许美人	曾用年号	建武、建武中元

刘秀，字文叔，南阳郡蔡阳人，西汉时期南顿县县令刘钦之子，东汉王朝的开国皇帝。

新朝后期，天下大乱，群雄并起，汉室宗亲刘秀和兄长刘縯在家乡乘势起兵，后为更始帝刘玄部下。更始三年，刘秀脱离刘玄，在河北千秋亭登基称帝，为了顺应民意，仍以"汉"为国号，定都洛阳，建年号建武，史称东汉。

刘秀称帝以后，国家仍然处于分崩离析的状态，各地军阀拥兵自重，农民起义风起云涌。他调集大量兵力予以镇压，经过长达12年的战争，先后消灭了关东、陇右、西蜀等地的割据政权，结束了自新朝末年以来将近20年的军阀混战与割据局面。

刘秀在位期间，肃清朝野，改革中央官制，精简机构，撤并了400

多个县。此外，他还优待功臣，稳定人心。因为他本人出身社会底层，所以能体谅民间疾苦，多次颁发诏令，禁止残害奴仆，并赦免罪徒为庶人。在农业方面，他减轻农民的赋税徭役，解放生产力，赈济救灾，兴修水利，采取休养生息的政策，大力发展经济。在军事方面，统一全国之后，他便不再四处征伐，而是安抚边疆少数民族，维护了边境安全与社会稳定。同时，他还非常重视文化的发展，大兴儒学，发展教育事业。

建武中元二年（57年）二月初五，刘秀在南宫前殿驾崩，享年64岁，谥号光武皇帝，庙号世祖，葬于原陵。

刘秀是历史上一位较有作为的开明君主，后人对他的评价非常高，说他是顺应天命、拨乱反正，让历史走出低谷，使天下得以安定并振兴的"中兴之主"。

皇室正统　流落民间

刘秀是汉高皇帝刘邦九世孙，是汉室的正统血脉。但是，到刘秀的父亲刘钦这一代，家族已基本没落，刘钦只当了一个小小的南顿县令。元始三年（3年），刘秀9岁的时候，刘钦去世，撇下妻子和6个子女艰难度日。好在刘秀的叔父刘良是萧县县令，心地善良，给予孤儿寡母不少照顾。

关于刘秀，还有一个神话般的传说。据说他出生的时候，大堂内红光映照，刘钦十分惊奇，急忙找来当时非常有名的占卜先生王长，为这个刚刚落地的儿子算了一卦。王长将刘钦拉到一旁，十分神秘地说："此兆吉不可言！"刘钦心中大喜，厚谢了王长。就在这一年，奇异的现象再次发生，济阳县的稻谷一根茎居然生了9个谷穗。按字意解释，谷类开花为秀，于是，刘钦给儿子取名为秀。后来，一个叫苏伯阿的风水先生走到刘秀的家乡，连连惊叹这里是风水宝地，有帝王之脉。刘秀起兵后，有人说在他家后宅看到一道火光直冲天空。

刘秀出身贫寒，性情温和，儒雅谦逊，喜欢看书、种地，在家乡过着与世无争的生活。他的兄长刘縯则志向高远,以自己的皇族身份为荣,对王莽的新政十分不满。刘縯喜欢舞枪弄棒,结交天下豪杰,一心想要推翻王莽政权,恢复汉室,对刘秀整天只知道耕田种地非常不满,多次对刘秀讥讽规劝。

乱世英杰　一战成名

西汉末年,朝政日益腐败,成帝更是昏庸无能,致使大权落入以太皇太后王政君为首的外戚手中,加上成帝专宠赵氏姐妹,从而形成"赵氏乱于内,外戚擅于朝"的混乱局面。在成帝及继位的哀帝都驾崩后,太皇太后王政君之侄王莽掌权,连立平帝、孺子婴两位幼主,他自己也因此当上了摄政王。初始元年,王莽废孺子婴为定安公,自立为帝,取代汉朝,建立新朝。

但王莽推行的新政不得人心,一时天下大乱,各地纷纷起义。地皇三年,刘縯看到了时局的变化,于舂陵召集天下英雄,组成舂陵军,宣布起义。他将刘秀等宗室族人也拉进起义军,开始了刀口舔血的军旅生涯。为了加强力量,舂陵军与新市、平林、下江的绿林军联合起来。

后来,刘秀等人率领的军队到达长安,与王莽的官军相遇,一番激战过后,刘秀等人不敌,仅刘氏宗室就战死好几十人。刘秀的二姐刘元为了掩护刘秀和三妹刘伯姬逃跑,拒绝上马,孤身堵住追兵,壮烈牺牲。

尽管吃了败仗,但起义队伍仍在逐步壮大,很快就发展到了十几万人。因为群龙无首,行动不能统一,大大削减了部队的战斗力。经众人商议,决定推举一个刘姓族人为皇帝,既可以统领天下,又能顺应民心。结果,队伍内分成两派:一派是南阳一带的豪杰,一致拥护刘縯;另一派以新市军、平林军为代表,拥立懦弱无能的刘玄。双方僵持不下,最后刘縯主动退让。刘玄是舂陵侯刘仁的曾孙,在军中号称更始将军,因此定年号为更始。有了皇帝,还要有官衔,刘玄对诸将一一封官,刘縯被封为大司徒,刘秀为太常偏将军。

刘秀受封之后,率领兵马奋勇作战,很快就攻下了河南大部分地区,驻扎于昆阳城。王莽急忙调遣42万人马,号称百万大军,由司空王邑、司徒王寻率领前去镇压。刘军粮草缺乏,兵少将寡,将士们十分胆怯,不敢应战,想散军归诸城。危急关头,刘秀显示出不同凡响的领导才能,他详细地向将士们分析当前的情况:"现在咱们粮草缺乏,敌人又来势凶猛,况且宛城还没有被攻下来,救兵也不可能来到。如果大家同心协力与敌人交战,还有战胜的希望。如果失去信心,则必然被打败,不仅昆阳城不保,我们也会全军覆没。现在我们只有一条路可走,那就是同仇敌忾,背水一战,不可以只为了自己的妻儿老小怀有私心。"这时有人来报,说王邑、王寻已经兵临城下,绵延几百里。众人更加惶恐,但又没有退敌良策,只好请刘秀拿主意。刘秀不慌不忙,说明了自己的作战计划,众人纷纷表示赞同。

当时昆阳城内只有八九千人,刘秀命令王凤、王常带兵留守,自己带领李轶等13人于夜间冲出城南门去搬救兵。他们来到郾城、定陵一带,将那里的军队召集起来,准备救援昆阳。可是,将士们贪恋财物,提出应该留一部分人马看管。刘秀十分生气,喝道:"如果我们打败敌人,天下珍宝应有尽有。如果我们被敌人打败,则性命不保,还要这些财物有何用!"众将听闻后忙放弃财物,跟随刘秀疾驰昆阳。这时,昆阳城已被新朝军将围得水泄不通,王凤、王常吓得心惊胆战,多次请求投降,均遭到王邑、王寻拒绝,声称一定要取他们性命。关键时刻,刘秀及时赶了回来,他亲率步兵、骑兵千余人作为先锋,冲入敌阵,奋力拼杀,一个冲锋下来就亲手杀死敌人数十名。城内将士见状,顿时士气大增,说:"刘将军平时见了小敌就害怕,现在遭遇大敌,反而勇敢起来,真乃奇人也!"刘秀越战越勇,又率三千敢死队直冲敌军。王邑、王寻自恃人多,不把刘秀放在眼里,下令大军不得随意移动,只派1万人前去迎战,结果被刘秀打败。其他军队没有得到命令,不敢前去救援,结果王寻被杀。刘秀又合兵一处,直杀得新朝军溃不成军,王邑带着剩下的几千人逃回洛阳。

昆阳之战取得了决定性的胜利,而刘秀仍不骄不躁,保持着当初忠厚的本色,不敛财贪色,缴获的所有物品无论贵贱,都运回宛城,交给刘玄。

功高震主　忍辱偷生

在昆阳大战中，刘秀身先士卒，给予新朝军毁灭性的打击，而他高超的指挥和作战能力，使他在军中享有很高的威望，也衬托出更始帝刘玄的昏庸无能。所以，各起义军将领开始反感刘玄，甚至有人不满地说："刘縯、刘秀二人带领我们南征北战，立下赫赫战功，才是真正干大事的人。为什么要立刘玄这个蠢笨无能的家伙为帝？"

这样的话说多了，自然传到了刘玄及其亲信的耳朵里，引起了刘玄的不满。刘玄认为刘秀兄弟早晚会取代自己的位置，于是打算除掉刘秀兄弟二人。经过一番密谋，刘玄找借口杀掉了刘縯。当时刘秀正率兵攻打颍阳，听到兄长身亡的消息，他万分悲痛。但他仔细分析形势，知道自己目前还无法和刘玄抗衡，只得将悲痛藏于心中，带领随从回到宛城，向刘玄请罪。

刘縯的部下听说刘秀回来，大老远便出来迎接。刘秀强颜欢笑，只和他们说了一些场面上的话，对于兄长的死因只字不提。他面见刘玄请罪，刘玄本来有意杀掉他，但又被他恳切的话语所打动，便放过了他。

为了表示自己对兄长刘縯忤逆罪过的痛恨之心，刘秀拒绝为刘縯发丧，也不戴孝，和妻子阴丽华一块喝酒吃肉、谈笑风生。但是，私下无人的时候，刘秀却独自望着兄长的牌位默默流泪，不喝酒、不吃肉，以表达对兄长的哀思。

刘秀的举动果然起到了很好的效果。刘玄派人暗中监视，见刘秀没有丝毫谋反之意，遂放下心来。为了表示安抚，刘玄特拜刘秀为破虏大将军，封武信侯。

更始元年，起义军攻破洛阳，王莽被杀。消息传到宛城，刘玄欣喜异常，认为自己总算统一天下，成了真正的皇帝。他马上封刘秀为代理司隶校尉，让他先行一步，进入洛阳城，整修宫殿，为自己迁都洛阳做准备。其实这是刘玄的借刀杀人之计，因为王莽政权刚刚覆灭，洛阳城内一片混乱，危机四伏；而且他只给刘秀配了1200名军士，此去可以说生死难料。刘秀心里也很清楚，即便这一趟自己完成使命，刘玄称帝之后也不会轻易放过自己，所以他在临行前就做好了最坏的打算。为了不连累家人，他不顾妻子的反对，强行将她送回了娘家。

随后，刘秀带领1200名士兵前往洛阳，途经父城，守城大将冯异[①]对刘秀仰慕已久，听说刘秀到来，他急忙打开城门，将刘秀迎入城内。刘秀收编了冯异的部队，实力大增，在父城稍做整顿后赶到洛阳。经过众人的努力，洛阳城很快恢复了秩序，民心稳定下来。刘秀还命人修建了官署和皇帝的宫室，然后派人回宛城向刘玄报告。

刘玄对刘秀毫发无伤感到非常遗憾，同时也为自己即将进入洛阳城而感到高兴。他选了一个黄道吉日，旌旗招展地入主洛阳城。

尽管心里很不情愿，但刘玄还是升了刘秀的官，令他以破虏大将军行大司马事，前往河北平定农民起义。

出镇河北　奠定基业

刘秀来到河北之后，招贤纳士，废除王莽的苛政，颁布新规，平反冤狱，考察民情，得到了官民的一致好评。他还带兵平定了王郎假冒汉室血统发起的反叛事件。王郎兵败后，刘秀缴获了一份资料，发现里面有上千名河北官员勾结王郎诬蔑自己的记载。考虑到追查下去，牵涉面太广，会引起社会动荡，刘秀便当着所有官员的面，将文书烧掉，宣布事情到此为止，河北官员为此对他感激涕零。

随着刘秀的名声越来越大，刘玄更加忧虑，忙派使臣来到河北，封刘秀为萧王，命其立即进京复命。刘秀深知刘玄的用意，此时他已经在河北打下了根基，手下战将云集，于是以河北未定为由拒绝回京。刘玄一时也无可奈何。

更始二年，刘秀宣布脱离刘玄，将河北铜马、高湖、重连等农民军[②]逐一收编，势力大增，被关中人称为"铜马帝"。

这时形势也发生了变化，河南东部的赤眉军拥立刘盆子建立了建世政权，以几十万大军猛攻长安。刘秀见时机成熟，派大将邓禹率兵攻打关中，将地势险要、物产丰富的河内当作据点，他自己则率大军返回河北中部。更始三年六月，刘秀在河北的千秋亭即皇帝位，为表示光复汉室之意，仍使用国号"汉"，史称东汉。

平定天下　安邦治国

刘秀称帝后，长安正遭受赤眉军的围攻，不宜定都，他思来想去，认为洛阳是定都的好地方。但是，此时洛阳也不在他手中，必须想办法夺过来。当时镇守洛阳的是李轶、朱鲔等人，李轶是杀害刘縯的凶手之一，因而铁了心防守。但随着时局的变化，他开始畏惧，东汉大将冯异猜知李轶的想法后，对他进行招降。李轶自知不敌，便派人送信，表示愿意投降。这事很快就传到了朱鲔耳中。朱鲔害怕被李轶出卖，暗中派人将李轶杀死，使洛阳城陷入了混乱。刘秀趁势将洛阳城团团围住，并向城中喊话，劝朱鲔投降。朱鲔害怕有诈，不敢开门。刘秀亲自站在城墙下，向朱鲔再三保证既往不咎，朱鲔这才打开城门，率军投降。之后，刘秀封朱鲔为平狄将军、扶沟侯。

经过短暂的休整，刘秀开始向长安进军。这时，赤眉军已经攻破长安，在城内烧杀抢掠，防御十分松懈，被刘秀大军攻破。赤眉军走投无路，只好投降，将抢来的玉玺一并交上。

刘秀坐稳江山以后，对武将们好言相劝，给予重赏，让他们解甲归田，不再参议国家大事。这样做既保护了功臣，又杜绝了权臣，维护了专制皇权。

刘秀性格温和，平易近人，有一次他回到家乡，赏赐族人，众人见他没有一点皇帝的架子，就开玩笑说，他小时候脾气很好，不轻易生气，看不出要当皇帝的样子。刘秀哈哈一笑，回答说："请大家放心，我治理天下也一定以柔道行之。"

刘秀说到做到：第一，对那些拥兵自重的军阀，凡愿意主动投降的，既往不咎，封官加赏；第二，多次发布释放奴婢及禁止残害奴婢的诏令，要求王公贵族、地主豪绅善待自家奴仆，给他们应有的权利，凡残害虐待奴仆者,依法论处;第三,省刑轻赋,兴修水利,发展农业生产,同时罢免贪污官吏,裁汰冗员,合并郡县,使老百姓的负担大大减轻,缓和了社会矛盾,经济得以快速发展。

刘秀崇尚儒学,身边聚集了大批儒家名士。为了巩固自己的地位,刘秀虽然不信鬼神之说,但仍然借助神迹的说法来巩固皇权,将儒学与神学结合起来,对老百姓的思想加以统治。

刘秀还是个勤政的皇帝,他在位32年,每日清晨即起,临朝处理政务,还经常利用午后的时间召集公卿郎将,讲经论道,探讨古往今来国家兴衰的道理;晚上则秉烛诵读,直到夜深人静,方才入睡。有一次,皇太子看不过去,劝他道:"陛下有禹汤之明,而失黄老养生之福,愿颐养精神,优游自宁。"刘秀听了,微微一笑说:"我自乐此不疲矣!"

贤后助力　帝业稳固

刘秀的第二任皇后阴丽华有相当辉煌的家世,阴家的始祖是辅助齐桓公"九合诸侯,一匡天下"的管仲③。管仲七世孙管修精通医术,从齐国迁居楚国,为阴地大夫,从此以阴为姓。到秦汉时期,阴家的子孙又迁居新野。

一个偶然的机会,刘秀与阴丽华相识,折服于她的美貌和气质,不禁感叹:"娶妻当娶阴丽华。"后来,他在长安看到执金吾④出巡,前呼后拥,声势浩大,威风凛凛,又感慨道:"做官做到执金吾,此生足矣!"短短几年时间,刘秀自己也不曾想到,他不但如愿以偿地娶了阴丽华为妻,还成为名传千古的帝王。

刘秀起兵之初,阴丽华的两个兄长很欣赏刘秀的领导能力,认为他日后一定前途无量,于是说服父母将妹妹阴丽华许配刘秀为妻。

阴丽华不但气质高贵,而且性情温柔、善解人意,更重要的是她富有智慧,对于刘秀的成功起到了很大的作用。刘縯被杀之后,刘秀悲痛欲绝,又不敢表现出来,只能在没人的时候偷偷地掉眼泪。阴丽华十分理解丈夫的苦衷，劝慰道："更始帝气量狭小，刚刚取得一点胜利就沉迷酒色，听信谗言，忠奸不分，这样的人成不了大器。夫君不如伺机向河北进取，一是可以保身，二是借机壮大力量，以图大事。"听了妻子的话，刘秀茅塞顿开，决定不露声色，委曲求全，为以后的发展打好基础。

之后，刘秀奉刘玄之命，带领1200人赶赴洛阳，负责迁都洛阳的准备工作。他一路招辑流民、废除苛政，得到了沿途百姓的欢迎，赢得了民心。刘玄迁都之后，刘秀又主动请命，北渡黄河，来到河北，开创了属于自己的一片根据地，并以此为基础建立东汉，成就了一代霸业，就连他的"云台二十八将"[⑤]也多出于此。从某种意义上说，正是阴丽华的提醒，才使刘秀躲过了杀身之祸，并夺得天下。

当时邯郸有一个算命先生叫王郎，他看到天下大乱，正是钻营发迹的大好时机，便自称是汉成帝的儿子刘子舆，打着恢复汉室的名义招兵买马，成了刘秀在河北站稳脚跟的一个重要障碍。与此同时，在河北地区还有一个名叫刘扬的人，手握精兵10万。刘秀想联合刘扬除掉王郎，但刘扬提出了一个条件，刘秀必须娶他的外甥女郭圣通为妻。刘秀无奈，只得答应下来。之后，刘秀率领刘扬的10万精兵打败王郎，在河北站稳了脚跟，并拒绝了更始帝的封赏，在千秋亭宣布登基，定年号为建武。

刘秀登基以后，面临的一个问题就是册封谁为皇后。在讨伐刘玄的过程中，郭圣通一直追随刘秀，并且怀有身孕，两人相濡以沫，关系十分融洽。可是，如果立郭氏为后，刘秀又无法面对自己深爱的结发之妻阴丽华。经过一番心理挣扎之后，刘秀做出了选择，派侍中傅俊昼夜兼程赶到南阳，接阴丽华入洛阳封后。阴丽华却拒绝道："困厄之情不可忘，而况贵人已经生子，当立为后。"就这样将皇后的位置大方地让给了郭圣通。刘秀得到消息后十分感激，遂立郭圣通为后，阴丽华为贵人。

阴丽华为人谦恭，高风亮节，看淡功名利禄。在这一点上，不仅阴丽华本人如此，她的家人也是如此。阴丽华之兄阴识跟随刘秀南征北战，立下了汗马功劳。刘秀见阴丽华不愿为后，心中愧疚，想做些补偿，于是对阴识破格提拔，大加封赏。阴识却拒绝说："天下初定，将帅有功者居多，臣托属外戚之势，位居高职，陛下处事不公，不能服天下。"阴丽华还有一个弟弟名叫阴兴，也曾跟随刘秀打天下，建国后被封为黄门侍郎。建武九年（33年），刘秀擢升他为侍中，赐爵关内侯。印绶都已经准备好了，阴兴却说："臣未有先登临陷之功，而一家数人并蒙爵赏，转令天下失望，诚所不愿。"后来，在一次姐弟谈话中，提起往事，阴丽华问弟弟为什么拒绝，阴兴忽然变脸，说道："姐姐身为贵人，岂不知亢龙有悔，盛极则衰的道理？外戚家苦不知谦退耳！"

建武四年（28年），阴丽华跟随刘秀征讨渔阳太守彭宠，在河北生下一子，也就是后来的明帝刘庄。在之后的10多年里，她又生下了5个子女。

郭圣通被立为皇后后，其皇长子刘疆被立为太子，皇次子刘辅、皇十子刘焉也得到重用。但随着河西集团的瓦解，郭氏开始失势，常常受到冷落。郭圣通心中怨恨，更加引起刘秀的反感。建武十七年（41年），刘秀根基稳定，终于废掉皇后郭圣通，改立阴丽华为后。太子刘疆亦主动请废，请求改封阴氏的儿子刘庄为太子，刘秀欣然接受，改封刘疆为东海王。

改立阴丽华为皇后时，刘秀亲自拟写诏书："皇后郭氏，怀执怨怼，数违教令，不能抚循他子，训长异室。宫闱之内，若见鹰鸇（zhān），既无关雎之德，而有吕霍之风⑥，岂可托以幼孤，恭承明祀？今遣大司徒涉，宗正吉持节，其上皇后玺绶。阴贵人乡里良家，归自微贱，'自我不见，于今三年。'宜奉宗庙，为天下母。主者详案旧典，时上尊号。异常之事，非国休福，不得上寿称庆。"

这种突如其来的变化让阴丽华有些不知所措，她非常明白刘秀的心思，对丈夫充满了感激之情。虽然已是一国之后，但阴丽华不改初衷，为人谦逊宽容，处事谨慎，从不张扬，也不利用自己的特殊身份为家族谋利，是历史上有名的一代贤后。她以身作则，将后宫事务打理得井井有条，为刘秀解决了后顾之忧。同时，她又相夫教子，从不干预朝政，为"光武中兴"起到了推动作用。

刘秀死后，阴丽华的儿子刘庄继位，奉阴丽华为皇太后。7年后，阴丽华病逝，享年60岁，和刘秀合葬于原陵。

注释：

①冯异（？—34年）：东汉开国名将，云台二十八将之一。原为新朝颍川郡掾，后归顺刘秀，从其安定河北，为偏将军，封应侯。刘秀称帝后，被封为阳夏侯，任征西大将军，在崤底击败赤眉起义军。后率军进攻隗嚣之子隗纯，病逝于军中。

②新莽末年，河北有数十支农民起义军，或以山川土地为名，或以军容强盛为号，包括铜马、大肜、高湖、重连、铁胫、大枪、尤来、上江、青犊、五校、檀乡、五幡、五楼、富平、获索等，各自为战，其中势力较大的有铜马、高湖、重连部。

③管仲（？—前645年）：春秋初期政治家，由鲍叔牙推荐，被齐桓公任命为卿，尊称为"仲父"。对内力行改革，使齐国国力大振；对外以"尊王攘夷"相号召，辅佐齐桓公成为春秋时第一个霸主。

④执金吾：官名。西汉武帝太初元年（前104年）由中尉改名，秩中二千石。职掌京师治安，督捕盗贼，负责宫廷之外、京城之内的警卫，戒备非常水火之事，管理中央武库，皇帝出行则掌护卫及仪仗队。

⑤云台二十八将：指在刘秀一统天下、重兴汉室江山、建立东汉政权过程中，功劳最大、能力最强的二十八员大将。以邓禹为首，其次为吴汉、贾复、耿弇、寇恂、岑彭、冯异、朱祐、祭遵、景丹、盖延、铫期、耿纯、臧宫、马武、刘隆、马成、王梁、陈俊、杜茂、傅俊、坚镡、王霸、任光、李忠、万修、邳彤、刘植。

⑥吕霍之风：指汉高皇帝刘邦的皇后吕雉、汉宣帝的皇后霍成君嫉妒凶残的行为作风。

明帝刘庄

刘庄档案

生卒年	28—75 年	在位时间	57—75 年
父亲	光武帝刘秀	谥号	孝明皇帝
母亲	阴丽华	庙号	显宗
后妃	马皇后、贾贵人	曾用年号	永平

刘庄，初名刘阳，出生于湖北枣阳，光武帝刘秀第四子，东汉第二位皇帝。

光武帝刘秀时期，刘庄曾被封为东海公，后改封东海王。建武十九年（43年），16岁的刘庄被立为皇太子。建武中元二年（57年），刘秀驾崩，刘庄继位，改元永平，时年30岁。

刘庄继位后，沿袭刘秀时期的政策，提倡儒学，勤于朝政，崇尚节俭。在政治上，他注意整顿吏治，制定了严格的考察黜陟制度，严禁权门请托，规定外戚不得封侯参政。在经济上，他多次下诏招抚流民，救济贫农，兴修水利，使百姓能够安居乐业。在军事上，他致力于消除北匈奴的威胁。永平十六年（73年），刘庄命窦固①征伐北匈奴，之后又命班超②出使西域。次年，刘庄恢复设置西域都护府③。佛教在西汉末年传入中国，刘庄继位后，加以推广，使佛教开始在中国流行。

永平十八年（75年），刘庄去世，终年48岁，谥号孝明皇帝，庙号显宗，葬于显节陵。

子以母贵　荣登大宝

　　刘秀称帝后，有意立阴丽华为皇后，但时局动荡，他的脚跟还没有站稳，仍然需要依靠强大的河西集团来维护自己的统治地位，况且阴丽华那时还没有生育，而郭圣通已经生有一子，经过再三权衡以及阴丽华的大方退让，刘秀改变初衷，决定立郭圣通为后，同时立郭圣通所生的皇子刘疆为太子。建武四年，阴丽华生了一个儿子，取名刘阳，后改名为刘庄。

　　据说刘庄天生一副帝王之相，像传说中的上古贤君帝尧，方脸宽额，气色红润。因为阴丽华受宠，所以刘秀也非常喜欢刘庄。不过，刘庄也确实有过人之处，他自小聪明好学，10岁通《春秋》，能领会其中的精髓。刘秀很为有这样一个儿子感到骄傲，经常带他上朝，以增长他的见识。建武十五年（39年），刘秀颁布"度田令"，下令核查全国土地和人口，并亲自听取各地官员的汇报，刘庄常常旁听。有一次，刘秀发现陈留县的文书中写道："颍川，弘农可问。河南，南阳不可问。"刘秀一时不解其意，问身边的大臣，也没有人能答得上来。刘庄思索片刻，说道："河南乃京都之地，许多大臣在这里都有庄园和封地，而南阳是陛下的故里，皇亲国戚很多，地方官不敢去查问。"众人听了恍然大悟，纷纷称赞刘庄聪慧。随后，刘秀派人去问陈留县令，果然如刘庄所言。于是，刘秀专派钦差大臣过去处理，"度田令"才得以顺利实施。从此，刘秀对刘庄更是刮目相看，也产生了改立太子的想法。

　　建武十七年，刘庄14岁，加封为东海王。此时，郭圣通因久不得宠，怨怼渐生，"数违教令"，刘秀便以此为借口，废除郭圣通的皇后之位，改立阴丽华为后。皇太子刘疆明哲保身，主动退位，并数次请求改立刘庄为太子。建武十九年，单臣、傅镇等人发起叛乱，攻占原武城，并劫持城中官民与朝廷对抗。刘秀大怒，派名将臧宫④前去平叛，将原武城团团围住。单臣、傅镇自恃城中粮草充足，拒不投降，臧宫一时奈何不得。刘秀十分着急，召集百官商议对策，众人提议重金征召勇夫攻城。刘庄却提议不必围城，给城中将士留出一条逃跑的路线，然后在路上埋伏，予以击杀。刘秀准奏，结果叛乱得以平定。同年，刘秀下诏，贬刘疆为东海王，改立年仅16岁的刘庄为太子。建武中元二年，刘秀驾崩，刘庄继位，是为汉明帝。

整顿纲纪　安抚边疆

刘庄当上皇帝以后，时局看似风平浪静，其实暗流汹涌。汉朝推崇儒学，讲究礼仪，长幼分明，而刘庄是皇四子，上面还有三个哥哥，由他继位于"理"不通。他的诸多兄弟心中不满，同胞弟弟、皇九子刘荆甚至模仿废后郭圣通之弟郭况的字体，写信给东海王刘疆，劝他推翻刘庄。刘疆审时度势，将信连同信使一同交到刘庄手中。刘庄碍于自己立足未稳，不敢轻举妄动，就将这事压了下来。不过，为了保住自己的位置，他也采取了一些相应的措施：一、将心腹大臣邓禹、刘苍等人提拔重用，组成紧密的政治核心；二、对被废的郭皇后十分孝敬，对东海王刘疆亦尊敬厚待，让那些兄弟放心；三、大赦天下，安顿流民，减免刑法，照顾鳏（guān）寡孤独，使社会矛盾得到缓和，百姓对他交口称赞。

在执政方针上，刘庄强调"继体守文"，即继承先统，恪守规矩。他很好地总结了先祖的治国经验，并进一步推广应用。为防范外戚掌权，他继续承袭三公制度，笼络人心，以达到巩固皇权的目的。他还下令整顿吏治，严惩依仗权势、作威作福的大臣，对地方官吏进行严格考察，选拔优秀人才到朝廷中做官，并在各地兴办学堂，加紧储备人才。经过一系列的整治，全国上下政风肃然。

为了让老百姓安居乐业，刘庄多次下诏减免赋税徭役，减轻刑罚，劝督农桑，兴修农田水利，并将公田赐予贫民。在他的努力下，全国呈现出一派欣欣向荣的景象。

刘庄还非常注重边境的安全。建武中元二年，陇西羌族叛乱。郡太守刘盱（xū）无力抵抗，刘庄急忙派张鸿带兵驰援，结果战败。刘庄又增兵4万，派马武统领前去增援，最终平定了叛乱。同年，乌桓⑤也发生叛乱。永平八年（65年）至永平十五年（72年），北匈奴反复滋扰边境，闹得民怨沸腾。经过休养生息，国家逐渐强盛起来，兵多将广，库存充足，永平十六年，刘庄觉得时机已到，决定征伐匈奴。他派大将窦固、耿秉带兵在凉州驻扎，然后与南匈奴、乌桓、鲜卑⑥等少数民族联合，对北匈奴形成夹击之势，给予狠狠的打击，大获全胜。之后，刘庄又派窦固出使西域，宣扬汉朝的政策，使西域各国臣服。有一次，大将班超来到鄯善国⑦，刚好匈奴也派人到来，班超采取果断措施，夜袭匈奴，歼灭100多人，吓得鄯善国王胆战心惊，连忙表示臣服，并将太子送到洛阳当人质。从此边境安定下来，大汉与西域中断了几十年的邦交也恢复了正常。

推广佛教　弘扬文化

和父亲刘秀一样，刘庄也崇尚儒学，尊师重教。他很尊重自己的老师桓荣，即便当了皇帝，依然听从恩师的教导。桓荣年老多病，刘庄还经常派太医给他诊治。桓荣去世时，刘庄以弟子的身份亲自为其送葬。在他的带动下，整个社会形成了讲究礼仪之风。文武百官、皇亲国戚都熟读经书，尤其是外戚子弟，必须进入朝廷主办的南宫学校学习，接受专业的教导，就连守城的卫兵都能背诵《诗经》。不但如此，册立皇后一事，他也以道德为衡量标准。当时朝中有一员大将叫马援，不但骁勇善战，而且智慧过人。他有一个女儿，13岁的时候被选入宫中，才貌双全，深得阴丽华和刘庄的欢心。刘庄继位后，封她为贵人。3年后，朝中大臣联名要求册封皇后，当时马氏已经21岁，德冠后宫，理所当然地被封为皇后。和刘庄一样，马皇后并不因自己身份的提高而沾沾自喜，一如既往地谦卑恭敬，遵循朝规，既不为自己的亲属谋取官职，也不干涉朝政大事。皇太子刘炟（dá）虽然不是她亲生，但她视如己出，尽心尽力地抚养教导，解决了刘庄的后顾之忧。

除了传统的儒学之外，刘庄也不排斥其他文化，佛教就是在他执政时期得以快速发展的。据说,永平七年(64年),刘庄留宿南宫,夜里做了一个梦,梦见一个身高丈六、浑身散发金光的人从西方飞临皇宫,在上面盘旋几周,又向西飞了回去。梦醒后,他觉得非常奇怪,早朝时将梦中之事讲给大臣们听。大臣傅毅说:"听说西方有被称作佛的神,和皇上梦见的情境一模一样。"刘庄对此深信不疑,于是让秦景、蔡愔(yīn)等10多人组成一支队伍,出使西域,拜取佛经、佛法。

秦景一行来到大月氏国,有幸遇到高僧摄摩腾、竺法兰,在他们的指引下参观了佛经和佛祖释迦牟尼像。秦景等人恳请两位高僧赴大汉讲经传教,弘扬佛法。永平十年(67年),摄摩腾、竺法兰用白马驮着经书跟随秦景一行来到京都洛阳。刘庄以极高的礼仪恭迎高僧和经书,安排高僧暂住负责外交的公馆鸿胪寺。次年,刘庄下诏在洛阳西雍门外建造僧院。为了纪念白马驮经之功,寺庙取名"白马寺"。寺是取自鸿胪寺。这是中国的第一座佛教寺庙,被称为祖庭。后来,其他地方再建庙院,都以寺命名。佛教文化从此在中国迅速传播开来。

注释:

①窦固(?—88年):东汉名将,娶光武帝之女涅阳公主。明帝时任奉车都尉。永平十六年与耿秉等出酒泉塞至天山,大破北匈奴呼衍王,又夺取伊吾庐地,留吏士屯田而还。章帝时召为大鸿胪,历任光禄勋、卫尉等职,显贵无比。

②班超(32—102年):东汉著名军事家、外交家,曾随窦固出击北匈奴,又奉命出使西域,在31年的时间里,收复了西域50多个国家,为西域的回归做出了突出贡献。官至西域都护,封定远侯,世称"班定远"。

③西域都护府:汉朝时在西域设置的最高行政机构,长官称西域都护。都护有正、副之分,均由中央委任,下设丞、司马、侯、千人等职,以处理日常事务。另有戊己校尉,主管屯田,也归都护节制。

④臧宫(?—58年):东汉中兴名将,云台二十八将之一。曾参加绿林起义军,追随光武帝刘秀平定河北,拜骑都尉,封成安侯。屡立战功,改封期思侯。入为奉朝请、城门校尉,定封朗陵侯。

⑤乌桓：古族名，亦作乌丸。东胡的一支。秦末汉初，东胡遭匈奴击破后，部分迁至乌桓山，遂以山名为族号，以游牧射猎为生。汉初依附匈奴，武帝以后附汉，迁至上谷、渔阳、右北平、辽西、辽东五塞外。

⑥鲜卑：古族名。东胡的一支。秦汉时游牧于今西拉木伦河与洮儿河之间，依附匈奴。北匈奴西迁后，进入匈奴故地，并其余众，势力渐盛。

⑦鄯善国：西域古国之一，国都扜泥城。东通敦煌，西通且末、精绝、拘弥、于阗，东北通车师，西北通焉耆，扼丝绸之路要冲。产马、驴、驼等。

章帝刘炟

刘炟档案

生卒年	57—88 年	在位时间	75—88 年
父亲	明帝刘庄	谥号	孝章皇帝
母亲	贾贵人	庙号	肃宗
后妃	窦皇后、梁贵人、宋贵人	曾用年号	建初、元和、章和

刘炟，汉明帝刘庄第五子，东汉第三位皇帝。

刘炟的生母是明帝刘庄的宠妾贾贵人，因为明帝最宠爱的马贵人不能生育，所以刘炟很小的时候就被过继给马贵人。永平三年（60年），马贵人被封为皇后，刘炟也被立为皇太子，时年4岁。

刘炟在位期间，继续推行光武帝和明帝的休养生息政策，加强与西域各族的联系和沟通，在文化上也做出了一定的贡献，与明帝共同开创"明章盛世"。

章和二年（88年），刘炟去世，终年32岁，谥号孝章皇帝，庙号肃宗，葬于敬陵。

得益养母　顺利继位

刘炟之所以能当上皇帝，还要归功于他的养母马太后。马太后德才兼备，可惜一生不曾生育。明帝子嗣众多，刘炟既非长子，才智也不怎么出众，但他的生母贾氏与马太后关系很好，将自己的儿子过继给马太后。马太后对刘炟视如己出，非常疼爱。永平三年，刘炟被立为太子。刘炟为人忠厚仁义，爱好儒术，深受明帝器重。他的成长非常顺利，没有遇到什么坎坷。

永平十八年（75年），明帝驾崩，刘炟继位，时年19岁。

为政宽仁　从谏如流

明帝在位的时候，因为对大臣要求严苛，错杀过不少人，大臣们对此十分不满，敢怒而不敢言。刘炟继位以后，大臣们纷纷上书，要求改变朝政治理的策略，提出前朝苛政甚多，征战过频，致使百姓怨声载道。刘炟认真听取了他们的意见，逐一采纳：一是在明帝施政的基础上，注重农桑，兴修水利，继续推行轻徭薄赋的政策，减轻农民负担。他继位之初，灾难频发，于是下诏免收牲畜饲料，赈济灾民。二是重视以德化民，省刑慎罚，要求各级官员对每件案子都要详细审问，放宽刑法，以免造成冤狱。

因为刘炟任人唯贤，虚怀若谷，所以大臣们也敢于直言。有一次，大臣孔僖和大学者崔骃（sì）一起在太学里议论汉朝历代皇帝，说光武帝治国比文景更好，而后来的皇帝却不能严于律己，背离了光武帝的善政。太学生梁郁在一旁听到后心生歹计，以"诽谤先帝，刺讥当世"为名，向刘炟告发此事。刘炟大怒，找来二人审问，孔僖不慌不忙地说："若讥刺得当，自应思虑改政；若不当，应以宽容为怀，何必治罪？我等受责，死则死矣，以后还有何人敢直言不当之事？"刘炟觉得孔僖言之有理，于是不再追究，同时加封孔僖为兰台令史[①]。

在边疆问题上，刘炟大胆起用了老将班超。明帝的时候，班超多次出使西域，并任西域都护，虽然没有发生过大的战争，却也平定了一些叛乱。刘炟刚一继位，焉耆、龟兹、车师等部落联合匈奴，对汉朝的军政驻地发起攻击。班超一面组织抵抗，一面派人向朝廷上书，提出"断匈奴右臂"的计划，得到了刘炟的应允和兵力支援，最终平定了叛乱。

由于先辈的熏陶，刘炟也酷爱儒学。建初八年（83年），他命各级官员向朝廷推荐学识渊博的人，然后把他们组织起来，研究《春秋》《榖（gǔ）梁传》《尚书》《诗经》等古籍。才子们往往意见分歧，争论不休，刘炟便将他们召到白虎观，认真听取各方意见，集各家精华，甄别各派异同，最后编成一部大书，名为《白虎通义》，又名《白虎通德论》。这是一部具有指导意义的礼典范书，也是一部将阴阳五行和谶（chèn）纬之学合法化的儒学法典。

因为自幼得到马太后的精心照料，刘炟感恩戴德，将马太后视同生母。光武帝时期，刘秀为了巩固自己的地位，对诸侯王采取了打压和防范措施，不许他们滞留京都，不得结交宾客，不得结党营私。明帝更甚，对自己的兄弟也毫不留情，被当时的大臣钟离意[②]指责为"骨肉相残，毒害弥深"，说他"感逆和气，以致天灾"。刘炟一反两位先帝的做法，对宗室王侯宽容大度，尽量维护宗室的利益，大力提高诸王的待遇，并允许受封侯王留在京城，缓和了王室的矛盾，不过也为以后的统治埋下了隐患。

外戚掌权　祸乱朝纲

刘炟为人宽厚、以诚待人的性格，在政治上取得了良好的效果，但也给他的统治造成了致命的危害。王室贵族得到了优厚的待遇后，不但不安守本分，反而更加贪得无厌，如乐成王刘党、济南王刘康和琅邪王刘京，明帝在位的时候，他们低调谨慎，但到刘炟在位时却逐渐变得有恃无恐、奢靡腐化。

为了防止外戚掌权，光武帝曾立下外戚不得封侯当政的规矩。但刘炟为了笼络人心，刚一继位就重用马太后的亲人，将她的三个兄弟都封侯。所幸马太后聪慧明理，一再反对，这事才作罢。马太后去世后，刘炟便没有了顾忌，封已故大司马窦融的曾孙女为皇后。窦氏长得十分美貌，深得刘炟宠爱，对她言听计从。

刘炟还爱屋及乌，对窦皇后的家人大加封赏，致使窦皇后在宫中的势力急剧膨胀，短短几年时间，朝中权贵皆为窦姓。窦皇后的兄长窦宪[③]为大司马、大将军，权倾朝野，飞扬跋扈。有一次，窦宪看中了沁水公主的封地，便用极低的价格强买过来。刘炟路过问园子是谁的，窦宪胡说应付。后来刘炟得知真相，勃然大怒，以赵高指鹿为马来说窦宪，窦宪吓得冷汗直流，赶紧将土地还了回去。

情深义重　叔侄同心

在几位皇叔中，刘炟对德高望重的刘苍最为尊敬。刘苍是刘秀和阴丽华所生的第二子，和明帝刘庄是一母同胞的兄弟，建武十五年被封为东平公，两年后晋封为东平王。

刘苍自幼熟读经书，德才兼备，聪慧过人。明帝继位之前就十分佩服这个弟弟，继位之后也很器重他，于永平元年（58年）封他为骠骑将军。刘苍并没有像其他藩王那样马上回到自己的封地，而是留在京师，辅助明帝管理朝政，职位在三公之上，成为当时地位最高、权势最大的藩王。明帝常常外出巡游，刘苍就留在宫内协助太子处理朝政大事，他处事公平，深得民心，为东汉的发展做出了巨大贡献。

刘炟继位后，对刘苍仍委以重任，刘苍也不负厚望，多次向侄子提出施政建议。

建初元年（76年），山西、山阳、山平三地接连发生地震，灾民损失惨重。刘苍向刘炟提出了三个建议，刘炟看后心悦诚服，立即回书道："皇叔所提三件事，朕亲自阅览诵读，反复多次，茅塞顿开。近日也有众臣等上书，所言相似，怎奈朕才疏学浅，左右权衡，不知如何是好。细细想来，灾害频生，祸及黎民百姓，都怪朕施政不周，有负重望。自朕改元以来，庄稼歉收，百姓食不果腹，不得不背井离乡，流离失所，而今冬秋两季，旱涝不均，面积宽广，然内库所存还可以维持民生，但朕对于该不该开放仓库犹疑不决。现在看了您的奏书，豁然开朗，也下定了决心，准许以皇叔之计划行事。为彰显皇叔功德，特赐赏金五百万！"

有一次，刘炟打算在光武帝刘秀的原陵和明帝的显节陵所在地设立郡县，征求大臣们的意见。刘苍直言不讳地说："臣曾亲见先皇武帝亲身履行节俭的原则，他深明什么是生命之始与生命之终，明确指出后事从简。明帝大孝而不敢有所违背，谨遵父命，如此自谦的美德就是最为盛大了。窃以为，在皇陵设邑，始于强秦。古代有墓无坟，连葬身的土垄都不突出于地面，更何况建立城市，修筑城垣，上违先帝圣意，下造无用工程，如此劳民伤财，非招致祥和之气、祈求丰年的明智之策。望陛下履行禹舜的至孝，追念先人的深意。若陛下一意孤行，臣不免担忧两位先帝的美德无法永久流传。"

刘炟看完奏折后深感惭愧，立即停止了这一计划。刘苍这种胸怀天下、敢于直言进谏的做法，深受刘炟敬佩。每逢朝中有大事，大臣们决断不下，刘炟便派使者乘坐驿车去询问刘苍，而刘苍总能根据实际情况给出合理的意见，多数得到了刘炟的采纳。

建初七年（82年），年逾古稀的刘苍到京师朝拜，受到刘炟的热情接待。刘炟尽显人君之德、人侄之义，不仅增加了刘苍的行程经费，还以刘苍"冒涉寒露"为由，派人专程送去貂裘，甚至亲自到他在京师的府邸察看床铺、帐帷等起居用品，唯恐有不周之处。

一个多月后，和刘苍同时进京朝拜的5位郡王都先后离京返回封地，但刘炟对刘苍极为不舍，于是特许他留下来，一直到八月份才让他返回封地。临行前，刘炟车架祖送，流涕而诀。

因为年迈，刘苍这次朝拜花费了很大的体力，回到封地后便卧病在床。刘炟听说后忧心如焚，急忙派太医前去医治，并让宫廷小黄门过去侍奉，派去探视病情的人频繁来往于东平和京师之间。刘炟还设置了专职的驿马，以备传达病情之用。然而，刘苍病情并未好转，不久之后病逝。

刘炟对于刘苍的离去悲痛欲绝，下诏将刘苍自建武以来上奏的奏章及所作的书、赋、颂、七言、别字、歌词等，全部整理出来，供他随时阅览。

刘苍下葬时，刘炟亲自作策书，褒奖其一生的功德。书中说道："昊天不吊，不报上仁，俾屏余一人，夙夜茕茕，靡有所终。"深切表达了对皇叔去世的悲痛和孤独之感。

元和二年（85年），刘炟到东平巡视，又触景生情，想起了刘苍生前的种种美德，不禁悲从中来，对刘苍的子孙们说："思其人，至其乡；其处在，其人亡。"真切地表达了他对刘苍的追忆之情。

经营西域　重用班超

明帝时期，虽然班超在西域建立了都护府，但该地仍然战事不断，局势混乱。刘炟继位后，即有龟兹、焉耆等联合北匈奴对汉军驻地发起攻击。刘炟召集群臣商议对策，并采纳鲍显的意见，派兵前去支援，解除边境危机。但是，班超兵微将寡，难以支撑，群臣纷纷建议放弃西域，刘炟便下诏撤回滞留的汉朝人员。

当时班超还住在疏勒国，接到朝廷的撤退诏令后，他马上收拾行装，准备返回。当地百姓听说班超要走，害怕匈奴又来侵犯，十分惶恐。班超虽然心中不忍，但诏令不可违，只能动身东返。不久，班超一行来到于阗，受到当地百姓的夹道欢迎。于阗百姓得知班超要返回中原，无不失声痛哭，跪伏于地拦阻。班超只好留了下来，并上书请求屯留西域，得到了刘炟的同意。

班超留下来后，和当地百姓一起抗击北匈奴的侵扰。西域各国除龟兹外，都归服于汉。建初六年（81年），班超又向朝廷请求支援，降伏龟兹，切断匈奴的臂膀。刘炟任命平陵人徐干为假司马[④]，率领1000多人前去支援。降服龟兹后，班超又上书刘炟，希望能遣使访问西域中最强大的乌孙国，刘炟同意了。乌孙国王十分高兴，于建初八年派使者回访，双方建立了友好关系。

为了表示对班超的嘉奖，刘炟提升他为将兵长史[⑤]，全权处理西域事务，班超的威望也因此大增。西域诸国都愿意接受班超的管辖，为汉朝再次建立与西域的密切交往奠定了基础。

废长立幼　消弭间隙

刘炟在位时间不长,但是一生妃嫔无数,子嗣甚多。他在继位之前就已经将马太后的两个表外甥女宋氏姐妹纳入东宫;继位之后,封宋氏二女为贵人。建初二年(77年),刘炟又将沘阳公主⑥的两个女儿窦氏姐妹及舞阴长公主⑦夫家的两个侄女梁氏姐妹一同选进宫中。窦氏姐妹在辈分上是刘炟的外甥女,宋氏姐妹和梁氏姐妹则是刘炟的表妹,关系可谓错综复杂。沘阳公主从小就教育窦氏姐妹将来要振兴家族,窦氏姐妹也谨遵母训,极尽逢迎巴结之术,深受刘炟宠爱。次年三月,刘炟册立大窦氏为皇后。

窦氏如愿以偿地坐上了皇后的宝座,遗憾的是,姐妹二人均膝下无子,而马太后的表外甥女宋贵人却顺利生下一子,取名刘庆,并于建初四年(79年)被封为太子。这对窦氏来说是一个非常大的威胁。不久,梁贵人也生下一子,取名刘肇。窦氏寝食难安,为了保住自己的皇后之位,向刘炟提出要收养刘肇为义子。刘炟联想到当年马太后对自己的悉心呵护,而窦皇后无论地位、才学和能力都比梁贵人强得多,更适合抚养刘肇,所以当即表示同意。

然而,窦氏徒有马太后当年的地位,却没有马太后的贤德和善良,她一边假意对刘肇宠爱有加,一边伺机除掉宋氏姐妹。经过耐心的等待,机会终于来了。

建初四年,马太后病逝,宋氏姐妹因此失去了最重要的保护伞,窦氏乘机开始实施陷害宋氏姐妹的计划。首先,她利用自己的特殊地位,在刘炟面前进谗言诬蔑宋氏姐妹,刘炟偏听偏信,宋氏姐妹逐渐失宠。但窦氏仍不肯罢休,誓要将宋氏姐妹置于死地。为此,她与娘家里应外合,派宫女和宦官严密监视宋氏姐妹,寻找一切可乘之机。

事有凑巧,宋贵人身体抱恙,口中乏味,突然想吃生菟(一种植物,俗称菟丝子,中药),于是就写信给母亲,希望她能送一些到宫中来。然而,送信的人刚出宫门便被窦氏的人拿住,夺走了书信。这本来是一封再普通不过的家信，却被窦氏当作攻击宋贵人的武器。她小题大做，对宋贵人兴师问罪，并在刘炟面前装出一副痛心疾首的样子，说道："自从陛下立三皇子为太子之后，宋贵人就一直觊觎皇后之位，现如今已是迫不及待，竟然用生菟制作巫蛊来诅咒陛下。为了大汉的江山永固，为了陛下的龙体安康，也为了天下的苍生黎民，臣妾愿意退位，让宋贵人来当皇后。至于臣妾，为妃为婢都无所谓，哪怕被打入冷宫也绝无怨言。"刘炟一时被窦氏所迷惑，看到她对自己如此真心，十分感动，从此冷落宋氏姐妹。这就是历史上有名的"生菟巫蛊事件"。

取得了第一步胜利后，窦氏为了赶尽杀绝，又在沘阳公主的唆使下，授意掖庭令到刘炟面前告发宋氏姐妹对皇帝心生不满，图谋不轨。刘炟不辨真伪，偏听一面之词，立即命人捉拿宋氏姐妹，交由宦官蔡伦[8]严加审讯。宋氏姐妹不堪折磨，最终屈打成招。

刘炟见宋氏姐妹认罪，龙颜大怒，于建初七年六月废了太子刘庆，贬为清河王，改立窦氏收养的刘肇为太子。至此刘炟依然觉得不解气，又命蔡伦对宋氏姐妹治罪。宋氏姐妹抱头痛哭，服毒自尽。

窦氏如愿以偿地除掉了宋氏姐妹，又将养子扶到了太子的地位，自然非常高兴。但在高兴之余，她又想到太子的生母梁贵人对自己仍然是一大威胁，于是又想方设法谋害梁氏姐妹。建初八年，窦氏唆使心腹向朝廷写匿名信，诬告小梁贵人的父亲梁竦（sǒng）有意谋反。刘炟遂命人将梁竦抓捕入狱，严刑拷打，梁竦不堪折磨，屈打成招，最后暴死狱中。梁氏一族全部被流放到九真郡，就连梁氏姐妹的伯母舞阴长公主也未能幸免，不过刘炟念及她是公主，处罚稍轻，将她贬往新城幽禁起来。之后窦氏又狠下毒手，将梁氏姐妹二人害死。

幸运的是，后宫的钩心斗角并没有影响到刘庆和刘肇之间的兄弟感情。而这要归功于刘炟。在废刘庆太子之位时，刘炟心中也明白年幼的儿子根本不可能参与这些事件，只是迫于形势，不得已才做出这样的决定。为了防止他们兄弟的感情出现裂痕，刘炟依然对刘庆悉心照顾，让他享用和太子刘肇一样的服饰、车马、宫室，而且要求他们入则同帐、出则同车。

从刘炟在位期间的各种举措来看，他还算是一代明君，可惜他的生命极为短暂,在其帝业的巅峰时期便英年早逝,年仅32岁。

注释:

①兰台令史:官名,东汉始置,隶御史中丞。掌书奏及印工文书,兼校定官廷藏书文字,秩六百石。

②钟离意(?—74年):东汉大臣,为官30余年,历光武帝和明帝两朝,历任瑕丘县令、堂邑县令、尚书、尚书仆射、鲁相等官职。清正廉洁,勇于直谏,且能体恤民情,颇受朝廷和吏民钦崇。

③窦宪(?—92年):东汉名将、外戚,大司空窦融曾孙。初任侍中、虎贲中郎将,和帝时掌握朝政,历任车骑将军、大将军,军功日隆,权倾朝野,阴存篡位之心。永元四年(92年),和帝与宦官郑众定计诛灭窦氏,他被迫自杀。

④假司马:官名。汉官名凡加"假"者,均副贰之意。假司马即司马的副贰。

⑤将兵长史:官名。西汉郡置丞、边郡又置长史,掌军务,领兵马。东汉边郡易郡丞为长史,又易长史为将兵长史,专门负责军事。

⑥沘阳公主:光武帝刘秀与郭圣通的孙女,废太子、东海王刘疆之女,窦宪之母,长女为章帝皇后,次女为章帝嫔妃。

⑦舞阴长公主:光武帝刘秀的长女,下嫁陵乡侯、太仆梁松。

⑧蔡伦(约62—121年):东汉造纸术发明家,曾任中常侍、尚方令等职,元初元年(114年)封龙亭侯。

和帝刘肇

刘肇档案

生卒年	79—105 年	在位时间	88—105 年
父亲	章帝刘炟	谥号	孝和皇帝
母亲	梁贵人	庙号	穆宗
后妃	阴皇后、邓皇后、冯贵人	曾用年号	永元、元兴

刘肇，汉章帝刘炟第四子，东汉第四位皇帝。

建初七年，在窦氏的鼓动下，章帝废掉太子刘庆，另立 4 岁的刘肇为皇太子。章和二年，章帝驾崩，时年 10 岁的刘肇继位，次年改元永元，尊养母窦氏为皇太后，窦氏临朝称制。

刘肇性格坚毅，继位之后不甘心做窦氏的傀儡，于永元四年采用铁血手腕，联合宦官扫灭窦氏家族，亲理朝政。他任人唯贤，采取了很多惠民政策，理冤狱、恤鳏寡、济孤弱、减赋税，极大地推动了经济的发展，使东汉国力强盛，他统治的时期被世人称为"永元之隆"。但是，他在驱除外戚的同时，却又引入宦官干预朝政，使东汉王朝陷入了宦官专权的危机之中。

元兴元年（105 年），刘肇驾崩于章德殿，终年 27 岁，谥号孝和皇帝，庙号穆宗，葬于慎陵。

年幼继位　窦氏掌权

建初二年，舞阴长主公的侄女梁氏被选入宫中，两年后生下一个儿子，即刘肇。这时，宋贵人生下的儿子刘庆已经被立为皇太子。而皇后窦氏因为不能生育，害怕自己地位不保，于是想方设法把刘肇从梁贵人手中夺过来，又让章帝废了宋贵人和皇太子，并将梁贵人也害死了。之后，她让章帝立刘肇为皇太子。6年后，章帝驾崩，刘肇继位，即为汉和帝。

刘肇继位后，尊窦氏为皇太后，次年改年号为永元。这时刘肇才10岁，因为年幼，所以由窦太后垂帘听政。窦太后独揽朝政大权，重用自己的家人，把持朝纲，为所欲为。窦太后的兄长窦宪官居侍中，主管皇室机密，负责宣读诏令；弟弟窦笃为虎贲中郎将，窦景、窦瑰为中常侍，控制着皇宫警卫。如此一来，整个东汉王朝就成了窦家的天下。

窦氏家族在朝中一手遮天，文武百官形同虚设。同时，为了一己私利，窦太后还宣布解除对郡国盐铁的禁令，使得部分豪强地主大肆敛财，而国家的税收则大大减少。永元元年（89年），窦太后不顾百官劝阻，任命侍中窦宪为东骑将军，与南匈奴联合攻打北匈奴，胜利而归。从此，窦宪更是居功自傲，嚣张跋扈。

除此以外，窦太后让大批亲信充任朝中重臣和地方官吏，这些人恣意妄为，搅得朝政一团糟，百官敢怒而不敢言。为了防止与窦氏有宿怨的人报复，窦太后还豢养了大批刺客，对自己的对手使用暗杀手段。明帝永平年间，窦宪的父亲窦勋身犯重罪，大臣韩纡秉公执法，依罪论处。窦氏掌权时韩纡已死，为泄私愤，窦宪派刺客将韩纡之子刺死，并将其首级置于窦勋坟前祭奠。大臣袁安[①]弹劾窦宪骄纵、窦景腐败，其奏书均出自府吏周荣笔下，窦宪便派门客徐齮多次当面威胁周荣。一时间，满朝上下人人自危。

不甘受制　夺权亲政

随着年龄的增长，刘肇渐渐感受到了日益膨胀的窦氏家族势力的威胁，朝中大臣也纷纷上书表达对时局的不满，希望铲除窦家势力。窦太后十分恐慌，开始谋划篡位夺权。

永元四年，窦宪召集自己的女婿郭举父子，及下属邓叠、邓磊兄弟，准备对刘肇下手。刘肇倒是提前得到了消息，但是，窦宪等人早已将他和大臣们隔离开，所幸他身边还有几个贴心的宦官。其中有一个宦官叫郑众，为人机智敏捷，而且对刘肇十分忠心。刘肇与郑众商议后，决定先下手为强。

此时窦宪正镇守西凉，手握重兵，硬碰硬肯定不行，刘肇便先下了一道诏书，请窦宪回京议事，然后又密令执金吾、五校尉带兵把守南、北宫，紧闭城门，要来一个瓮中捉鳖。窦宪与郭举父子、邓叠兄弟毫无防备，刚进京城就被捉拿。之后，刘肇又以迅雷不及掩耳之势包围了窦宪府邸，查收窦宪的大将军印，解除了他的军权。顾及窦太后，刘肇没有立即处死窦宪一伙，而是遣送他们回到自己的封地，再逼他们自尽。窦氏党羽见大势已去，也作鸟兽散了。至此，刘肇成功地清除了窦氏一族的势力，稳固了皇权。

大权成功收回后，刘肇对有功劳的宦官进行嘉奖。郑众被封为大长秋，即皇帝的近卫官首领。不过，郑众并没有因为受封而沾沾自喜、居功自傲，他一如既往，做事低调，谦虚为人，深得刘肇的赏识。

外政清明　内宫不宁

刘肇执政时期，多次平定叛乱，稳定了边疆局势，使边塞的百姓过上了安定的生活。在农业方面，他多次下令赈济灾民，减免赋税，安顿流民，选拔宽厚爱民之人到地方任职。在吏治方面，他体察民情，多次下令平反冤案、抚慰孤弱，主张宽刑，要求官员时时诫勉、心存大爱，不可辜负百姓所望。然而，天不逢时，他在位时，天灾人祸多发，他对此引以为责，认为是自己做得不够好。永元八年（96年），京城洛阳发生蝗灾，刘肇将罪过揽在自己身上，说道："蝗虫之异，殆不虚生，万方有罪，在予一人。"对于劳民伤财的事情，他坚决不允。岭南盛产龙眼、荔枝，为了满足朝廷所需，不得不动用大批劳力，日夜兼程运往京城，致使百姓嗟怨。后来，桂阳郡临武县令唐羌上疏刘肇，要求取消此类兴师动众的行为。刘肇采纳了唐羌的意见，下诏罢除了"荔贡"。

在政治上，刘肇可以说是个贤明的君主，亲政期间使东汉国力达到鼎盛，人称"永元之隆"。但在处理后宫事务上，他却表现得昏庸无能。阴皇后容貌姣好，年少聪慧，深得刘肇欢心。而前护羌校尉邓川的女儿邓绥比阴皇后更加年轻漂亮，加之性情温和，进宫不久便被封为贵人，使得阴皇后渐受冷落。但邓氏并不满足于当个贵人，她的终极目标是要登上皇后的宝座。为了搬开阴皇后这块绊脚石，她极力拉拢后宫人心，无论对妃子还是宫女都十分友善，赢得了很好的口碑。在刘肇面前，她也表现得识大体、顾大局。有一次，邓氏卧病在床，刘肇急忙传她的家人进宫探望，却被邓氏阻止，她说："宫闱重地，外家出入，于礼不合。"刘肇见她如此知书识礼，内心更加喜爱她。在宠爱邓氏的同时，刘肇对阴皇后愈加冷落，阴皇后为此对邓氏恨之入骨。为了巩固自己的地位，邓氏还在阴皇后和刘肇之间挑拨离间。有一次，刘肇病重，阴皇后私下里发泄道："他日我若得志，必使邓氏再无遗类。"邓氏在后宫耳目众多，所以阴皇后的话很快就传到了她的耳中。她将计就计，闹着要服毒自杀，并委屈地说："我素来敬重皇后，不料皇后如此厌恨我，这以后还怎么相处啊。与其将来遭祸殃，不如现在以死来报圣恩，只求家族不受株连，我也就死而无憾了！"说完就把毒药往嘴里送，一旁的宫女急忙阻拦，并火速将此事禀报刘肇。刘肇十分愤怒，虽然没有责罚阴皇后，但却更加疏远她，而且有了重新立后的打算。

永元十四年（102年），刘肇接到举报说阴皇后在宫中使用巫蛊之术来诅咒他，再联想到之前的事情，他不由得怒火中烧，派中常侍张慎、尚书陈褒查办此事。张慎收受邓氏的贿赂，对阴皇后草草审理后即问罪。结果,阴皇后被废,忧愤而死。不久,刘肇决定立邓氏为后,邓氏先是假意推辞,而后才答应下来。

刘肇本人体弱多病,27岁便去世了,邓皇后没有生下子嗣,其他妃嫔倒是先后生下了十几位皇子,但大都命不长久,早早便夭折了。渐渐地,宫廷里谣言四起,说后宫乃凶险之地,与皇子相克。而当时的宫廷情况也比较复杂,外戚和太监两股势力为了权力争斗不止,刘肇认为是宦官和外戚在暗中谋害皇子。为了防止皇子被害,他后来将生下的皇子都送到宫外抚养。所以,他病逝的时候,身边一个皇子也没有,颇为凄凉。

注释:

①袁安(?—92年):东汉大臣,明帝时历任楚郡太守、河南尹,为政严明。后历任太仆、司空、司徒。其子孙世代任公卿,"汝南袁氏"成为东汉著名的世家大族。

殇帝刘隆

刘隆档案

生卒年	105—106 年	在位时间	106 年
父亲	和帝刘肇	谥号	孝殇皇帝
母亲	无名宫女	庙号	穆宗
后妃	无	曾用年号	延平

刘隆，汉和帝刘肇少子，东汉第五位皇帝。

刘隆刚出生就被送到民间抚养。元兴元年（105 年）腊月，和帝刘肇去世，刚满 100 天的刘隆继位登基，成为中国历史上继位年龄最小的皇帝。

同年，刘隆夭折，这时他还不满 1 周岁，由此也成为中国历史上寿命最短的皇帝，谥号孝殇皇帝，葬于康陵。

百日婴儿　承继大统

和帝刘肇驾崩时还没有来得及册立太子，所以，对于由谁来继位，大臣们一片茫然，毫无主意。最后，邓皇后做主到宫外接回了由宫女所生的两个皇子：大皇子刘胜，时年 8 岁，和刘肇一样体弱多病；二皇子刘隆，生下来不过百日。

俗话说，国不可一日无君，为了稳定局势，经众人商议，于当夜立刘隆为皇太子，即刻登基。和帝去世时已是腊月，不久就要过年，于是改元延平。而刘隆不过是襁褓中的婴儿，自然无法理朝，朝政大事由邓皇后代理，邓皇后也被尊为皇太后。

外戚坐大　不幸早殇

邓太后颇有心机，把持朝政大权后便开始实施自己的政治主张，进行了许多改革。比如反对淫祀，罢免不合典礼的祭礼官，倡导治国以教化为主、刑罚为辅，于延平元年（106年）五月下令大赦天下，罪不致死者一律释放。她管理后宫多年，对那些不幸的宫女非常同情，大多数宫女一生都在后宫中浑浑噩噩地度过，而民间却有很多男子不能娶妻生子，造成"内有怨女，外有旷夫"的失衡局面，而且养这些宫女也是极大的负担。因此，邓太后下令遣返宫女五六百人，让她们出宫与家人团聚。她还注重节俭，大力裁撤宫廷用物，减少各地征调的贡品；降低皇陵的建筑规模，减少徭役。

但是，邓太后毕竟久居后宫，目光短浅，施政的同时也不忘巩固自己的地位。她大力提拔亲属，致使东汉又一次形成外戚专权的局面。

或许是和帝的基因实在是太差了，同年八月，小皇帝刘隆病逝，继位还不到百日。

安帝刘祜

刘祜档案

生卒年	94—125 年	在位时间	106—125 年
父亲	清河孝王刘庆	谥号	孝安皇帝
母亲	左姬	庙号	恭宗
后妃	阎皇后、李氏	曾用年号	永初、元初、永宁、建光、延光

刘祜（hù），汉章帝刘炟之孙，清河孝王刘庆之子，东汉第六位皇帝。

刘祜继位时刚刚 13 岁，年幼无法理事，朝政大权仍然掌握在邓太后手中。建光元年（121 年），邓太后去世，刘祜得以亲政。但是，他昏庸无能，致使朝政一片混乱，东汉政权也逐渐走向衰亡。

延光四年（125 年），刘祜驾崩，终年 32 岁，谥号孝安皇帝，庙号恭宗，葬于恭陵。

傀儡皇帝　太后掌权

刘祜的父亲刘庆是章帝刘炟与宋贵人所生，曾被册封为皇太子，后来因窦皇后陷害而被废，改封清河王。但刘肇登基后却英年早逝，继位的皇太子刘隆也不幸夭折。邓太后经过一番思虑,决定立刘庆之子刘祜为皇帝,在征得几位大臣的同意后,她连夜派人把刘祜接到京城,先封为长安侯,之后迎立为皇帝,即汉安帝。

这一年,刘祜年仅13岁,因为没有接受过全面系统的帝王教育,加上年幼无知,所以他继位后由邓太后继续垂帘听政。直到邓太后去世,刘祜才摆脱了傀儡皇帝的困境。

刘祜继位之时,内忧外患,朝政一片混乱,先是边境少数民族不满汉朝的苛政,时常发生叛乱,之后国内天灾频发,在他登基这一年中有18个郡国发生地震,41个郡国发生水灾,28个郡国遭受风暴和冰雹的袭击。此时,邓太后大权在握,与其兄长邓骘①(zhì)、宦官郑众、尚方令蔡伦组成了一个核心政治集团。朝中大臣极度不满,他们密谋除去邓骘、郑众和蔡伦,废掉邓太后,改立和帝长子、平原王刘胜为皇帝,不料却走漏了消息。邓太后急忙召来心腹大臣商议对策,采取先发制人的手段,镇压了叛乱。

永宁元年(120年),郎中杜根等人上奏邓太后,说刘祜已经成年,应该亲政。邓太后大怒,命人将杜根等人装入口袋,用乱棍猛打。执行人员敬重杜根,没有往死里打,杜根因此逃过一命。邓太后的弟弟、车骑校尉邓康也劝邓太后还政于刘祜,也被拒绝。为了表示抗议,邓康托病不上朝。邓太后气极,罢了邓康的官职,并将他逐出族籍。

不过,值得肯定的是,邓氏在治国安邦方面还是做出了一定的贡献,她的族人也大多能够奉公守法,谨慎从事,勤政为民,因而在朝野上下得到的评价还是很不错的。邓太后曾以立安帝定国策之名,对朝中众臣大加赏赐,首先奖励的就是邓骘,增封3000户食邑,邓骘坚决拒绝,其他大臣见状,也都推辞不受。

走了太后 来了宦官

建光元年(121年),邓太后去世,终年41岁,刘祜终于等来了亲政的机会。他封邓骘为上蔡侯,但因宫人诬陷,邓氏被贬、被罢者无数,邓骘也被遣就国。

除了在复仇的事情上毫不手软之外,刘祜在其他方面的表现实在是不尽如人意。他性格懦弱,缺乏主见,重用宦官,放纵外戚。他将父亲刘庆的四位娘舅一一封侯,对阎皇后的家人更是封赏有加,阎皇后的四个兄弟个个身居要职,就连她七八岁的侄子也被封为黄门侍郎。阎皇后自己也野心勃勃,干涉朝政,俨然是第二个邓太后。对于这一切,刘祜毫无警惕之心。

刘祜不仅放纵外戚,还对心腹宦官大加封赏。其中,中常侍江京因保帝有功,被封为都乡侯;李闰被封为雍乡侯。安帝乳母王圣因参与了剪除邓氏家族的事情,被封为野王君;其女伯荣被封为中使。他们狼狈为奸,私自出入宫廷,大肆敛财。大臣杨震②对此义愤填膺,上书弹劾乳母王圣、中常侍樊丰等人贪侈骄横。刘祜看后不思反省,反而将奏折拿给王圣等人看。王圣等人对杨震恨之入骨。延光三年(124年),刘祜东巡,王圣、樊丰趁机大兴土木,为自己建造府邸。杨震负责调查此事,竟然查出樊丰伪造皇帝诏书之事。樊丰为了自保,便在刘祜面前诬陷杨震。刘祜不辨忠奸,罢黜了杨震,迫使他在洛阳城西几阳亭饮鸩自尽。

延光四年(125年),刘祜南巡,于三月抵达宛城,不料忽患重病,冷热反复,病情严重,只好下令原路返回。三月初十,队伍抵达叶县,刘祜病入膏肓,口不能言,来不及托付后事便驾崩于车中。

注释:

①邓骘(?—121年):东汉外戚,邓太后之兄。殇帝继位后,以车骑将军、仪同三司掌控朝政;安帝时任大将军,辅政期间曾进贤士,罢力役,有所建树。邓太后去世后封上蔡侯,后为宦官李闰等诬陷,宗族并废,绝食而死。

②杨震(?—124年):东汉名臣,少好学,博览群经,历任荆州刺史、涿郡太守、司徒、太尉等职。其子孙世代任公卿,"弘农杨氏"成为东汉著名的世家大族。

顺帝刘保

刘保档案

生卒年	115—144 年	在位时间	125—144 年
父亲	安帝刘祜	谥号	孝顺皇帝
母亲	李贵人	庙号	敬宗
后妃	梁皇后、虞贵人等	曾用年号	永建、阳嘉、永和、汉安、建康

刘保，汉安帝刘祜之子，东汉第七位皇帝。

延光四年，刘祜驾崩，11岁的刘保继位为帝，次年改元永建。他在位期间昏庸无能，宦官、外戚勾结弄权，致使朝政愈发混乱。

建康元年（144年），刘保驾崩，终年30岁，谥号孝顺皇帝，庙号敬宗（献帝除其庙号），葬于宪陵。

被废太子　宦官迎立

安帝刘祜在位时期昏庸无能，听任皇后阎氏一族把持朝政。当时后宫佳丽虽多，但只有李贵人生下了刘保这个皇子。刘保出生后不久，李贵人便被阎皇后谋害，之后安帝再无所出。无奈之下，阎皇后只得同意立6岁的刘保为皇太子。可是，由于害怕刘保长大之后会复仇，在刘保

10岁时,阎皇后强逼安帝废了他的太子之位,贬为济阴王。

延光四年三月,安帝在巡游途中驾崩,由于害怕消息传到京城,随从大臣们私自做主立刘保为皇帝,阎皇后等人秘不发丧,直到回到京城才宣布安帝驾崩。回京途中,阎皇后秘密派人去迎章帝刘炟第五子、济北王刘寿的儿子刘懿(yì)为帝,企图和邓太后一样拥立幼主,达到自己垂帘听政、控制朝权的目的。但事与愿违,刘懿仅在位7个月便驾崩了。阎太后及其兄弟阎显等人,仍然和安帝去世时一样秘不发丧,开始物色下一任傀儡皇帝。宦官们对于阎太后专政早已心存不满,经过周密策划,发动了一次轰轰烈烈的政变。以孙程为首的宦官持刀闯入章台门,杀死阎太后的心腹宦官,另一个老宦官李闰见大事不妙,急忙屈从。孙程等人又杀死了阎太后的兄弟阎显和阎景,最后逼迫阎太后交出传国玉玺,迎立济阴王刘保为帝,即汉顺帝。当时刘保年仅10岁,次年改年号为永建。

软弱无能　梁氏掌权

在刘保继位一事上,宦官孙程等人立了头功,于是一起向刘保邀功请赏。刘保一是慑于他们的胁迫,二是根本不懂朝政,三是手中无权,只能作出妥协,对孙程等人有求必应,仅孙程一人的食邑就超过万户。

随着年龄的增长,刘保对朝政有了一定的了解,不愿再受孙程的控制,开始亲近另一个宦官张防。张防同样诡计多端,居心叵测。司隶校尉①虞诩②看不惯张防的行为,便收集张防的罪状,上书弹劾,刘保对此置之不理。这时,备受冷落的孙程又站出来对刘保说:"皇帝和臣等一同起事时,奸臣当道,祸国殃民。现在既已继位,怎么又重蹈先帝旧辙,虞诩尽忠反遭诬陷,张防作恶却成为忠臣。"刘保虽然冷落孙程,但并不敢得罪他,只好将张防发配边疆。不过,刘保也以"争功"为由,把当时拥立他的宦官们都赶出了洛阳城。

永建六年(131年),刘保接受朝臣建议,准备册立皇后。贵人梁妠(nàn)多次承宠,但她常假意推辞说:"陛下以后不要再来这里了,也好让别的姐妹雨露均沾。"刘保由此认为梁氏深明大义,对她更加喜爱,于阳嘉元年(132年)册立梁氏为皇后。从此,梁氏一族便兴旺发达起来。梁皇后的父亲梁商被封为执金吾,不久又升大将军。永和六年(141年),梁商病逝,其子梁冀承袭父位。次年,刘保派侍中杜乔、光禄大夫张纲等8人去各地考察地方官政绩,查处贪官污吏。结果,张纲刚到洛阳都亭,便将车轮埋于地下,说:"豺狼当道,安问狐狸。"接着返回都城,向刘保弹劾梁冀,共列15条罪状。此时梁氏在朝中的势力如日中天,刘保尽管知道张纲所言句句属实,但慑于梁家的势力,不敢轻举妄动。不久,其余7位官员也相继返回,上报巡查结果,遍地贪官,均与梁家有着说不清的关系,刘保依然软弱不作为。恰巧广陵发生农民起义,梁冀便以此为由,举荐张纲为广陵太守前去平叛,借机把张纲调离京城,开始了长达20多年的梁氏专权局面。

永和五年(140年),羌族叛乱,刘保急忙调集10万大军前去镇压,战争持续了15年之久,耗费巨大。参战的将军们谎报军情,克扣粮饷,虐待士兵,给百姓带来了沉重的负担。从永和六年开始,广陵、江夏、南郡等地先后爆发农民起义,虽然最后都被镇压下去,但人们对东汉皇室的仇视情绪也急剧增长。

注释:

①司隶校尉:官名,汉武帝时始置,秩二千石。初掌管使役在中央诸官府服役的徒隶,领1200人,持节,亦捕治罪犯。后罢其兵,职掌纠察京都百官及京师附近的三辅〔京兆尹、左冯(píng)翊、右扶风〕、三河(河东、河南、河内)、弘农七郡的犯法者,职权渐重。东汉时秩比二千石,而威权尤重。宫廷内外无所不纠,兼领兵,有检敕、捕杀罪犯之权,并为司隶州行政长官,辖前述七郡。

②虞诩(?—137年):东汉名将,安帝时历任朝歌县长、武都太守,政绩卓然。顺帝时为司隶校尉。为官清正廉明,刚正不阿,多次得罪权贵。曾九次遭到皇帝斥责,三次受到刑罚。后官至尚书令。

冲帝刘炳

刘炳档案

生卒年	143—145 年	在位时间	144—145 年
父亲	顺帝刘保	谥号	孝冲皇帝
母亲	虞贵人	庙号	无
后妃	无	曾用年号	永嘉

刘炳，汉顺帝刘保之子，东汉第八位皇帝。

建康元年（144 年）四月，刘炳被立为皇太子。同年八月，汉顺帝驾崩，2 岁的刘炳继位，次年改元永嘉。

刘炳继位以后，尊汉顺帝皇后梁妠（nàn）为皇太后，因为年幼，由梁太后临朝摄政。

永嘉元年（145 年），刘炳驾崩，年仅 3 岁，谥号孝冲皇帝，葬于怀陵。

娃娃皇帝　外戚揽权

安帝刘祜只有刘保一个儿子，刘保体弱多病，又纵欲无度，后宫佳丽虽多，却没有皇子，直到虞贵人入宫 14 年以后才有幸怀孕，生下一子，即刘炳。刘保非常欢喜，于建康元年册立 2 岁的刘炳为太子。4 个月后，顺帝驾崩，刘炳继位，尊梁皇后为太后，任命太尉赵峻为太傅、大司农，李固①为太尉，总领尚书事务。梁太后临朝听政。

和前几位太后一样，梁太后也很热衷于权力，独揽朝纲，并封自家不学无术的哥哥梁冀为大将军。梁冀权倾朝野，为所欲为，对于动荡不安的时局和混乱一片的朝廷却无能为力，在很大程度上加速了东汉走向灭亡的步伐。

不幸的是，刘炳继位刚刚5个月便身患重病，病情急速恶化，于永嘉元年（145年）正月初六驾崩于玉堂前殿。

注释：

①李固（94—147年）：东汉中期名臣，顺帝时历任荆州刺史、泰山太守、将作大匠、大司农、太尉。冲帝时任太尉，与大将军梁冀参录尚书事。冲帝崩，他议立清河王刘蒜，梁冀却立了质帝。质帝被毒杀后，他再次请立清河王，被免职，后遭梁冀诬告杀害。

质帝刘缵

刘缵档案

生卒年	138—146 年	在位时间	145—146 年
父亲	渤海孝王刘鸿	谥号	孝质皇帝
母亲	陈夫人	庙号	无
后妃	无	曾用年号	本初

刘缵（zuǎn），又名刘续，章帝刘炟的玄孙，渤海孝王刘鸿之子，东汉第九位皇帝。

永嘉元年，冲帝刘炳夭折，时年 8 岁的刘缵继位，次年改元本初。

本初元年（146 年），刘缵被毒杀，年仅 9 岁，在位时间仅 1 年，谥号孝质皇帝，葬于静陵。

聪慧早熟　惨遭毒杀

刘缵是章帝刘炟的玄孙。他的曾祖父刘伉是章帝的长子，按说应该被立为太子才对，但刘伉的母亲地位卑贱，所以他被无情地剥夺了皇位继承权，于建初四年被封为千乘王。刘伉的几个子孙都只是小小的诸侯王，没有什么大的作为，刘缵的父亲刘鸿被封为渤海王，刘缵出生在这样一个家庭中，本来是与帝位无缘的，而他之所以能当上皇帝，完全是因为梁太后。

刘氏江山传到顺帝刘保一脉时，人丁不旺，刘保只生了刘炳一个儿子，而且刘炳只当了几个月的皇帝便不幸夭折，所以最紧要的任务就是尽快从宗室中找一位皇位继承人。当时有资格当皇帝的人只有两个，一个是刘缵，另一个也是章帝刘炟的玄孙、清河王刘蒜。按皇族血统论，两个人地位一样，如果以年龄论，刘蒜当时已经18岁，刘缵8岁，按长幼之序应该由刘蒜来继承皇位。但是，刘蒜一旦当了皇帝，梁太后必须还政，也就失去了对朝政的控制权。经与兄长梁冀商议，梁太后决定拥立8岁的刘缵继承皇位。

永嘉元年正月，大将军梁冀亲自将刘缵迎入洛阳，次日刘缵被封为建平侯，当天继位。

刘缵虽然当了皇帝，但朝政大权依然掌握在梁太后手中。梁冀也以外戚的身份凌驾于百官之上，排斥异己，结党营私，为所欲为，引起了满朝文武大臣的不满。以太尉李固为首的一些文武官员联名上书，要求拨乱反正，重整朝纲，但并没有得到梁太后的回应，反而遭到梁冀的残酷打击迫害。

刘缵年龄虽小，但很聪明，对梁冀的行为非常不满。有一次，他在朝堂上直呼梁冀为"跋扈将军"，梁冀心中顿时警觉起来，害怕刘缵亲政后和李固等人联合起来除掉自己，决定先下手为强——杀死刘缵，免除后患。

本初元年六月，梁冀指使亲信在饭中下毒，将刘缵毒死。

桓帝刘志

刘志档案

生卒年	132—167年	在位时间	146—167年
父亲	蠡吾侯刘翼	谥号	孝桓皇帝
母亲	匽明	庙号	威宗
后妃	梁皇后、邓皇后、窦皇后	曾用年号	建和、和平、元嘉、永兴、永寿、延熹、永康

刘志,字意,生于蠡(lí)吾,章帝刘炟的曾孙,河间孝王刘开之孙,蠡吾侯刘翼之子,东汉第十位皇帝。

质帝刘缵被毒杀后,梁太后与梁冀迎立刘志为帝,次年改元建和。

刘志性情刚勇,可惜有勇无谋,在宦官与外戚交替称霸中度过了可悲的一生。

永康元年(167年),刘志驾崩,终年36岁,谥号孝桓皇帝,庙号威宗,葬于宣陵。

外戚相助　新郎成帝

安帝时期,刘志的父亲刘翼因图谋皇位而被贬出京城,不久去世。刘志承袭王位,封蠡吾侯。本初元年,梁冀害死了质帝刘缵,梁氏一族再一次物色皇位接替人选。按照汉朝的制度,在外的王侯及子嗣是没有资格继承皇位的,但是汉室皇嗣实在太少,不得不屡次破规。以太尉李固、司徒胡广①、赵戒②、大鸿胪杜乔③等为首的大臣们,再次提出立清河王刘蒜为帝,但遭到梁太后等人的拒绝。宦官中常侍曹腾④以前拜访刘蒜受到冷遇,怀恨在心,也极力阻拦此事。而刘志聪明伶俐,深得梁太后的欢心,还把自己的妹妹梁女莹许配给他。于是,众人的目光就集中在了刘志身上。

曹腾认为刘志年龄尚小,易于控制,是一个很好的人选。这也正合梁太后之意,刘志与她亲上加亲,能更好地将权力掌握在她手中。但是,这个决定遭到了大臣们的一致反对,理由是刘蒜以"明德著称",且与质帝血缘最近,是最好的人选。然而,梁太后一意孤行,强迫众臣屈服,唯有大臣李固始终坚持,被罢职还乡。随后,大将军梁冀再一次持节迎刘志为帝。本初元年,刘志继位,时年15岁,其妻梁女莹被封为皇后。

后宫掌权　祸乱朝纲

刘志刚被选为皇位继承人,他的母亲匽明就预感到事情不妙,她流着眼泪告诫儿子说:"到了洛阳,万事一定要听从太后和大将军的吩咐,否则有可能性命不保。"刘志将此话牢记心中,到京城后行事谨小慎微,生怕会得罪梁太后和大将军梁冀。

为了表示对梁氏家族拥立自己为帝的感激,刘志上任之后,第一件事便是对梁太后的家人大加封赏。第一功臣当属梁冀,增食邑1.3万户;其弟梁不疑封颍阳侯、梁蒙封西平侯;其子梁胤封襄邑侯。胡广、赵戒以及宦官中常侍刘广等人见风使舵,投到梁氏门下,也都被封侯。唯有大鸿胪杜乔认为桓帝"不急于忠贤之礼,而先左右之封,伤善害德,兴长佞谀",极力表示反对。

至此,梁氏一族的权力达到顶峰,包揽了朝中大小事务,代行天子之职。梁冀一手遮天,先以"灾异"为借口,劝梁太后罢免杜乔,之后又追杀他和李固，拔掉了两颗眼中钉。

尽管已经权倾朝野，但梁冀仍不满足，又向刘志索取更高的地位和权力。刘志不敢违抗，于是封他可入朝不必趋行，允许带剑穿鞋上朝，行君臣之礼不用自称姓名，一切礼遇堪比高祖时的萧何。获得特殊礼遇之后，梁冀又讨要钱财和女仆无数，索取定陶和阳城作为自己的封地。这等于将汉朝开国以来所有最为荣耀的封赏全部集于他一身。有了这些职权，梁冀更加猖狂，朝中大小事务都要向他汇报，文武百官升迁任免都由他来决定，并要到他府上谢恩，就连地方送来的贡品也要把最好的先送他一份。他的妻子孙寿被封为襄城君，地位堪比公主。

铲除外戚 宦官当权

在梁氏一族的压迫下，刘志受尽屈辱，心中也积聚了巨大的仇恨。和平元年（150年），梁太后去世，临死之前下诏归政。但因朝中大权已由梁冀独揽，归政只是一句空话。不过，梁太后死后，刘志渐渐冷落了皇后梁女莹，使梁女莹在延熹二年（159年）郁郁而终。之后刘志开始悄悄策划剪除梁氏家族，将大权收归己有。他身边的宦官早已对梁冀深感不满，所以纷纷表示支持。

刘志和心腹宦官唐衡商议之后，派出1000多名御林军以闪电之势包围了梁冀的府邸，收回大将军绶印，并且逼梁冀和孙寿自杀。紧接着，刘志又把梁、孙两家的人全部抓捕入狱，无论男女老少一律处死。此案还有数十名公卿大臣受到牵连，300多名文武官员被革职查办，以至于朝中出现大量的职位空缺。

在这次夺权行动中，唐衡等5位宦官立下了大功，刘志便对他们封官加爵。其中，单超功劳最大，被封食邑2万户，其余4人各1万户，被称为五侯。后来，刘志又陆续提拔了一批宦官。这些宦官掌权之后，很快就暴露出他们贪婪的本性，比起外戚有过之而无不及。他们竞相建造豪华宅邸，贪污受贿，祸害百姓，引起了极大的民愤。

五侯的举动也很快引起朝中大臣的不满。襄城人李膺曾任河南尹，因打击阉党而被治罪下狱，幸得司隶校尉应奉上书求情才得以释放，后又担任司隶校尉。宦官张让的弟弟张朔担任王野令，为人残暴贪婪，有一次他杀死了一名孕妇，因为害怕被治罪，便躲藏在张让家中。李膺听说之后，亲自带人到张让府中搜捕张朔，并将其处死。这件事使李膺名声大振，受到了百官拥戴，宦官们对他既害怕又痛恨，欲除之而后快。延熹九年（166年），李膺等人和太学生被诬告，"共为党部，诽讪朝廷，疑乱风俗"。刘志不辨真伪，下令在全国范围内抓捕党人，李膺、陈定等200多人被抓捕入狱，使反宦官斗争遭到重创。次年，在窦武⑤等人的请求下，刘志对党人稍有宽恕，改判遣送原籍，永远不得做官。这就是历史上著名的"党锢之祸"。

因为上层社会贵族官僚的贪污腐化，耗费了国家大量财物，致使国库亏空。为了弥补财政不足，刘志下令增加赋税，老百姓的负担日益沉重。同时，为了减少财政负担，刘志又下令减免百官的俸禄，并用向王侯借贷的方式填补亏空。最后，他又用买卖官位的方法集资，将关内侯⑥、虎贲郎⑦、羽林郎⑧、缇骑营士⑨、五大夫⑩等官位明码标价，公开出售。官员们纷纷用贪污来的钱买更高的官职，再贪污更多的钱，形成了恶性循环。东汉的政治从刘志开始，贪污腐化之风迅速蔓延，日趋严重。

改元换后　贪色纵欲

刘志在位期间，还频繁地改元，在建和之后，陆续改为和平、元嘉、永兴、永寿、延熹、永康，一共更改了6个年号。

除了改元多，刘志的后宫宫女也多，连皇后都先后立了3位，第一位皇后是梁太后的妹妹梁女莹，也正是因为她，刘志才当上了皇帝，所以他对梁女莹宠爱有加。仗着姐姐梁太后和兄长梁冀的势力，梁皇后在后宫为所欲为，穷奢极欲，服饰仪仗、寝宫规模超过之前的任何一位皇后。而且，梁皇后嫉妒心很强，把持着刘志，不许他宠幸其他嫔妃。刘志表面上对她百依百顺，其实内心早想将她废掉。梁皇后没有生育皇子，她心中总有一种危机感。为了保住自己的地位，她对后宫嫔妃极尽残害之能事，凡发现有怀孕的嫔妃一律处死。梁太后病逝后，梁皇后立即失宠，不久忧愤而死，葬于懿陵，谥号为懿德皇后。同年，刘志在铲除梁氏家族之后，又下令废懿德墓为贵人冢。

第二位皇后是邓猛女，是和帝皇后邓绥的侄子邓香之女。邓皇后的母亲邓宣先是嫁给了邓香，生下邓猛女。因邓香早逝，邓宣又改嫁梁冀之妻孙寿的舅舅梁纪，改为梁姓。孙寿见邓氏长得美貌，便把她送入宫中，邓氏也不负厚望，深得刘志的喜爱，成为"绝幸"。刘志铲除梁氏家族后，立邓氏为后，并对她的家人加官封爵，邓氏家族又重新兴旺发达起来。可惜邓皇后也没能为刘志生下子嗣，刘志又转而宠幸郭贵人。此时，邓皇后位高权重，骄横跋扈，与郭贵人争风吃醋。刘志忍无可忍，最终下诏废黜邓皇后，使其忧愤而死。

厌倦了邓皇后和郭贵人之后，刘志又喜欢上了采女田圣，想要立她为后，但是遭到大臣们的一致反对，原因是田圣出身卑微，没有封后的资格，刘志只好作罢。就在这个时候，章帝皇后窦氏从祖的孙女窦妙被送入宫中，因为出身显贵，进宫两个月即被封为贵人，随后被立为皇后。她的父亲窦武也被封为槐里侯。可惜刘志对窦皇后始终提不起兴趣，继续宠幸田圣等其他宫女，以至于后宫嫔妃之间争风吃醋、钩心斗角，窦皇后为此非常气愤。后来刘志一死，她便迫不及待地下手清理后宫，第一个处置的便是田圣。窦皇后甚至想将所有后宫美女全部杀净，在众臣力阻下方才罢手。

永康元年（167年），桓帝最后一次改元永康，希望自己的身体永远健康。然而，极具讽刺意义的是，因为长期的纵欲生活，桓帝的身子虚弱不堪，于当年冬天病死在洛阳宫中。桓帝一生荒淫无度，却没有留下一点血脉。其享年36岁，在位21年，葬于宜陵，谥号为孝桓皇帝，庙号为威宗。

注释：

①胡广（91—172年）：东汉重臣、学者，历任尚书郎、尚书仆射、汝南太守、大司农、司徒、太尉等职，因拥立桓帝有功，封安乐侯。灵

帝时拜司徒、录尚书事，后接任太傅。

②赵戒（？—约154年）：东汉名臣，历仕汉安、顺、冲、质、桓五帝，五朝元老，历位三公，登特进。

③杜乔（？—147年）：东汉名臣，顺帝时历任光禄大夫、太子太傅、大司农、大鸿胪等职。质帝死后与李固力主立清河王刘蒜为帝，得罪了梁冀。桓帝时代胡广为太尉，很快因清河刘文等人谋立刘蒜而遭梁冀诬陷，下狱而死。

④曹腾：东汉宦官，顺帝时为中常侍，后因策划迎立桓帝有功，封费亭侯，升大长秋。死后由养子曹嵩（即曹操之父）嗣为侯。魏明帝曹叡即位后追尊为高皇帝。

⑤窦武（？—168年）：东汉外戚、学者，与刘淑、陈蕃合称"三君"。其长女窦妙为桓帝的皇后。任越骑校尉，封槐里侯。桓帝去世后迎立灵帝，任大将军，改封闻喜侯，掌握朝政。因与太傅陈蕃定计剪除宦官，事泄，兵败自杀。

⑥关内侯：爵名。战国秦置，为二十等爵第十九级，位在列侯之下。秦汉沿置，因秦都咸阳，以关内为王畿，故名。但有侯号，居京师，无封土，依封户多少享有征收租税之权。

⑦虎贲郎：官名，西汉武帝建元三年初置期门，比郎，多至千人。平帝元始元年更名虎贲郎，属虎贲中郎将，禁卫皇宫。东汉沿置。

⑧羽林郎：官名，西汉武帝初置羽林骑，掌宿卫送从。宣帝令中郎将骑都尉监羽林，谓之羽林中郎将，领郎百人，谓之羽林郎。东汉沿置，秩比三百石，无员。

⑨缇骑营士：穿红色军服的骑士，泛称贵官的随从卫队，为逮治犯人的禁卫吏役的通称。

⑩五大夫：爵名。战国秦置，为二十等爵第九级，秦汉因之。秦朝可为官长、将率，赐邑三百户。西汉初仍得食邑。汉文帝以后，五大夫以上才得免一人徭役，除以军功赐爵外，民入粟亦可为五大夫。

灵帝刘宏

刘宏档案

生卒年	156—189 年	在位时间	168—189 年
父亲	解渎亭侯刘苌	谥号	孝灵皇帝
母亲	董氏	庙号	无
后妃	宋皇后、何皇后等	曾用年号	建宁、熹平、光和、中平

刘宏，生于冀州河间国，汉章帝刘炟的玄孙，解渎亭侯刘苌（cháng）的儿子，东汉第十一位皇帝。

永康元年十二月，桓帝刘志去世。刘志一生荒淫，后继无人，窦太后只能从宗室中挑选继承人，刘宏有幸被选中。建宁元年正月，刘宏继位，改元建宁，时年13岁。

刘宏执政期间，施行党锢，又设置西苑，增加百姓赋税，甚至卖官鬻爵供自己享乐。

中平六年（189年），刘宏驾崩，终年34岁，谥号孝灵皇帝，葬于文陵。

年少继位　宦官掌权

刘宏的父亲刘苌早逝后，刘宏世袭爵位，成为解渎亭侯。

桓帝刘志病逝后，因为没有儿子，所以只能在宗室近族中寻找皇位继承人，当时年仅12岁的刘宏被选中，宗室大臣、光禄大夫刘儵（shū），奉节都尉曹节①等人前去河间迎接其登基。

东汉自章帝以下的皇帝都是年幼登基，无法理政，朝政大事只能靠皇太后决断。而皇太后为了掌握朝政大权，往往会提拔自己娘家人，这就给外戚掌权提供了条件。窦太后之所以让刘宏继承大统，也是为了控制朝政。

刘宏继位以后，大权自然落到了窦太后手中。在窦太后的授意下，她的父亲窦武被封为闻喜侯；窦武之子窦机为渭阳侯，位拜侍中。窦武的侄子窦绍为鄠（hù）侯，迁步兵校尉②；窦靖为西乡侯，位拜侍中，掌管羽林左骑。一时间，窦氏一家权倾朝野。

窦武掌权之后，起用了一批曾被朝廷禁锢的清流士大夫，并与大臣陈蕃③联合，打算除掉所有的宦官。他们将这件事告知窦太后，但窦太后正宠爱大太监曹节，将其封为长安乡侯，所以对他们的建议不置可否。消息最终泄露出去。曹节得知窦武、陈蕃想要加害自己，决定先下手为强，于当年秋天发动宫廷政变，挟持刘宏和窦太后，夺取玉玺，捉拿了窦武等人，然后昭告天下，称窦武和陈蕃谋反，并逼他们自杀。那些被窦武提拔起来的清流士大夫也被罢免，朝政大权从此又落入宦官手里。

刘宏生性怯懦无能，宦官曹节抓住他的性格弱点，不断编造谎言，营造出一种朝臣"谋反""叛逆"的气氛来吓唬他。这个做法起到了非常明显的效果，导致刘宏对宦官越来越依赖。那一时期，在刘宏身边围绕着一大批身居要职的宦官，如张让、赵忠等人，都曾担任中常侍，而且都被封为列侯，号称"十常侍"。这些宦官为了哄刘宏开心，变着法地给他寻找各种新鲜玩法，让他不理国事，以便于他们弄权。刘宏视他们为至亲，有一次竟然说："张常侍是我爹，赵常侍是我母。"

宦官们因为身体的残缺以及受到社会的鄙视，内心深处往往隐藏着变态扭曲的一面。他们掌权之后，到处提拔亲信，贪婪放纵，抢掠财物，兼并土地，残害百姓，目无法纪，甚至模仿皇宫的样子为自己建造府邸。

建宁二年（169年），因中常侍侯览回乡扫墓时铺张扰民，山阳郡督邮张俭上书弹劾并拆毁其房屋及祖坟。侯览大怒，指使同乡朱并上书诬告张俭与同郡24人结党谋反。年幼的刘宏不辨真假，在曹节等宦官的蒙骗下，下诏在全国范围内清剿党人，使各地被杀、流放、囚禁的士人多达六七百人。在宦官的操纵下，刘宏还下诏，凡是党人的父子、兄弟、门生故吏，一律罢免，永远不能做官。这就是"第二次党锢之祸"。

荒废朝政　宠信宦官

刘宏继位时只是一个十几岁的孩子，正是贪玩的时候，根本无法处理国家大事，况且他对宦官的恣意妄行和士人的激烈抗争也感到无能为力和厌烦，索性不再过问朝政，而专注享乐。

刘宏继位之后立宋氏为皇后。宋皇后是扶风平陵人，心地善良，性情温和，处事周到。她的姑姑是渤海王刘悝的妃子，而刘悝与宦官中常侍王甫一向不和，王甫公报私仇，诬陷刘悝图谋叛乱。刘宏不辨真伪，逼迫刘悝自杀，宋皇后的姑姑也冤死狱中。事后，王甫担心宋皇后报复，又想办法陷害她，诬陷宋皇后在宫中用巫蛊诅咒皇帝。刘宏听后大怒，下诏收回宋皇后的玺绶，致使宋皇后忧愤而死，宋皇后的父亲及兄弟也全部被杀。

有一天，刘宏做了个梦，梦见已故的桓帝训斥他说："宋皇后如此贤惠，而你却听信奸邪之臣将她害死。现在宋皇后和刘悝都到天帝那儿去告你，天帝极为愤怒，要严厉地惩罚你！"刘宏从梦中惊醒后，非常恐慌，就将这件事说给羽林左监许永听。许永一向痛恨王甫，而且非常同情宋皇后的遭遇，他趁机把宋皇后和渤海王刘悝无辜受到王甫陷害的事情说出来，并请求严惩宦官，以让宋皇后和渤海王的在天之灵得到安慰。但是，刘宏最终没有听从许永的话，对王甫依然宠爱有加。

皇宫争宠　立储两难

宋皇后被废之后，刘宏并没有马上册立新皇后。经众人反复劝说，他最后册立贵人何氏为皇后。何皇后出身微贱，但容貌美艳，肌肤如雪，亭亭玉立，刘宏对她非常宠爱。不久，何皇后生下了皇子刘辩。

何皇后得宠之后，提拔自己的兄长何进为侍中，并将已故的父亲何真追封为车骑将军。但她猜忌心很重，总害怕自己的位置被夺走，宫里的嫔妃们都很怕她。刘宏本来就是喜新厌旧之人，对何皇后的宠爱未能持续多久，很快又宠幸出身名门、知书达理的王美人。王美人不久也怀孕了，为了防止受到何皇后的陷害，每次朝见皇后她都拿帛束住腹部，不让何皇后发现自己怀孕。但是，她也知道这种事瞒得了一时，瞒不了一世，于是让人找来堕胎药喝下去，想将孩子打掉。然而事与愿违，她多次服用却不见效果，只好听天由命，把孩子生了下来，取名刘协。

何皇后得知王美人生了一个儿子，非常愤怒，马上派人将她毒死。刘宏听说王美人暴毙，非常吃惊，急忙前去探视，看到王美人四肢青黑，知道是中毒而死。刘宏勃然大怒，下令彻查此事，最后查到了何皇后的头上，准备将她废黜。何皇后花重金贿赂曹节、张让等宦官为她说情，总算取得了刘宏的原谅。

为了防止刘协受到伤害，刘宏特意把他寄养在母亲董太后处。因为这个孩子长得非常像自己，刘宏对他甚为宠爱，甚至萌生了立刘协为太子的想法。何皇后对此坚决反对，坚持立自己的儿子刘辩为太子。但刘宏厌恶何皇后，以刘辩"轻佻无威仪"为由拒绝立其为太子。之后他征求朝臣的意见，让他失望的是，无论是外廷的官僚还是内廷的宦官，包括灵帝自己的外戚，全都支持立刘辩为太子。刘宏没有办法，只好作罢。

卖官鬻爵　烽烟四起

由于刘宏贪图享乐，国库很快便被挥霍一空，为了敛财，他决定公开卖官，2000万文可买两千石官，400万文可买四百石官，县令、县长当面议价。除了公开卖官之外，还设黑市交易。1000万文可买三公，500万文可买卿。总之，除了皇帝的宝座，任何官职都可以拿来买卖。冀州④名士崔烈本来已经官至九卿，又通过关系花500万文买了个司徒，结果在授予他官位的那一天，百官全到，刘宏低声对身边的一个宦官说："这官卖亏了，应该收1000万文的。"

由于宦官外戚争权，刘宏荒淫无能，朝政混乱，致使民怨沸腾，社会矛盾日益尖锐，中平元年（184年）爆发了张角⑤领导的黄巾起义。消息传到宫中，刘宏顿时慌乱起来，急忙召集大臣商讨对策。大臣们都力主剿灭，唯有曾劝刘宏不要搞私产的中常侍吕强建议"释放党人，笼络人心"。刘宏认为有理，就采纳了吕强的意见。郎中张钧则力主杀掉宦官，以谢天下，则叛乱不剿自平。刘宏大怒，说："真狂子也！"结果，张钧被宦官以莫须有的罪名杀害。

刘宏任命何皇后之兄何进为大将军，率军驻守洛阳周围8个要地，保卫京师；皇甫嵩⑥、朱儁⑦（jùn）为左右中郎将，率主力攻打对洛阳威胁最大的黄巾军；北中郎将卢植⑧则攻打冀州的黄巾军，经过激烈的战斗，黄巾军失利，领袖张角也病死。

刘宏十分高兴，对有功之臣大加封赏，改元中平；同时对起义军进行血腥报复，一时民间哀鸿遍野。

中平六年二月，皇甫嵩在陈仓平定王国等人的叛乱；三月，幽州牧刘虞⑨又平定张纯叛乱；四月，汉灵帝在南宫嘉德殿驾崩。

注释：

①曹节（？—181年）：东汉宦官，顺帝初为小黄门，桓帝时迁中常侍、奉车都尉。灵帝时因迎奉之功，封长安乡侯。与宦官王甫等诛杀大

将军窦武、太傅陈蕃等人,升任长乐卫尉,改封育阳侯,后又调任大长秋。

②步兵校尉:官名,西汉武帝始置,为北军八校尉之一,秩二千石,位次列卿,属官有丞、司马等。领上林苑门屯兵,戍卫京师,兼任征伐。东汉为北军五校尉之一,秩比二千石,隶北军中侯。掌宿卫禁兵,多以京室外戚近臣充任。

③陈蕃(?—168年):东汉名臣,与窦武、刘淑合称"三君"。历任乐安、豫章太守,尚书令,光禄勋等。桓帝时任太尉,反对宦官专权,被诬免官。灵帝时为太傅,与窦武谋诛宦官,事败而死。

④冀州:汉武帝所置十三刺史部之一,辖境相当于今河北中南部、山东西端及河南北端。东汉治高邑,末期移治邺县。

⑤张角(?—184年):东汉末年黄巾军领袖、太平道创始人。灵帝时借治病传教,在农民中秘密进行组织工作。十余年间,徒众达数十万人,遍及青、徐、幽、冀、荆、扬、兖、豫八州。

⑥皇甫嵩(?—195年):东汉末年名将。灵帝时任北地太守。黄巾起义爆发后任左中郎将,与朱儁率军讨平黄巾之乱。战后升任左车骑将军,领冀州牧,封槐里侯。晚年历任车骑将军、太尉、光禄大夫、太常等职。

⑦朱儁(?—195年):东汉末年名将。曾任兰陵令、交州刺史,黄巾起义爆发后任右中郎将,与皇甫嵩等镇压颍川、汝南、陈国等地黄巾军。又围攻南阳赵弘、孙夏等率领的黄巾军。后封钱塘侯,历任少府、太仆、河内太守、河南尹、太尉等职。

⑧卢植(?—192年):东汉末年经学家、将领。灵帝时历任博士,九江、庐江太守。黄巾起义时任北中郎将,率军与张角交战失利。因皇甫嵩力救,复任为尚书。又因上谏激怒董卓而被免官,隐居上谷军都山,后被袁绍请为军师。

⑨刘虞(?—193年):东汉末年著名政治家,汉室宗亲,光帝刘秀之子东海恭王刘强之后。曾任幽州刺史、甘陵国相、宗正等职,在地方政绩卓著,颇有名望。中平五年(188年)出任幽州牧。累加至大司马,封襄贲侯。后来因为与公孙瓒意见不合,发兵进攻公孙瓒,兵败被杀。

少帝刘辩

刘辩档案

生卒年	176—190 年	在位时间	189 年四月至九月
父亲	灵帝刘宏	谥号	弘农怀王
母亲	何太后	庙号	无
后妃	唐姬	曾用年号	光熹、昭宁

刘辩，汉灵帝刘宏的嫡长子，东汉第十二位皇帝。

中平六年，灵帝刘宏病逝，刘辩继位，改元光熹，时年 14 岁，由于年幼，朝政大权完全掌握在母亲何太后以及娘舅大将军何进手中。这时东汉政权已经名存实亡，以何进为首的外戚集团和以"十常侍"为首的宦官集团争权夺利，彼此水火不容，刘辩甚至被宦官裹挟出宫。后来虽然又回到宫中，却又受到董卓①的控制。不久，只当了几个月皇帝的刘辩又被废为弘农王，成为东汉唯一被废黜的皇帝。

初平元年（190 年），刘辩被董卓谋害，年仅 15 岁，其弟献帝追谥他为怀王。

得益母后　侥幸继位

灵帝刘宏有过 10 多个皇子，但只存活了 2 个，其中一个是何皇后所生的刘辩，另一个是王美人所生的刘协。为了让刘辩能够顺利成长，灵帝将他送到宫外抚养。王美人被何皇后害死后，刘协也被送到董太后处抚养。刘辩在宫外不学无术，进宫后举止轻浮，灵帝十分反感，想要立刘协为太子，却遭到群臣反对，原因是刘辩是嫡长子，长幼有别。灵帝认为有理，又考虑到何皇后的兄长何进位居大将军，手握重兵，只好立刘辩为太子。

中平六年，灵帝病重，预感到自己时日无多，便在临终之前将刘协托付给上军校尉蹇硕。同年四月，灵帝驾崩，蹇硕欲杀死何进，拥立刘协为帝，于是假意请何进进宫议事。何进不知是计，然而蹇硕的司马潘隐与何进关系密切，用眼神暗示何进快撤。何进大惊失色，急忙退出，逃回军营，称病不能入宫。蹇硕计划流产，刘辩得以顺利继位。

宦官争权　相互残杀

刘辩继位后，尊何皇后为皇太后，将朝政大事托付给舅舅何进处理，拜袁隗②为太傅；封刘协为渤海王，后又改封陈留王。袁隗有个侄子名叫袁绍③，担任中军校尉④一职，袁绍对宦官掌权之事十分痛恨，于是建议何进除掉宦官。何进恰好与宦官蹇硕不和，正欲寻机报复，于是两人联合宦官中常侍郭胜杀了蹇硕。

何进想将宦官一网打尽，于是与袁绍拟了一份奏折上报何太后，却遭到何太后的反对。两人不服，再次商议调集各州郡兵力逼宫。很快，何进召来并州牧董卓、泰山太守王匡、东郡太守桥瑁，又加派武猛都尉丁原火烧黄河渡口孟津，逼迫何太后就范。何太后无奈，除留下少数宦官在宫中侍候后，将其他宦官统统罢免。

宦官们因此对何进等人恨之入骨。有一天，宦官首领张让趁何进入宫的机会，将他骗到尚书省杀害。何进的部下吴匡、张璋知道后，当即带兵入宫，却见宫门紧闭。这时，袁绍的弟弟袁术⑤也赶了过来，三人一起攻破城门，焚烧南宫的九龙门和东、西宫。张让惊慌失措地跑到何太后那里，说大将们造反，然后威逼何太后、刘辩、刘协等人从复道逃往北宫德阳殿。途中，何太后被尚书卢植所救。袁绍闻讯，下令关闭城门，全城搜捕宦官，无论年龄长幼，凡是没有胡须的，都要砍上几刀，城内顿时尸横遍野，血流成河，令人触目惊心。张让等人见大势已去，便挟持少帝刘辩和陈留王刘协数十人步行出宫门，入夜后到达小平津。尚书卢植、河南中部掾闵贡以及应召而来的董卓追到黄河岸边，找到了刘辩一行。时已拂晓，刘辩又渴又饿。闵贡气怒非常，杀羊为刘辩充饥。张让等人自知死路一条，遂向刘辩叩头谢罪，然后投河自尽。刘辩吓得哭哭啼啼，说不出话来，而年仅9岁的刘协则将事情的经过详细地说了一遍。董卓不禁对刘协刮目相看，加之，刘协又是董太后所养，算是一家子。于是，董卓产生了拥立刘协为帝之心。

被逼退位　惨遭毒杀

董卓因自己带来的兵士不多，担心众人不服，于是想了个办法，让士兵们夜晚到洛阳城外，第二天再大张旗鼓地进城来。他这样做果然有效，朝廷百官以为董卓召集的并州部队源源不断地到来，心中忌惮。董卓趁机收编了何进的残部和掌管京都的执金吾丁原的兵马，大大扩充了自己的实力。之后，他又唆使部下上书朝廷，推荐他担任司空一职；接着又召集群臣，逼何太后废掉少帝刘辩，贬为弘农王，改立刘协为帝。

初平元年，袁绍起兵讨伐董卓，董卓派郎中令李儒给弘农王刘辩送去毒酒。刘辩知道自己必死无疑，请求允许他与爱妃唐姬诀别。酒过三巡，刘辩悲从中来，要唐姬为自己跳舞。唐姬一面舞动长袖，一面悲歌，引得在座之人无不掩面而泣。刘辩哽咽着说："你既已是王者妃，就不可能再做安居乐业的黎民之妻了，你要自爱，永别了！"说完饮毒酒自尽，时年15岁。

注释：

①董卓（？—192年）：东汉末年军阀、权臣，本为凉州豪强，灵帝时任并州牧。少帝时，大将军何进谋诛宦官，召他进京。他进京后，废

少帝，立献帝，并挟持号令，专断朝政。官至太师，封郿侯。后为王允、吕布所杀。

②袁隗（？—190年）：东汉大臣，灵帝时任大鸿胪、司徒等职。献帝时为太傅，与袁绍共同辅佐大将军何进执政。董卓专权后，袁绍兄弟起兵反卓，董卓恐其为内应而将其全家杀害。

③袁绍（？—202年）：东汉末年军阀，出身于"四世三公"的世家大族。与董卓对立，被推举为关东联军首领。先后占据冀州、青州、幽州、并州，并以易京之战统一河北，势力达到顶峰。建安五年（200年）在官渡被曹操打败，不久病逝。其子袁谭、袁尚互相攻击，先后为曹操所灭。

④中军校尉：官名，东汉中平五年始置，为西园八校尉之一，统领禁军的主要将领。

⑤袁术（？—199年）：袁绍之弟，曾与袁绍、曹操等共讨董卓。后与袁绍反目为敌，割据扬州，并于建安二年（197年）在寿春称帝，建号仲家，穷极奢侈，民多饥死，江淮地区残破不堪。后为曹操所破，病逝。

献帝刘协

刘协档案

生卒年	181—234 年	在位时间	189—220 年
父亲	灵帝刘宏	谥号	孝献皇帝
母亲	王美人	庙号	无
后妃	伏皇后、曹皇后	曾用年号	初平、兴平、建安、延康

刘协，字伯和，汉灵帝刘宏次子，汉少帝刘辩异母弟，东汉最后一位皇帝。

刘协未满月就失去了母亲，被董太后收养，故称"董侯"。他先被封渤海王，后改封陈留王。

中平六年，少帝刘辩被董卓废黜，刘协被立为皇帝，时年9岁。董卓被王允①和吕布②诛杀后，其部将李傕（què）等攻入长安，再次挟持了刘协，后来刘协逃出长安，重新回到洛阳。建安元年（196年），曹操控制了刘协，并迁都许县，挟天子以令诸侯。建安二十五年（220年），曹操病死，刘协被曹丕控制，随后被迫禅位于曹丕。

青龙二年（234年），刘协驾崩，终年54岁，谥号孝献皇帝，葬于禅陵。

刘协是东汉最后一位皇帝，虽然聪明睿智，可惜生不逢时，才能得不到施展。

生逢乱世　白捡帝位

刘协的母亲王美人是五官中郎将③王苞的孙女，举止优雅，通情达理，姿容美艳，深得灵帝喜爱，进宫不久便怀孕了。她深知何皇后的性格，因此不敢声张，偷偷地服用堕胎药，但没有成功。何皇后得知王美人生下一子，感到了巨大的威胁，于是派人给王美人下药，将其毒杀，所以刘协还在襁褓中就失去了母亲。后来灵帝查明了事情真相，但因为何皇后的兄长何进手握重兵，灵帝也不敢处置她。但灵帝从这一事件中得到了教训，为了防患于未然，将刘协送到董太后宫中，使刘协逃过一劫，顺利长大成人。

灵帝晚年时身体每况愈下，册立太子的问题迫在眉睫，按理应立何皇后所生的刘辩为太子，但刘辩从小寄养在民间，缺少教养，举止轻浮，没有一国之君的威严。相反，年幼的刘协因为自小在永乐宫中长大，经董太后悉心抚养和调教，举止彬彬有礼，很受灵帝喜爱；又因为他的母亲王美人死于非命，灵帝心中怜惜，有意立他为太子。但这一决定违反了立嗣以嫡长为先的规定，所以遭到群臣反对，只好不了了之。

中平六年，灵帝病逝，刘辩继位，刘协被封为渤海王，后改封陈留王。这以后不到一年的时间里，朝中接连发生政变，在反复的争权夺利之中，刘协和少帝刘辩落入权臣董卓之手。董卓对年少智慧的刘协颇为赏识，遂产生了废帝立新的想法。回到京城后，董卓以武力控制了局势，先是逼少帝刘辩罢免司空刘弘，自己取而代之，之后又召集百官议事，宣布废掉少帝，改立刘协为帝。百官闻之大惊，但又敢怒而不敢言。次日，董卓正式迎立刘协为帝。

受人挟持　身如浮萍

因为东汉最后几位皇帝昏庸无能、荒淫无道，致使民不聊生，怨声载道，天下大乱。豪杰打着兴复汉室的名义相互讨伐，形成了军阀混战的局面。刘协作为被争抢的对象，在乱世中艰难求生。

董卓居功自傲，完全将刘协当作傀儡，随意摆弄。他先是自封为相国，后又加封太师，上朝佩剑着履，一人独揽朝纲，位居各诸侯王之上。而且，董卓心狠手辣，荒淫无道，纵容手下在洛阳城内滥杀无辜，遇见美女就抢来供自己享乐，激起了很大的民愤。初平元年，各地州郡牧守从关东起兵，向洛阳进发，讨伐董卓，史称"关东军"。在袁绍的带领下，关东军从东、西、北三面包围洛阳，兵临城下。而此时黄巾军又流转三辅，董卓派兵镇压失败，他自知不敌，就挟持着刘协逃往长安。到了长安后，董卓仍不知收敛，继续烧杀抢掠，以致民怨沸腾。初平三年（192年），司徒王允借吕布之手将董卓杀死。

其实，刘协并非昏庸无能，只是手中无权罢了。兴平元年（194年），天下大旱，粮价暴涨，百姓困苦不堪。刘协下诏开仓放粮，但御史侯汶弄虚作假，克扣赈灾粮，中饱私囊。消息传到宫中后，刘协大怒，严惩了侯汶。

兴平二年（195年），李傕、郭汜（sì）发生内讧，各自为政。郭汜有意劫持刘协以令诸侯，不料消息走漏，反而被李傕捷足先登，将刘协、皇后、宫人以及百官统统劫持。郭汜十分愤怒，率兵围攻长安数月，致使长安城变为一片废墟。幸运的是，刘协在李傕的部下杨奉、杨定、董承④等人的保护下出逃，脱离两人的控制，回到了洛阳。

这时，中原军阀割据，遍地烽火，中原地区有袁绍、曹操两大势力互相争斗，南方有孙策⑤占据江东，刘表⑥占据荆州，刘璋雄据益州，韩遂、马腾占据凉州，公孙度占据辽东。大家听说刘协返回洛阳的消息，都想把他控制在手里，取得号令天下的话语权。其中，以袁绍和曹操实力最强，而曹操的速度又最快，他第一个进入洛阳城，控制了刘协，"挟天子以令诸侯"。后来，曹操带着刘协到许昌安顿下来。

写衣带诏　寄望刘备

天下大乱之际。汉室后裔刘备也打着效命朝廷、镇压叛乱的旗号组织了一支队伍，进剿黄巾军。刘备是河北涿县人，其先祖中山靖王刘胜是汉景帝的儿子，所以刘备也算是刘协的远房叔叔。中平三年，因镇压张纯叛乱有功，刘备被封为安喜县县尉，从此步入仕途。

当时徐州刺史陶谦和曹操有不共戴天的杀父之仇。为了报仇，曹操亲率大军攻打陶谦，攻破徐州管辖内的彭城、傅阳、取虑、睢陵、夏丘五城。陶谦奋力死守，曹操攻城未遂，带兵退去。不久，陶谦一病不起，临终前将刘备叫到床前，把徐州托付给他。后来，吕布也想吞并徐州，和袁术一起对刘备发起攻击。刘备不敌，只好放弃徐州，投到曹操旗下。曹操不计前嫌，封他为豫州牧。刘协也因为血缘关系很喜欢刘备，拜他为左将军、宜城侯，尊称为皇叔。

曹操生性多疑，对刘备表面赏识，努力培植，暗中却处处防备他。刘备深知曹操为人，所以行事十分小心。为了避免惹祸上身，他每天只在家中种花养草，很少外出。时间久了，曹操见刘备胸无大志，渐渐放下心来。

建安四年（199年），刘协因不堪曹操的摆弄，乘如厕时写了一封血书，藏进一条用白玉镶嵌的衣袋里，以赏赐的方式送给岳父董承。董承回到家中后发现了那封血书，上面写道："朕闻人伦之大，父子为先；尊卑之殊，君臣至重。近者权臣操贼，出自阉门，滥叨辅佐之阶，实有欺罔之罪。连接党伍，败坏朝纲，敕赏封罚，皆非朕意。凤夜忧思，恐天下将危。卿乃国之元老，朕之至亲，可念高祖创业之艰难，纠合忠义两全之烈士，殄灭奸党，复安社稷，除暴于未萌，祖宗甚幸！怆惶破指，书诏付卿，再四慎之，勿令有负！"

董承接受圣命，秘密将工部侍郎王服、长水校尉⑦种辑、议郎吴硕、昭信将军吴之兰和左将军刘备召到家中，取出皇帝诏书让大家观看。众人都非常气愤，表示愿意一起谋事。

但没过几天，刘备认为曹操发现了衣带诏的秘密，开始寻找逃跑的机会。事有凑巧，袁绍派他的儿子到青州去接应袁术，必须经过徐州。刘备对徐州的地理非常熟悉，所以曹操命令他和朱灵⑧等一起去截击袁术。曹操的谋士郭嘉⑨听到这个消息，急忙劝曹操说："刘备诡计多端，阳奉阴违，如果让他出城，无异于放虎归山。"曹操恍然大悟，立即派人去追，但为时已晚，刘备已经带领张飞、关羽奔徐州而去。

事情不幸被郭嘉所言中，刘备打败袁术，夺取徐州，杀死徐州刺史车胄，让关羽镇守下邳，他自己则回到了小沛。附近郡县的百姓见刘备又回来了，十分高兴，纷纷前来投奔，刘备很快就拥有了数万士兵。为了抗击曹操，他决定与袁绍联合。曹操听闻刘备造反，恼羞成怒，派司空长史刘岱⑩和中郎将王忠前去攻打，结果大败而归。

密谋暴露　惹怒曹操

建安五年，有人向曹操告发了"衣带诏"事件，刘备因为提前逃走而躲过一劫。曹操命令将所有参与此事的人全部处死，并株连三族。之后，曹操仍不罢休，又趁机杀死了一大批效忠刘协的朝臣，将更多的亲信安插在刘协身边。

曹操的暴行震惊全国，为了帮助刘协除掉曹操，伏皇后写了一封信给自己的父亲伏完⑪，尽数曹操罪状，请父亲帮助推翻曹操，但伏完慑于曹操的威势，始终不敢行动。建安十九年（214年），伏家的一个下人无意中发现了这封密信，马上拿着这封信去找曹操告密邀功。曹操见信大怒，自作主张让尚书令华歆⑫起草废后的诏书，之后又逼迫刘协盖上玉玺。

伏皇后被关进监狱，幽闭而死。曹操还毒死了伏皇后的两个儿子，处死伏家氏族100多人。

建安二十年（215年），曹操立自己的女儿曹节为刘协的皇后。

被迫禅让　东汉灭亡

建安二十五年（220年），曹操病逝，其子曹丕承袭魏王。

早在曹操生前，孙权就曾劝曹操称帝，曹操认为时机尚未成熟，不但没有行动，还将孙权寄来的书信展现给大家看。他这样做一是为了向人们表明他无心称帝，二是也在为自己将来称帝做舆论上的准备，同时观察群臣的反应。果然，侍中陈群[13]第一个上前说道："汉祚已终，丞相宜正大统。"曹操平静地说："若天命如此，我倒愿意做周文王。"历史上，姬昌反对商朝的统治，三分天下而有其二。他的儿子周武王最后推翻商朝，建立了周朝，尊姬昌为文王。曹操此话暗示自己就是文王姬昌。

曹丕非常明白父亲的心思，在曹操死后不久就让手下人捏造出种种祥瑞，大肆造谣，说汉朝气数已尽，应该由魏朝来替代。之后，他又命部下华歆等人当先行官，到都城许昌逼迫刘协让位。

华歆等人闯进宫中，向刘协说明来意。刘协闻言大吃一惊，急忙起身往后走。华歆见状慌忙追赶，到了中宫，他们迎面碰见曹皇后从里面走出来，刘协向曹皇后哭诉道："华歆奉你兄长之命，前来夺取帝位。"曹皇后便绕过刘协，拦在华歆面前，怒斥道："尔等贪恋富贵，竟敢谋反，实在胆大妄为。想当初家父功盖寰宇，尚始终奉汉为臣。而家兄刚刚承袭父位，初蒙皇恩，又怎会夺取帝位？哀家不信，家兄定是受了尔等奸佞之人的唆使，才鬼迷心窍。"曹皇后毕竟不同于伏皇后，华歆不敢造次，只得退了回去。

几天后，有人来报，曹丕即将到达许昌。华歆急忙召集群臣，并请刘协出来，将事先写好的诏书交给他。刘协无奈，只得勉强应承，派御史大夫张音将诏书送到曹丕手中。诏书中写道："朕在位三十二年，适逢天下动荡反复，得蒙先祖护佑，得有今日。朕知大汉气数已尽，天命转归曹氏。远古时代，唐尧未将帝位传给其子朱丹，反而传于虞舜。同样，虞舜也没有将帝位传给其子商均，而是选择了夏禹。依此可见，朝代有盛有衰，帝王不在一姓一家。因此，朕有意效仿唐尧虞舜，将帝位传于魏王，还望勿作推辞。"

曹丕接到诏书后假意推辞了一番，暗中仍然指派大臣向刘协施加压力。张音返回许昌，将曹丕的意思告知华歆等人。华歆连忙召集众人联名上书，请求曹丕到许昌登基；之后又闯入宫中，逼迫刘协交出玉玺。刘协为了自保，说道："玉玺在皇后手中。"华歆又向曹皇后索要，曹皇后不允，华歆不敢逼迫，派人向曹丕请示。曹丕也不再掩饰，派曹洪、曹休带兵入宫，强夺玉玺。曹皇后非常生气，将玉玺抛出窗外，边哭边说："出此逆贼，天理何容！"

曹洪得到玉玺，派张音将玉玺送交曹丕。曹丕仍旧假惺惺地客气了一番，命人将玉玺和诏书退回。这时，有100多位朝廷官员联名上书，逼迫刘协退位。刘协只得再次写了诏书，说道："大汉气数已尽，此属天命，非人力可以改变。朕空守虚位，有悖古意，心中深感不安。所以恳请魏王早日登基，才能顺应天意，符合民心，此乃朕最大的愿望。"

御史大夫张音又一次将诏书送到曹丕手中，曹丕终于接过了诏书。

延康元年十月，刘协被封为山阳公，曹皇后为山阳夫人，被勒令搬出皇宫，但是仍然可以享用汉天子礼乐，也算是优厚的待遇。

刘协禅位，结束了200多年的东汉统治。14年后，即魏青龙二年，刘协驾崩，终年53岁，谥号献帝，以汉天子的礼仪葬于禅陵。

注释：

①王允（137—192年）：东汉末年大臣，初为郡吏，曾捕杀宦官党羽。灵帝时任豫州刺史，镇压黄巾起义。初平元年任司徒。后与司隶校尉谋诛董卓，并联络吕布刺死董卓。不久，董卓部将李傕、郭汜等攻入长安，王允兵败被杀。

②吕布（？—199年）：东汉末年名将，善弓马，号"飞将"。初从并州刺史丁原，杀害丁原后归附董卓，又与王允合谋诛杀董卓。后任奋威将军，封温侯，割据徐州。建安三年（198年）在下邳为曹操所败，被俘杀。

③五官中郎将：官名。秦置，西汉隶光禄勋，主中郎，秩比二千石。东汉时，部分侍郎、郎中亦归其统率。职掌宿卫殿门，出充车骑。东汉初年或参与战事，又协助光禄勋典领郎官选举，有大臣丧事，则奉命持节策赠印绶或东园秘器。

④董承（？—200年）：灵帝母董太后之侄，女儿为献帝贵人。历任安集将军、卫将军、车骑将军。

⑤孙策（175—200年）：破虏将军孙坚长子、吴大帝孙权长兄。东汉末年割据江东一带的军阀，孙吴政权的奠基者之一。曹操任为讨逆将

军,封吴侯。后遇刺身亡。

⑥刘表(142—208年):东汉远支皇族,初平元年任荆州刺史,据有今湖南、湖北地区,对割据势力的战争采取观望态度。后病死,其子刘琮投降了曹操。

⑦长水校尉:官名。汉武帝置,八校尉之一,掌屯于长水与宣曲的骑兵,秩比二千石。所属有丞及司马、胡骑司马各一人。长水,关中河名;宣曲亦河名。东汉时属北军中侯,校尉秩比二千石。

⑧朱灵:初为袁绍部将,后归顺曹操,官至后将军,封高唐侯。

⑨郭嘉(170—207年):三国时曹操谋士,原为袁绍部下,后转投曹操,任司空军师祭酒,多谋善断。从征十一年,运筹策划,对统一北方有所贡献。

⑩刘岱(?—192年):汉室宗亲,汉末群雄之一,官至侍中、兖州刺史。

⑪伏完(?—209年):东汉末年大臣,累世名儒,桓帝之女阳安长公主之夫,伏皇后之父。历任辅国将军、中散大夫、屯骑校尉。

⑫华歆(157—232年):汉末至三国曹魏初年名士、重臣。灵帝时举孝廉,任尚书郎。献帝时任豫章太守。后被曹操征入京,任尚书、侍中,代荀彧(yù)为尚书令。魏文帝时任司徒。

⑬陈群(?—236年):三国时著名政治家、魏国重臣,初为刘备别驾,后归曹操,任司空掾。曹魏建立后任尚书,建议选任官吏,实行九品中正制。魏明帝曹叡继位后,任司空,与曹真、司马懿共同辅政。

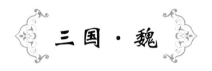

三国·魏

文帝曹丕

曹丕档案

生卒年	187—226 年	在位时间	220—226 年
父亲	曹操	谥号	文皇帝
母亲	卞氏	庙号	世祖
后妃	甄皇后、郭皇后、李贵人	曾用年号	黄初

曹丕,字子桓,豫州沛国谯县人,曹操第二个儿子,三国时期著名的政治家、文学家,魏国的开国皇帝。

曹丕聪慧过人,文能安邦治国,武能纵横天下,8岁提笔作诗吟赋,11岁跟随父亲征战沙场,是三国时期非常杰出的英雄人物。建安二十二年(217年),曹丕被立为魏王世子。建安二十五年,曹操逝世,曹丕继任丞相、魏王。同年,曹丕逼迫刘协禅位,登基称帝,结束了汉朝400多年的统治,建立了魏国。

曹丕执政期间,采取宽厚仁爱、轻徭薄赋的政策,在很大程度上缓解了社会矛盾,安定了人民的生活,为北方的繁荣富强做出了巨大贡献;在军事上,他击退鲜卑,和匈奴、氐、羌等民族修好,恢复了汉朝在西域的建制,稳定了边境;同时,他在文学方面也有所建树,于诗、赋、文论皆有成就，尤其擅长五言诗，与父亲曹操和弟弟曹植①并称"三曹"，今存《魏文帝集》二卷。另外，曹丕著有《典论》，当中的《论文》是中国文学史上第一部系统的文学批评专论作品。但是，曹丕心胸狭隘，与宗室子弟自相残杀，因而饱受诟病。

黄初七年（226年），曹丕驾崩于洛阳，时年40岁，谥号文皇帝，庙号世祖，葬于首阳陵。

兄弟争储　煞费心机

汉中平四年（187年）冬天，曹丕生于沛国谯县，是曹操与卞夫人所生的长子。据说曹丕出生后，头顶始终有一片车盖状的彩云环绕，看到的人都说他将来是帝王之命。曹丕自幼聪颖，广学博贤，饱读诗书，为以后在文学上取得辉煌成就打下了良好的基础。曹丕5岁开始学习骑马射箭，后来跟着曹操南征北战，磨炼出了坚毅的性格和过人的胆识，也练就了雄心壮志。建安二年，曹操与张绣②大战，曹军失利，被团团包围，曹丕的大哥曹昂、堂兄曹安民以及军中猛将典韦均战死沙场，而曹丕却骑马成功突围，时年11岁。

此时正是曹操"挟天子以令诸侯"、中原局势未稳之时，曹操带兵四处征战，其间，曹丕多次率军出征，战功赫赫，深受曹操器重。

建安十三年（208年），赤壁之战后，魏蜀吴鼎立，东汉名存实亡。建安十八年（213年），曹操自封为魏公，加九锡③，后改封魏王，与皇帝不过一字之差。很多部下都劝他登基称帝，但曹操出于政治考虑，没有采纳，而是将称帝之事留给了曹丕。

不过，对于这个君王的位置，曹丕的兄弟们也垂涎不已，不想拱手相让。曹丕的第一个强有力的对手是曹冲。曹冲在兄弟中排行最小，与曹丕同父异母，自幼聪慧过人，英俊潇洒。他在五六岁的时候便显示出过人的智慧，历史上著名的典故"曹冲称象"就是讲的他。曹冲不仅聪明，还有一颗难得的善心。战争年代刑法严峻，很多人仅犯了一点小错就被处死。曹冲常常去监狱中探望了解，一旦发现有冤案或者量刑过重，就去向曹操求情，经他解救出来的人有几十个，曹冲也因此得到了朝中大臣的一致称赞。曹操很喜爱这个聪明善良的儿子，甚至产生了让他继承大业的想法。可惜天妒英才，曹冲13岁就去世了。

第二个对曹丕构成直接威胁的是曹植。曹植同样文武双全，胸有大志，才思敏捷，比曹丕更强几分。建安十五年（210年），曹操在河北临漳筑铜雀台，率领诸子登台，命他们吟诗作赋。曹植时年19岁，所作文章文采出众，令人惊叹。每次曹操以国家大事相问，曹植也有独到的见解，深受曹操器重。杨修④、丁仪、贾逵⑤、王凌⑥等人都主张立曹植为世子。

然而，曹植虽然文学造诣颇高，但政治手腕却远不如曹丕高明。为了谋到世子的地位，曹丕暗中积极策划，从建安十六年（211年）受封五官中郎将起，便培植自己的势力，将朝廷中许多人都笼络到自己门下。这些人大多都是明于政治韬略而又手握重权的大臣，包括贾诩⑦、崔琰、吴质、桓阶、卫臻等，他们根据《春秋》立嫡以长之意，力主立曹丕为世子。

曹丕询问贾诩如何才能巩固自己的地位，贾诩说要宽厚仁德、简朴勤勉、兢兢业业，不失长子风范。于是，曹丕对自己严格要求，注重修养，曹操对他越来越满意。

相比之下，曹植性格豁达洒脱，不拘小节，饮酒无度，多次触怒曹操。有一次，曹植私自打开司马门而出，司马门是王宫的外门，不能随便出入，这犯了曹操的大忌。事后，曹操将赶车的官吏处死，严令曹植不得再犯，并对众臣说："当初我以为子健（曹植字）是诸子中最可定大事之人，自开司马门私出后，使我另眼看待此子了。"还有一次，曹操登上一座高台，刚好看到曹植的妻子崔氏衣着华丽，被众人簇拥着走过来，曹操向来讲究节俭，为此十分生气，毫不留情地赐死了儿媳。

尽管如此，曹操对于册立世子一事仍然犹豫不决。有一天，他找来大臣贾诩询问此事，贾诩笑而不答。曹操问其原因，贾诩回答说："臣正在思考一个问题。"曹操追问他思考的是什么问题，贾诩回答说："正在想袁本初（袁绍）、刘景升（刘表）父子之事。"曹操恍然大悟，袁绍和刘表就是因为废长立幼，使儿子们为争王位而出现手足相残的事情。曹操的基业来之不易，怎样才能长久地保持下去，是他首先要考虑的问题。贾诩的话让他幡然醒悟，坚定了立曹丕为世子的决心。

建安二十二年，曹丕终于如愿以偿，被立为世子，时年 31 岁。

建安二十五年，曹操去世，曹丕继任丞相、魏王。

培植势力　篡汉为帝

曹丕费尽心机终于当上魏王，成了汉朝实际上的最高统治者。他一上任就对有功之臣大加封赏，以贾诩为太尉、华歆为相国、王朗为御史大夫，牢牢地控制朝政大权。鉴于之前宦官当权所带来的危害，曹丕对宦官一概不予重用，只让他们做一些跑腿传话的工作。

为了培植自己的势力，曹丕采纳礼部尚书陈群的建议，创立九品中正制，即州设大中正（都中正），郡设小中正（中正），选贤能有识之士来担任，再由他们品评本郡的人才，定其高下，分为九品，送到吏部，任命为官。这种制度本来是论才任命，刚开始确实起到了一定的积极作用，但后来慢慢变质，成了由中正决定人才的任命，而担任中正的又都是当地的名门望族，因此入朝为官的大多是他们的后人或者有利益关联的人。

曹丕野心不小，就在他刚承袭丞相位的那年六月，便亲自率兵向安徽亳州开进，要讨伐吴国。孙权自知不敌，忙派人求和，奉上大批古玩珍宝。双方握手言和，曹丕退兵。之后，又有刘备部下大将孟达来降。继位不到半年时间便取得如此战果，使曹丕威望大增。

权力得到了巩固，实力得到了增强，威望得到了提高，曹丕的野心越来越大，他希望有朝一日正式取代汉帝，成为真正的皇帝。

东汉延康元年十月，刘协在左中郎将李伏、太史丞许芝和华歆等人的建议及文武百官上书威逼下，禅位于曹丕。为了让天下人知道自己的帝位是光明正大地禅让而来，而不是抢来的，曹丕特意命人建了一座禅让台，并挑选吉日良辰，准备举办一个规模盛大的禅让仪式。

禅让台建成后，刘协拿着皇帝符节和传国玉玺来到繁阳，交到曹丕手中。曹丕正式接过符节和玉玺，登上禅让台，接受文武大臣们的拜见。至此，曹丕终于如愿以偿地登上渴望已久的皇帝宝座。之后，他带领文武大臣进入都城许昌，改延康元年为黄初元年，国号为魏。这一年，曹丕34岁。

曹丕称帝之后，吸取东汉王朝的教训，压制藩王，严禁后宫外戚干政，诏令群臣不得向太后奏事，后宫的宗族不能担任辅政大臣，也不能随意获得高贵的爵位。同时设立中书省，官员改由士人充任，通过中书令、中书监将朝政大权掌握在自己手中。不过，这也导致了曹魏宗室力量的衰落，最终被司马氏夺权。

为了让老百姓休养生息，有精力发展生产，曹丕在军事上以防守为主，同时积极推行屯田制度，实行谷帛易市，减轻关税，广议轻刑，提倡节俭、薄葬，使北方地区重新安定繁荣起来。

疑心过重　兄弟遭殃

曹丕称帝后并没有得意忘形，他深知兄弟们都在虎视眈眈地注视着自己。尤其是曹植，素以才智闻名，身边又聚集了一班文人墨客，着实不容小觑，如不铲除，将后患无穷。曹植的心腹丁仪在为曹植争夺世子之位时极力出谋划策，还多次当着曹操和众大臣的面夸奖曹植有能力。曹丕称帝后，马上下令杀了丁仪，诛尽丁氏一族。

接着，曹丕命令兄弟们各自回到自己的封地，不许留在京城。曹彰因为曾跟随曹操南征北战，战功赫赫，希望能够留在京城，得到兄长的重用。但是，曹丕恐怕曹彰手握重兵，对自己造成威胁，坚决不答应。曹彰见曹丕如此无情，十分失望，不等曹丕下令就主动交出兵权，回到自己的封地中牟。

解决了曹彰的问题，曹丕又将目光转向曹植。丁仪被杀后，曹植已成惊弓之鸟，不敢有丝毫违抗之意，只提出先去祭奠父亲然后就走，但却遭到曹丕拒绝。曹植无奈，只好伤心而去，回到封地临淄。

曹魏黄初二年（221年），曹丕突然良心发现，将兄弟们一律晋升为公，唯独曹植保持原位不变。曹植郁郁不得志，终日借酒消愁。临淄侯封地的监国官灌均上奏，说他"醉酒悖慢，劫胁使者"。曹丕大怒，要治曹植杀头之罪。卞太后闻报大惊失色，急忙去找曹丕求情，曹丕表面上答应，转过头来又故意刁难曹植，令曹植必须在七步之内作诗一首，否则从重治罪。于是，曹植当场吟出了历史上有名的《七步诗》："煮豆燃豆萁，豆在釜中泣。本是同根生，相煎何太急。"曹丕听了心中十分愧疚，不禁潸然泪下。这时，卞太后从旁劝道："你是为兄之人，为什么要对自己的亲兄弟苦苦相逼呢？"曹丕回答说："我们虽为兄弟，但国法不可违。"于是将曹植贬为安乡侯，之后又迁为鄄城侯。

曹魏黄初三年（222年）三月，曹丕立皇子曹叡为平原王，同时又将自己的兄弟们晋升为王。这一次，曹植也被晋升了。不过，他们只是名义上的王，手中并无实权，每个王国分给100名士兵。兄弟间都相隔千里，不准相聚，就连出外狩猎也不准超过封地300里，还有官吏监视他们的行动。诸侯王毫无自由，惶惶不可终日。北海王曹衮为人小心谨慎，每日研究儒学，自得其乐。负责监视他的官员说，既然皇上让我们看管他们，有过错就向上汇报，现在北海王如此善于写诗，我们也应该向上汇报，为北海王请功。北海王听到后，忙阻止道："不可，这样不但帮不上忙，反而会害了我！"

任城王曹彰武艺高强、智勇双全，曹丕对他非常忌惮，一心想要除掉他。黄初四年（223年）六月，曹彰奉命进京面君。兄弟二人一起到母亲的后宫下棋。曹丕命人取来一些枣，将涂了毒药的放在曹彰面前，没有涂药的放在自己面前，边下棋边吃枣。曹彰不知是计，结果中毒，呕吐不止。卞太后急忙命人抢救，但已来不及，卞太后只好眼睁睁地看着儿子死去。

害死了曹彰，曹丕仍不罢休，又想加害曹植。卞太后及时地站了出来，训斥说："你已经杀死了我的任城王，不许再杀我的植儿！"曹丕一是慑于母命，二是考虑到曹植身为文人，不掌兵权，又性格温顺，翻不起什么大浪，最终放了他一马。这是曹植第三次从曹丕的手中逃生。

尽管兄弟们已经毫无实权，但曹丕对他们依然不放心，临终前又将他们降为县王。在这一点上，他不折不扣地继承了父亲曹操多疑的性格。但这种做法有利也有弊，在他统治时期，一方面从来没有出现过外藩强盛、起兵谋反的事件，另一方面也造成了皇室孤立无援的状态，为后来司马懿父子篡夺曹氏大权埋下了隐患。

刚愎自用　坐失战机

虽然对兄弟残酷无情，极尽打压之能事，但在治国用人上，曹丕还算比较明智。黄初二年，他提拔辽东郡守公孙恭为车骑将军，维护了当地社会的稳定。他又重用张既平定胡人叛乱，重新恢复与匈奴的关系，使魏国的统治得到巩固。

但是在战略上，曹丕又很固执己见，以至于在很多时候错失良机。他登基第二年，刘备在蜀地以恢复汉室的名义称帝，率几十万大军东讨孙权。孙权惊恐万分，急忙向曹丕投降称臣。曹丕十分高兴，众臣也都一齐向他朝贺，唯有大臣刘晔①建议说："陛下不可盲目高兴，如此天赐良机，应带兵征伐吴国。"但是，曹丕并没有把刘晔的建议放在心上，说道："吴国既然已向我投降称臣，我再去讨伐他们，岂不让天下人笑我不仁不义吗？"最终，曹丕接受了孙权投降，并派使臣前往武昌，封孙权为吴王，加九锡。

吴蜀两国交战期间，曹丕时刻关注战局。他听说刘备用树木做栅栏，连营700里，断定刘备必败无疑，不久，刘备果然被吴将打败。曹丕命孙权将儿子送到魏国做人质，但遭到孙权拒绝。曹丕大怒，决定趁吴蜀两国刚刚战毕，吴军疲惫之际，出兵讨伐。刘晔又一次提出反对意见说："陛下还是不要去，因为时机已经错过，孙权大获全胜，士气高昂，且依据江河湖川之险，我军不识水性，很难取胜。"然而，曹丕刚愎自用，执意出兵。

同年十月，曹丕亲率大军10多万到达广陵，但时局已不可同日而语。此时刘备已死，诸葛亮足智多谋，害怕吴国被灭后蜀汉独木难支，于是派使者邓芝②出使东吴，两国捐弃前嫌，重归于好，解决了东吴的后顾之忧。曹丕见东吴防备森严，而且江水波涛汹涌，舰船无法行驶，士兵们水土不服,只好下令班师回朝。然而,东吴瞅准战机,派手下大将高寿率500人组成敢死队,在曹丕回国的路上进行伏击,直攻曹丕御营,曹营顿时阵脚大乱。混乱中,高寿夺走曹丕副车羽盖并全身而退,曹丕狼狈而归。

文坛巨献　引领风骚

曹丕平生爱好文学,他的父亲曹操才高八斗,兄弟曹植更是一代文豪,加上当时邺城聚集了许多文人名士,如孔融、王粲⑩、陈琳⑪、刘桢⑫、杨修、邯郸淳⑬等,个个才华横溢,对曹丕影响很大。

年少时,曹操常年在外征战,曹丕守在家中,闲暇时候与这些文人一起饮酒作诗,不知不觉地领导了邺城文坛,对当时的文学发展起到了很大的推动作用。东汉建安十六年,曹丕被封为五官中郎将。他与文学名士往来十分密切,五官中郎将府宾客如云,名流云集。当时,"建安七子"之一孔融因与曹操产生嫌隙而被杀,王粲、陈琳等其余6人都是曹丕的座上客。东汉建安二十二年冬天,一场瘟疫在北方蔓延,徐幹⑭、陈琳等4人先后染疾病逝,曹丕不胜悲伤,写信给好友吴质说:"徐、陈、应、刘一时俱逝,痛何可言邪!"

这一年,曹丕完成了他的著作《典论》,在《典论·论文》一篇中客观地评价了几位亡友的文学成就和诗文特色,即"文以气为主",对后世的文学理论批评乃至整个文学发展方向有着深远的影响。在文章分类上,他提出四科八类,主张各种文体都要有自己的体裁特点,同时他还反对"文人相轻""贵远贱近",提倡"审己以度人"。曹丕提出,"文章是经国之大业,不朽之盛事",把文学的地位和价值提高到从未有过的高度。

南征归来　郁郁而终

黄初七年正月,曹丕到许昌将要进城的时候,城南门竟无缘无故地倒塌，曹丕大惊失色，认为是凶兆，不敢再进城，转向洛阳而去。

到洛阳后，曹丕就卧病在床，临终前，立曹叡为太子，同时命司马懿、曹真、曹休、陈群等人为辅政大臣。同年五月，曹丕驾崩于洛阳嘉福殿。

注释：

①曹植（192—232年）：曹操与卞夫人所生第三子，三国时期著名文学家，代表作有《洛神赋》《白马篇》《七哀诗》等。其诗以笔力雄健、词采华美见长，体裁丰富多样。

②张绣（？—207年）：董卓部将张济之侄，东汉末年割据宛城的军阀。初随张济征伐，后降曹操，不久又反袭曹军。曹操征袁绍时，再次投降曹操，为扬武将军，在官渡力战有功。建安十二年（207年）从征乌桓，途中因病去世。

③九锡：古代帝王赐给有大功或有权势的诸侯大臣的九种物品，分别是车马、衣服、乐则、朱户、纳陛、虎贲、斧钺、弓矢、秬鬯。记载见于《礼记》。

④杨修（175—219年）：东汉文学家，累世显贵，好学能文，才思敏捷，任丞相主簿。与曹植交往甚密，后曹植失宠，曹操因杨修有智谋，又是袁术的外甥，借故杀之。

⑤贾逵（约175—约228年）：汉末三国时期曹魏名臣，西晋开国功臣贾充之父。东汉末为弘农太守、丞相主簿、谏议大夫，后授豫州刺史，凿通运河二百余里，时称"贾侯渠"。随同曹丕伐吴，封阳里亭侯，加号建威将军。

⑥王凌（172—251年）：三国时期曹魏将领，东汉司徒王允之侄。献帝时任中山太守。魏文帝时讨吴有功，加建武将军，封宜城亭侯，历任扬州、豫州刺史，治境有方。后进封南乡侯、车骑将军、仪同三司，又迁司空、太尉。嘉平三年（251年）因不满司马懿专擅朝政，密谋拥立楚王曹彪为帝，事泄自尽，被夷灭三族。

⑦贾诩（147—223年）：东汉末年至三国初年著名谋士、曹魏开国功臣，官渡之战时力主与袁绍决战；又献计离间瓦解马超、韩遂，助曹

操平定关中。后官拜太尉，封魏寿乡侯。

⑧刘晔（？—234年）：光武帝刘秀之子阜陵王刘延的后代，三国时期曹魏著名战略家、三朝元老。年少知名，人称有佐世之才，是曹操手下举足轻重的谋士，屡献妙计，对天下形势的发展往往一语中的。

⑨邓芝（约178—251年）：东汉名将邓禹之后，三国时期蜀汉重臣。刘备占益州后任为郫令，迁广汉太守，入为尚书。曾奉命出使吴国，成功修复两国关系。后迁前军师、前将军，出督江州，迁车骑将军。

⑩王粲（177—217年）：汉末文学家、官员，"建安七子"之一。以博洽著称。先依刘表，未受重用；后为曹操幕僚，任侍中。建安二十一年（216年）随曹操南征孙权，在北还途中病逝。其诗、赋辞气慷慨，亦讲求骈俪华彩。

⑪陈琳（？—217年）：汉末文学家，"建安七子"之一。初从袁绍，后归曹操，为司空军谋祭酒，管记室。所草书檄甚多，文辞工丽，多骈偶成分。

⑫刘桢（？—217年）：汉末文学家，"建安七子"之一。为曹操丞相掾属，后为五官中郎将文学。其五言诗在当时负有盛名。后人将他与曹植并举，称"曹刘"。

⑬邯郸淳（约132—221年）：三国时期魏国文学家、书法家，博学多才，善写文章，因著有《笑林》三卷、《艺经》一卷而闻名，被称为"笑林始祖"。与丁仪、丁廙（yì）、杨修为曹植"四友"。

⑭徐幹（170—217年）：汉末文学家、诗人，"建安七子"之一。以诗、辞赋、政论著称。代表作有《中论》《答刘桢》。

明帝曹叡

曹叡档案

生卒年	206—239 年	在位时间	226—239 年
父亲	文帝曹丕	谥号	明皇帝
母亲	甄皇后	庙号	烈祖
后妃	毛皇后、郭皇后、虞妃等	曾用年号	太和、青龙、景初

曹叡，魏文帝曹丕的长子，三国时期曹魏政权第二位皇帝。

黄初七年五月，曹丕驾崩，曹叡继位，时年 21 岁。

曹叡在位期间，任人唯贤，任用大将曹真[①]、司马懿等人，成功防御了吴、蜀的多次攻伐，并且平定鲜卑之乱，攻灭公孙渊[②]，功勋卓著。然而，他在统治后期追求享乐，大兴土木，奢侈淫靡，致使曹魏政权走向衰败。

和父亲曹丕一样，曹叡也是一位文坛大家，能诗善赋，与曹操、曹丕并称魏氏"三祖"。

景初三年（239 年），曹叡驾崩于洛阳，时年 34 岁，谥号明皇帝，庙号烈祖，葬于高平陵。

聪慧仁慈　终得帝位

曹叡生于建安十一年（206年），他的母亲甄皇后原本是袁绍次子袁熙之妻，曹丕跟随父亲打仗，攻破邺城，看到甄氏年轻貌美，便据为己有。不久，甄氏怀孕，生下一子，也就是曹叡。曹叡从小聪明伶俐，勤奋好学，深受曹丕喜爱。他的祖父曹操也觉得他才志超乎寻常，曾经夸赞他"是继承家族基业的第三代人"，每逢宴会必让他与侍臣并席。曹叡博学多识，对律法尤其留意。但是，曹丕在对甄氏宠爱了一段时间之后又移情别恋，转而喜欢上了安平人郭永之女，并纳为贵人。郭贵人不但长得漂亮，而且能说会道，曹丕对她言听计从。她跟曹丕说曹叡不是他的亲生儿子，而是袁熙的儿子，曹丕信以为真，下令处死甄氏，改立郭贵人为后。曹丕本来还打算处置曹叡，但因为郭夫人一直不能生育，所以才留下他。这事使曹叡小小年纪就已经洞察后宫的凶险，为了避免惹祸上身，他"一心只读圣贤书，两耳不闻窗外事"，这才得以保全性命。

曹叡从小就有一颗仁爱之心，这直接影响到他以后的命运和治国策略。延康元年，曹丕承继魏王，曹叡也被封为武德侯。同年，曹丕废掉汉献帝，自立为帝。一次，曹丕带着曹叡出去打猎，在山林中发现两只鹿，一大一小。曹丕取出弓箭，先射死了那只大鹿，命曹叡将小鹿杀死，曹叡却没有动手，还将小鹿给放跑了。曹丕十分生气，训斥儿子。曹叡说："它的母亲被杀死，已经很可怜了，我怎么忍心再杀死它呢！"这让曹丕突然想起自己杀死甄皇后的事情，心中十分愧疚，说道："你的仁慈之心，我是比不上啊！"

曹叡虽然是嫡长子，但却因为母亲甄氏的原因而受到曹丕的冷遇。曹丕刚称帝时有意立曹霖为太子，为此他向安国亭侯卫臻[③]征求意见。卫臻只夸曹叡德才兼备，闭口不谈曹霖，曹丕只得作罢。后来，曹丕又想立旧姜徐姬之子京兆王曹礼为太子，但始终举棋不定。

曹叡曾被过继给郭皇后为养子，虽然心中很不情愿，但因为他的储位悬而未决，生活如履薄冰，不得不小心翼翼地侍候郭皇后，对其孝敬有加，深得郭皇后喜爱。同时，曹叡也很注重个人修养，结交的都是正直人士，处事十分谨慎。他在父亲面前也是毕恭毕敬，一副仁德形象。渐渐地，曹丕对这个儿子产生了爱惜之情，最终决定在9个儿子中选择曹叡为继承人。黄初七年，曹丕驾崩，曹叡继位，为魏明帝。

曹叡刚继位的时候，由大将军曹真、征东大将军曹休、镇军大将军陈群、抚军大将军司马懿共同辅政。为了巩固自己的地位，曹叡采取分而治之的方法，将这些手握重兵、实权的大臣调派出去：曹休镇守淮南，曹真镇守关中，司马懿镇守南阳。这样既使他们独当一面，又互不相连，有效地分化了他们的权力。之后，曹叡又对朝廷内部进行了改革，优待前朝老臣，取得他们的支持，然后再考察官吏，任人唯贤，罢免那些尸位素餐的官员。等他站稳脚跟之后，又回过头来削弱几位大将军的兵权。通过以上手段，他将朝政大权牢牢控制在自己手中，文武百官各司其职，兢兢业业，不敢玩忽职守。魏国的经济得到了快速发展，百姓安居乐业。

曹叡还非常注重思想文化的发展。太和四年（230年）二月四日，他特别下诏令说："凡朴实有用的文章，无不深受王教的影响。自汉末战乱以来，儒家经典衰微，人心偏离，责在官府训导不力，在官员的选拔任用上不重德行。官吏们唯有真才实学，方可胜任管理百姓的职责。以后选拔仕人，务必从严，对博学高才者予以重用，而对华而不实的无能之辈，则一律予以罢退。"为了落实自己的诏令，曹叡特意命人将文帝所著《典论》一书刻在石碑上，立于宗庙门外。

抗衡吴蜀　北取辽东

太和元年（227年）春，蜀汉的诸葛亮瞅准时机，想要辅助后主刘禅统一中原，于是亲率大军进驻汉中，准备向魏国发动攻击。曹叡想趁诸葛亮大军立足未稳，来个先发制人，但散骑常侍孙资反对说："此时进攻诸葛亮，不但道路艰险，而且必须调动我们用来阻挡东吴的十几万精兵，这要消耗大量的国力，天下也必将一片混乱。陛下不如派大将分别把守险要之地，足以抵挡蜀军的进攻，不出几年时间，我们就会强盛起来，而东吴和蜀汉也会衰弱下去，到那时胜负自然可分。"曹叡觉得孙资言之有理，于是采纳了这一意见。

太和二年（228年）春，诸葛亮再次出兵北上，准备先取陇右，再进军关中。曹叡派大将夏侯楙（mào）率兵迎战，结果大败。蜀军势如破竹，很快占领天水、南安、安定。曹叡从容不迫，命右将军张郃④和曹真领兵5万阻击诸葛亮，自己御驾亲征，军中士气高涨。张郃抵达街亭，与蜀汉大将马谡相遇，马谡违背诸葛亮的指挥调度，又不听劝阻，舍弃水源，选择登上南山，结果被张郃夺走街亭，使诸葛亮失去了进攻的据点和有利地形，蜀军无功而返。

青龙二年，诸葛亮再度北伐，与司马懿会兵。司马懿采取凭险坚守、拒不出兵的策略，一直拖到诸葛亮病死于五丈原，蜀军不得已撤退。此后，两国之争告一段落。

青龙三年（235年），司马懿因抗敌有功，被提升为太尉，从此掌握了魏国兵权。

在蜀魏相争的同时，东吴也对魏国发动了几次大小不等的进攻。黄初七年八月曹丕驾崩的消息传到东吴，孙权认为灭魏的时机到了，于是亲率大军进攻魏国江夏郡⑤，魏国大将文聘坚守不出。众臣建议曹叡派兵救援，曹叡却毫不慌张地说："孙权优于水上作战，而今竟然弃水登陆，优势不再，只想凭侥幸心理获胜。只要文聘不出城应战，孙权待不了多久就会回去的。"果然没过多久，孙权自动退兵。众臣都十分佩服曹叡的判断能力。

景初二年（238年），辽东太守公孙渊叛乱，曹叡命司马懿领兵4万平叛。司马懿避开公孙渊的阻击，直奔其老巢襄平城，适逢连日暴雨，平地水深三尺，消息传到京城，文武百官都十分担心，建议曹叡撤军。曹叡却说："不怕，司马将军遇到困难，自有解决的办法。你们放心，用不了几天，司马将军肯定能捉住公孙渊。"果然，不几日，洪水退去，司马懿率军团团包围襄平城，经过奋力拼杀，攻破城池，杀死公孙渊，大胜而归。

纵欲无度　英年早逝

曹叡为君英明，却喜好营建宫室。刚继位他就忙着给母亲甄皇后修建陵墓，之后又不顾朝中大臣的劝阻，执意修建宫殿和皇家祭庙。

太和六年（232年），曹叡又在许昌大兴土木，修建景福殿、承光殿。之后，他又传令修建洛阳宫、昭阳殿、太极殿、总章观等。大量民夫被征调到洛阳，致使土地无人耕种，农田荒芜。司空陈群上书劝阻，曹叡依然不听。

对于忠臣的劝说，曹叡虽然不听，但也不为难他们。而负责监工的官员可就没有那么好运了，因为宫殿没有按期完成被杀的不在少数。

为了自己出游方便，曹叡督促马钧⑥制造了指南车，然后乘车出游，无论在哪里遇到美貌女子，都要带回宫中。后宫美女达千人之多，费用几乎超过了军费。他还挑选了多位识字的宫女担任女尚书，让她们负责处理朝政事务。而他稍有空闲，便和嫔妃们纵情享乐，无休无止。

由于纵欲无度，曹叡未老先衰，在三个儿子先后夭折后，再也没有生下儿子。廷尉高柔⑦劝他说："这恐怕是陛下嫔妃太多的原因，不如陛下挑一些贤淑的美女留下，其余的都遣送回家。等陛下养好身体，再临幸后宫，才能多子多孙。"曹叡却敷衍说："爱卿说得很有道理，以后希望你多多进言。"之后，他依然我行我素。

青龙三年，曹叡见自己生子无望，便从宗室中领养了两个儿子：一个名芳，封为齐王；一个名询，封为秦王。

景初二年腊月的一个夜里，重病缠身的曹叡躺在床上，忽然一阵阴风吹灭了宫灯。他触景生情，十分悲伤，想到两个儿子尚年幼，无法管理朝政，决定让曹爽、司马懿辅政。

司马懿正在前往长安的路上，接到曹叡急召，以为宫中生变，于是快马加鞭，日夜行军回到洛阳。此时曹叡已奄奄一息，他握着司马懿的手说："我之所以还有一口气在，就是为了等你回来。现在我的儿子年幼无知，只有靠你和曹爽辅助他了！"之后，他将齐王曹芳叫到床前说：

"以后继位的就是他了。"司马懿安慰道:"陛下放心,先帝不也是将陛下托付给了我吗?"曹叡遂放下心来,说:"有你这句话我就放心了!"这一幕临终托孤的场面,感动得在场的人都流下泪来。景初三年正月初一,曹叡驾崩于洛阳宫嘉福殿。

注释:

①曹真(?—231年):三国时期魏国名将,曹操养子。曹丕继位后,拜为镇西将军、都督雍凉诸军事,负责镇守西北边境,封东乡侯。迁使持节、上军大将军,都督中外诸军事。曹丕病重时接受遗诏,成为辅政大臣之一。曹叡继位后拜大将军,封邵陵侯。太和二年率军抵御蜀国诸葛亮进攻,迁大司马。后因病去世。

②公孙渊(?—238年):三国时辽东地方割据军阀,辽东太守公孙度之孙、左将军公孙康之子。太和二年夺其叔公孙恭位,被魏明帝拜为扬烈将军、辽东太守。后遣使南通孙权,被立为燕王。因害怕魏国讨伐,又斩杀吴使讨好魏国,被授为大司马,封乐浪公。景初元年(237年)叛魏,自立为燕王,又诱鲜卑侵扰北方。次年八月为司马懿所斩杀。

③卫臻(生卒年不详):汉末至三国曹魏大臣,初为黄门侍郎,后为曹操参丞相军事。魏文帝时封安国亭侯,迁尚书、侍中、吏部尚书。魏明帝时任尚书右仆射,晋封康乡侯。抗击诸葛亮期间任征蜀将军。后来历任光禄大夫、司空、司徒,晋爵长垣侯。正始九年(248年)因不愿党附曹爽而去职。

④张郃(?—231年):汉末三国时期曹魏名将,早年参与镇压黄巾起义,归属袁绍后任宁国中郎将。官渡之战后归曹操,任左将军。魏明帝时率军西拒诸葛亮,在街亭大破蜀将马谡。诸葛亮再次攻魏时,他率军在木门作战,中箭身亡。

⑤江夏郡:汉高祖六年置,一说西汉元狩二年(前121年)置。治西陵,辖今湖北钟祥、潜江、仙桃、嘉鱼、赤壁、崇阳等市县以东,及河南光山、新县以西,信阳市以东,淮河以南地。三国时分属魏、吴两国,各置江夏郡,魏郡治上昶(chǎng)城,吴郡治武昌。

⑥马钧：三国时机械制造家，曾任博士、给事中。曾改进灌溉用的提水机具和笨重的织绫机，试制轮转式发石机，还原指南车，改制诸葛连弩等。

⑦高柔（174—263年）：三国时期曹魏大臣，以善于治法闻名。魏文帝时任治书侍御史，赐爵关内侯，转加治书执法，累官至司徒。高贵乡公时拜太尉，封安国侯。

齐王曹芳

曹芳档案

生卒年	232—274 年	在位时间	239—254 年
父亲	任城王曹楷	谥号	厉公
母亲	不详	庙号	无
后妃	甄皇后、张皇后等	曾用年号	正始、嘉平

曹芳，字兰卿，魏明帝曹叡养子，三国时期魏国第三位皇帝。

青龙三年，曹芳被封为齐王。景初三年，曹叡病逝，曹芳继立为帝，时年36岁。嘉平六年（254年），司马师掌权，废曹芳为齐王，改立高贵乡公曹髦（máo）为帝。司马炎代魏称帝后，改封曹芳为邵陵公。

泰始十年（274年），曹芳病逝，时年43岁，谥号厉公。

庶子继位　权落他手

据《魏氏春秋》记载，曹芳是曹操的曾孙、曹彰的孙子、任城王曹楷的儿子。因为曹叡的几个皇子先后夭折，后继无人，只好从宗室近族中领养了两个儿子，其中一个就是曹芳。景初三年，曹叡临终托孤，让司马懿和曹爽共同辅政。曹爽才能平平，但是对曹叡忠心耿耿；而司马懿谋略过人，才智不输诸葛亮，为魏国立下过汗马功劳。可是，曹叡没有想到的是，他死后不久，曹爽和司马懿就成了政敌。

无论年龄还是资历，曹爽都和司马懿相差甚远，军事才能更不用说了。但曹爽善于拉帮结派，他与大臣何晏等人结成集团，排挤司马懿，明里把司马懿升为太傅，实际上却削弱了司马懿在朝廷中的权力。曹爽任命自己的弟弟曹羲为中领军、曹训为武卫将军、曹彦为散骑常侍①，其余诸弟皆以列侯侍从守卫宫廷，把朝廷大权牢牢控制在自己手里。司马懿在斗争中明显处于劣势，为避免引来杀身之祸，他以年老多病为由向朝廷请辞，在家闭门谢客，暗地里却联络心腹、积蓄力量，准备与曹爽一决高下。

曹爽对司马懿也不放心，派亲信李胜前去探听虚实。司马懿装出重病在床的样子，让两个女仆搀扶着走出来，勉强和李胜坐着说话，言语颠三倒四，口齿不清，双手发抖。李胜信以为真，向曹爽汇报说："司马公已经形神离散，只剩一口游丝，不必担忧。"曹爽这才放下心来。

辅臣内斗　司马掌权

司马懿虽然请辞了，但他的儿子司马师还担任中护军，握有一定兵权，同时，他又暗中组织了一支3000人的敢死队，并争取到了太尉蒋济等人的支持，随时准备发动政变。

嘉平元年（249年），司马懿等待的时机终于来到了。曹芳到高平陵去为明帝扫墓，曹爽、曹羲、曹训、曹彦兄弟四人随同，洛阳城内空虚。司马懿以迅雷不及掩耳之势发动了政变，他关闭城门，控制了洛阳城，逼迫郭太后写下削除曹爽兵权的诏令，派人送出城外。曹爽等人不知如何应付。恰在这时，大司农②桓范③从城内逃出，见到曹爽等人，建议他们带领皇帝赶往许昌，然后再调集外面的军队来剿灭司马懿。但曹爽惊慌失措，毫无主见，不知如何是好。这时，司马懿又派人来，说只要曹爽交出兵权，绝不为难他，可以平安回到洛阳，还能保留爵位。

桓范再三劝说曹爽等人千万不可上当，但曹爽对司马懿的话深信不疑，说："司马懿只是为了夺我的兵权，我回到洛阳，仍然可以做一个富家翁。"于是曹爽答应交出兵权，回到了洛阳。司马懿虽然暂时放过了曹爽等人，但不久便罗列出曹爽兄弟等人的罪名，全部处死，并诛灭三族。

司马懿顺利掌握了兵权，但有很多官员心中不服，想要推翻他。嘉平三年（251年），太尉王凌在扬州发兵，企图推翻司马懿，废掉曹芳，改立曹彪为帝。不料消息走漏，司马懿得知后，决定先发制人，亲率大军前去平叛，大败王凌并逼他自尽。

政变失败　被废下台

司马懿掌握大权后不久便去世了，由他的儿子司马师继续辅政，任抚军大将军，总揽军政大权，一点也不把曹芳放在眼中。

曹芳渐渐长大，越来越不愿做受人控制的傀儡，便找中书令李丰④、太常夏侯玄⑤、光禄大夫张缉商讨除掉司马师，夺回权力。张缉为张皇后之父，对司马家族极为不满。夏侯玄是曹爽的亲戚，因为受到曹爽的牵连，也被削了兵权。李丰虽然是被司马懿提为中书令的，但是他和张缉、夏侯玄的关系十分密切。四人经过商议，决定寻找机会除掉司马师，夺回皇权，替曹爽报仇。

但是，他们过于轻视对手，司马师的爪牙遍布皇宫内外，他得知消息后，当即处死了李丰，张缉、夏侯玄被处斩，并夷灭三族。之后，司马师又带剑闯入皇宫，威逼曹芳交出张皇后。曹芳替张皇后求情说："犯罪的是她的父亲，皇后与此事没有关系，就饶她一命吧！"司马师呵斥道："她的父亲犯了如此弥天大罪，她还怎么有资格来当皇后呢？必须立即废掉！"曹芳不敢违抗，只好狠心废掉张皇后。

嘉平六年九月十六日，司马师假借郭太后的名义召集群臣，说道："曹芳荒淫无道，祸国殃民，没有资格当皇帝，应该回他的封地齐国去。"曹芳见大势已去，只好交出玉玺，回齐国去了。

曹芳8岁继位，23岁退位。西晋建立后，曹芳又被封为邵陵公，于泰始十年病逝。

注释：

①散骑常侍：官名。三国曹魏初年置。入则规谏过失，备皇帝顾问，出则骑马散从。

②大司农：官名。西汉武帝太初元年改大农令置，简称大农。秩中二千石，列位九卿。掌管全国租赋收入和国家财政开支。

③桓范（？—249年）：三国时期曹魏大臣、文学家、画家。魏明帝时，历任中领军、尚书、征虏将军、东中郎将、兖州刺史等。正始年间升任大司农，为曹爽出谋划策，号称"智囊"。"高平陵政变"后被司马懿诛杀。

④李丰（？—254年）：三国时期魏国大臣，以品评人物而闻名。魏明帝时历任黄门郎、给事中、永宁太仆等职。正始年间升任侍中、尚书仆射。司马懿死后拜中书令。

⑤夏侯玄（209—254年）：三国时期魏国玄学家、官员，征南大将军夏侯尚之子。曾任征西将军，都督雍、凉州诸军事。后中书令李丰等拟谋杀司马师并夺取司马氏的权力，拥其辅政，事泄被杀。

高贵乡公曹髦

曹髦档案

生卒年	241—260 年	在位时间	254—260 年
父亲	东海定王曹霖	谥号	高贵乡公
母亲	不详	庙号	无
后妃	卞皇后	曾用年号	正元、甘露

曹髦，字彦士，魏文帝曹丕之孙，东海定王曹霖之子，三国时期魏国第四位皇帝。

曹髦曾被封为郯王，继位前为高贵乡公。嘉平六年，司马师发动政变，废掉曹芳，贬其为齐王，然后拥立曹髦继位，改元正元。曹髦继位后，对司马兄弟的专横跋扈十分不满，一心想要摆脱他们的控制。

甘露五年（260年），曹髦秘密召见王经等人，带领冗从仆射①李昭、黄门从官②焦伯以及僮仆数百人去诛杀司马昭。然而，行动失败了，曹髦反而被司马昭的心腹所杀，年仅 20 岁。

和其先祖一样，曹髦文采非凡，擅长诗文，而且绘画技艺高超，绘有《祖二疏图》《盗跖图》《黄河流势图》《新丰放鸡犬图》《黔娄夫妻图》等。

勤政为民　无力自主

曹髦是东海定王曹霖的儿子，为曹魏宗室，出生于正始二年（241年）。正始五年（244年），曹髦被封为高贵乡公。嘉平六年，司马师废掉曹芳，在郭太后的强烈要求下，改立曹髦为帝。曹髦对皇宫生活比较熟悉，他心里非常清楚，既然司马师能废掉曹芳，同样可以随时废掉自己，因此对司马师要立自己为帝之事极力推辞。同年十月十四日，曹髦被迎到京都洛阳北郊邙山玄武馆，群臣奏请入住前殿，曹髦以前殿为先帝寝殿、不敢越礼为由拒绝，暂住于西厢房中。之后，众臣又以天子之礼恭请他入宫，仍被拒绝。

次日，曹髦正式进入京都，文武百官到西掖门叩拜迎接，曹髦忙下车还礼。司礼官劝他说："按礼仪您贵为天子，不必还礼。"曹髦认为自己现在还是臣子，执意还礼。队伍来到宫廷正门，曹髦又坚持下车和百官一起步行。左右皆劝阻，说天子可以一直乘车进去。曹髦回答说："我奉太后征召前来，不一定要做天子。"郭太后在东宫会见了曹髦，诏令其继位，曹髦无奈，只好登基，时年14岁，改年号嘉平为正元。

曹髦继位之后，勤政为民，俭省节约，削减后宫费用，派人到各地视察，了解民情，平反冤狱，的确干出了一番政绩。但是，由于长期社会矛盾的积累，各地相继起兵叛乱，全国战火纷起，社会动荡，局面难以收拾。

正元二年（255年）正月，扬州都督、镇东将军毌（guàn）丘俭对于司马师废掉曹芳、改立曹髦为帝感到非常愤怒，同时毌丘俭的长子毌丘甸也对他说："司马师废主专政，颠覆国家，我们怎可安心自守呢！"毌丘俭深以为然，于是请扬州刺史文钦过来商议对策。文钦曾跟随曹爽多年，对于司马氏除去曹爽也非常气愤。二人一拍即合，决心杀掉司马师，整顿朝纲，还政于皇帝。经过一段时间的准备，他们将淮南的大小官员集合起来，向他们宣传自己的计划，即凝聚力量，讨伐司马师，替天行道，匡扶正义。

司马师得知东南叛乱,经再三斟酌,决定亲自带兵平叛,同时让兄弟司马昭镇守洛阳,总揽朝政大事。

司马师很快率兵到达淮南,打败叛军,杀掉毌丘俭,文钦则逃往东吴。随后,司马师班师回朝,途经许昌时,因眼部瘤疾恶化,伤口感染,最后大出血而亡。此后,司马昭代替兄长主持朝政。

奋起反击　失败被杀

司马昭城府极深,掌握大权之后便觊觎皇位。为稳妥起见,他冷眼观察文武百官的态度,发现征东大将诸葛诞蠢蠢欲动,便派心腹贾充以慰问之名前去淮南。贾充见到诸葛诞后,试探道:"京城很多官员都主张陛下禅位于司马将军,不知你意下如何?"诸葛诞生性豪爽,不知是计,遂拍案而起,愤慨道:"我绝不能接受,如果京城有难,我当以死相救。"贾充回到京城将诸葛诞的话告知司马昭。后来,诸葛诞起兵反抗司马昭,兵败被杀。

清除了亲近曹氏的两股势力,司马昭更加一手遮天,曹髦虽不甘心受他摆布,但又无可奈何,于是吟诗一首,名曰《潜龙诗》:

伤哉龙受困,不能跃深渊。
上不飞天汉,下不见于田。
蟠居于井底,鳅鳝舞其前。
藏牙伏爪甲,嗟我亦同然!

诗中抒发了他受司马昭控制,郁郁不得志的心情。这首诗很快就传到了司马昭的耳中,他立即下令做好随时废帝的准备。

甘露五年的一天,司马昭佩剑上朝,态度傲慢。曹髦有些生气地看了他一眼,即招来司马昭的严厉斥责,这时,群臣也跟着起哄说:"司马公功比天高,应该加封为晋公。"曹髦沉默不语,司马昭又问:"我们父子三人为魏朝立下汗马功劳,难道不该封我为晋公吗?"曹髦不敢违背，只得封司马昭为"晋公"。

回到宫中后，曹髦气愤难忍，决定还击。他找来侍中王沈、尚书王经、散骑常侍王业，对他们说："司马昭之心，路人皆知。我不能坐以待毙，所以，请你们跟我一起讨伐他。"王经非常担忧，劝道："司马昭掌权多年，在朝中势力十分强大，而皇上势单力薄，恐怕不是他的对手。"曹髦毫不畏惧，拿出诏书说："我意已决，谁也不能阻拦。"然而，王沈、王业贪生怕死，马上将此事告诉了司马昭。

曹髦亲自率领宿卫和众奴仆，不顾王经的劝阻，出宫直向司马昭府中杀去，正好撞见受命前来捉拿他的贾充。曹髦大声斥责道："我乃天子，你们持兵器入宫，是要造反吗？"士兵们听了都不敢上前。贾充厉声对身边的士兵说："晋公养着你们，就是为了今天，如果此事失败，必将株连三族。"大将成济手握大刀，问道："是杀还是绑？"贾充说："杀掉！"于是，成济挥刀上前，将曹髦杀死。司马昭听说曹髦被杀，双膝跪地，假装悲痛欲绝。太傅司马孚③则奔跑过去，抱着曹髦的尸体，边哭边说："陛下遭此毒手，臣之罪过！"

曹髦死后，司马昭召集群臣议事，唯尚书左仆射陈泰④未到。司马昭派人去请，陈泰勉强来到。司马昭向陈泰请罪，陈泰要求杀掉贾充，以谢天下，但被司马昭拒绝。之后，司马昭又威逼郭太后写下诏书，称曹髦不听教诲，性情暴戾，多次谋杀太后未遂，又带兵擅闯西宫，被大将军拦阻。曹髦见事情败露，便混于兵士之中，结果被误杀。此等小儿悖逆不道，自陷大祸，理当废为庶人，以民之礼葬之。于是，曹髦被剥夺皇帝封号。之后，司马昭把立了大功的成济当成替罪羊，杀了成济兄弟。后来又将郭太后贬为庶人。

注释：

①冗从仆射：官名。东汉有中黄门冗从仆射，以宦员任之，掌皇宫禁卫。三国魏因其名而改置，任用士人，统营兵，负责宫禁侍卫，属光禄勋。员一人，五品。

②黄门从官：官名。东汉末置，以宦者为之，属黄门令。秩百石，掌禁中（黄闼）之出入。三国魏沿置，八品。

③司马孚（180—272年）：三国曹魏至西晋初年重臣，司马懿之弟。历仕魏国五代皇帝，"高平陵政变"时曾协助司马懿控制京师，以功晋爵长社县侯，加侍中。累进司空、太傅。司马炎称帝后仍自称曹魏"纯臣"。后封安平王，拜太宰。

④陈泰（200—260年）：三国时期魏国名将，司空陈群之子。历任员外散骑侍郎、游击将军、并州刺史，颇有政绩。高平陵之变时力劝大将军曹爽投降，得到司马氏信任。为回避朝廷内部斗争，出任雍州刺史。甘露元年（256年）拜右仆射，跟随大将军司马昭抵御孙吴进攻，改授左仆射。

元帝曹奂

曹奂档案

生卒年	246—302 年	在位时间	260—265 年
父亲	燕王曹宇	谥号	元皇帝
母亲	不详	庙号	无
后妃	卞皇后	曾用年号	景元、咸熙

曹奂，本名曹璜，字景明，沛国谯县人，魏武帝曹操之孙，燕王曹宇之子，三国时期魏国最后一位皇帝。

甘露三年（258 年），曹奂被封为常道乡公。甘露五年，魏帝曹髦被杀，曹奂被司马昭拥立为帝，奉魏明帝曹叡之祀，时年 15 岁。

曹奂只是一个傀儡皇帝，朝政大权仍掌握在司马昭手中。咸熙二年（265 年），司马昭病逝，司马炎承袭父位，封晋王，随即篡夺魏国政权，贬曹奂为陈留王。

太安元年（302 年），曹奂去世，终年 57 岁，谥号为元皇帝。

受制司马　攻伐蜀汉

甘露五年，曹髦为司马昭手下所杀后，曹奂被司马昭拥立为帝。曹奂深谙自己的处境，为了明哲保身，他主动封司马昭为晋公、相国，加九锡。但此时司马昭的野心已急剧膨胀，欲登皇帝宝座，因此拒绝加封。为了争取更大的功绩，经与诸大臣商议，司马昭决定讨伐蜀汉。

景元四年（263年），司马昭派邓艾①、钟会②、诸葛绪三人统率大军向蜀汉进发。蜀将姜维率军退至号称"一夫当关，万夫莫开"的剑阁，凭险据守。魏军久攻不下，遂采取迂回策略，避过剑阁，绕到阴平，先取江油，再攻涪陵，最后进军成都。蜀汉一时大乱，刘禅恐慌不已，一面派人带着诏书去找姜维，命令他向魏军投降；一面将蜀汉户籍等档案资料交给邓艾，至此，蜀汉灭亡。

在位六年　难逃厄运

灭亡蜀汉后，司马昭更加居功自傲，曹奂已经不能对他造成什么威胁。他开始实施称帝计划。

曹魏时期的名士们对于司马昭的行为虽然十分反感，但也怕惹来杀身之祸，所以不敢公然反对他。于是，他们不论朝政，日日饮酒作乐、吟诗作赋，甚至归隐山林，其中最著名的要数被称为"竹林七贤"的刘伶、嵇康、山涛、阮籍、王戎、阮咸、向秀七人。为了取得这些名士的支持，司马家族使用各种方法，终于将阮籍、向秀、山涛三人拉入仕途。

取得了部分名士的支持后，司马昭开始实施第二步称帝计划。他自拟诏令，将自己提升为"晋王"，立自己的王妃为后，世子为太子。然而，就在他即将登上帝位的时候，突然生了一场大病，于咸熙二年病逝。

司马昭死后，其子司马炎继任为相国、晋王。同年十二月，经过一番精心准备，司马炎威逼曹奂退位，自立为帝，改国号为晋。魏国就此灭亡。曹奂被改封为陈留王，食邑万户，王宫在邺城，可以使用天子旌旗车驾，郊祀天地、礼乐制度均仿效魏国初期制度，上书可以不称臣，接受诏令也可以不下拜。太安元年，曹奂在陈留封国去世，也算是善终了。

注释：

①邓艾（197—264年）：初为司马懿掾属，后为魏镇西将军，多年在西边战线防备蜀将姜维。灭蜀汉后被钟会诬为谋反，被监军卫瓘所杀。

②钟会（225—264年）：三国时期魏国军事家、书法家，出身颍川钟氏，才华横溢，精通玄学。弱冠入仕，历任要职，深得魏帝和群臣赏识。景元年间，拜镇西将军、假节、都督关中诸军事，主持伐蜀事宜。灭亡蜀汉后勾结蜀将姜维，图谋据蜀自立，打压太尉邓艾。景元五年（264年）正月，以郭太后遗命之名，矫诏讨伐司马昭，为部将胡烈所害，死于乱军之中。

←三合式陶屋

1957年广东省广州市东郊麻鹰岗出土。该建筑主要由三幢房子组成一个"凹"字形结构。

汉匈奴归义亲汉长铜印↓

1979年青海西宁大通县上孙家寨出土,高2.9厘米,印面每边长2.3厘米,为东汉中央政府赠给匈奴族首领的官印。

←击鼓说唱陶俑

1957年出土于四川省成都市天回山东汉崖墓,现藏于国家博物馆。画面中的陶俑袒露上身,着长裤,赤足,左臂挟鼓,正在眉飞色舞地进行说唱表演。

←白马寺

白马寺位于河南洛阳老城以东12千米的洛龙区白马寺镇,始建于东汉永平十一年(68年),是中国第一座官办寺院。

汉章帝 ↑

汉章帝刘炟（dá），东汉第三位皇帝。图为明代万历《三才图会》中所绘制的汉章帝像。

邓皇后戒饬宗族 ↑

出自《历朝贤后故事图》，清代宫廷画家焦秉贞绘。《戒饬宗族》人物典出《后汉书·后纪第十》，表现和熹邓皇后教导邓氏近亲子孙学习的故事。

"仓天乃死"字砖 →

曹操宗族墓筑墓用砖，1976年出土于安徽亳县（今亳州）元宝坑1号墓。砖上刻26个字，反映出了在黄巾起义前夕太平道的广泛传布情况。

↑ "熹平石经"残石

熹平石经是中国历史上最早的官定儒家经典刻石，后因战乱毁坏。此残石现藏国家博物馆。

文姬归汉图 ↓

金代张瑀绘，绢本设色，描绘东汉末蔡邕之女蔡文姬从匈奴归汉行旅在漠北大风沙中的情状。

李膺像 ↑
110-169年，字元礼，位列"八俊"之首，有"天下模楷"之称。图为明代万历《三才图会》中的李膺像。

刘备托孤雕塑 ↑
位于重庆市奉节白帝庙前殿，是雕塑家赵树同（1935-2018年）先生于1984年创作的一组大型彩塑。

←刘备像
出自《历代帝王图》。传为唐代阎立本画作，绢本设色，现存为后人摹本，现藏于美国波士顿博物馆。

孙权像→
同左图，出自唐代阎立本《历代帝王图》。

青瓷羊尊↓
1958年南京清凉山出土，现藏于南京博物馆。制作时间为吴末帝孙皓甘露元年五月，即265年。可能是用作烛台。

曹操↑
图为《三才图会》中的曹操像。

古隆中↑

位于湖北襄阳城西约 13 千米的隆中风景名胜区内。历史上著名的"三顾茅庐"和"隆中对"的史实就发生于此。

三顾草庐图↑

明代画家戴进创作的绢本设色画，现藏于故宫博物院。

←诸葛亮像

元代赵孟頫绘，绢本设色，现藏于故宫博物院，绘诸葛亮手持如意，凭隐囊（供人倚凭的软囊）而坐。

关羽擒将图↑

明代商喜绘。描绘关公水淹七军、生擒庞德的故事。现收藏于故宫博物院。

洛神赋图（局部）↓

现藏故宫博物院，东晋顾恺之原绘（现存为宋摹本），表现曹植与洛神真挚纯洁的爱情故事。

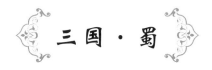

三国·蜀

昭烈帝刘备

刘备档案

生卒年	161—223 年	在位时间	221—223 年
父亲	刘弘	谥号	昭烈皇帝
母亲	王元姬	庙号	烈祖
后妃	吴皇后、甘夫人、糜夫人、孙夫人	曾用年号	章武

刘备，字玄德，东汉末年幽州涿郡涿县人，西汉中山靖王刘胜的后代，三国时期蜀汉的开国皇帝。

刘备自幼丧父，早年因参与镇压黄巾起义有功，被封为安喜县县尉，从此步入仕途。他曾经率军救援北海相孔融、徐州牧陶谦，并与之结下生死之交。陶谦病亡后，将徐州交予刘备，刘备才有了一方立足之地。然而好景不长，徐州被袁术、吕布联合攻破，刘备只好投奔曹操，过着寄人篱下的日子。之后，刘备又脱离曹操，投奔多个诸侯，直到得到诸葛亮的扶助，联合东吴，经赤壁之战击败曹操，乘势借夺荆州，而后攻取益州①等地，从此称霸一方。

章武元年（221 年），刘备在成都称帝，建国号汉，建元章武，史称蜀或蜀汉。

章武三年（223年），刘备驾崩于白帝城，终年63岁，谥号昭烈皇帝，庙号烈祖，葬于惠陵。

胸怀大志　起于乱世

东汉桓帝延熹四年（161年），刘备出生于幽州涿郡，他的祖父和父亲都在当地为官，其祖父刘雄官至东郡范县县令，父亲刘弘早逝，留下他和母亲相依为命，靠贩鞋织席维持生计。但是，刘备人穷志不短，胸怀远大抱负。他很小的时候就对自己的玩伴说："等我长大以后，一定要坐上有篷盖的天子之车。"刘备15岁时，与公孙瓒一同师从大儒卢植。但是，刘备不爱学习，只喜欢狗、马、音乐和结交朋友。据说他身长七尺五寸，双手过膝，双耳垂肩，喜怒不形于色，但性格豪爽、讲义气，因而结交了不少豪杰。又有中山商人张世平、苏双携重金来涿郡贩马，与刘备相识，予以资助，使刘备得以召集更多的英雄豪杰。

灵帝中平元年，黄巾军起义爆发，东汉朝廷派兵镇压。各地军阀纷纷打着镇压起义军的旗号招兵买马，抢占地盘，扩充自己的势力。刘备也趁机加入了镇压黄巾军的行列。这时，河东解县人关羽和幽州涿郡人张飞，听说刘备的大名后，前来投奔。他们武艺高强、性格豪爽，深得刘备喜爱，被其视为左膀右臂，三人同食同寝，亲如兄弟。后来，刘备因镇压起义军有功，被封为安喜县县尉。

涿郡太守奉朝廷之命派督邮到各县巡视，如发现失职的官员一律撤职查办。刘备上门求见，但却遭到拒绝，他气愤之余，带领手下冲进督邮的房子里，将督邮绑了起来，责打200杖，然后取出大印挂在督邮的脖子上，将他绑挂在马桩上，之后扬长而去。恰巧大将军何进派毌丘毅到丹阳招兵，刘备应召入伍。当部队行到下邳时，路遇黄巾军，刘备力战有功，被任为下密县县令，但不久辞官。后来，刘备又相继担任高唐尉、高唐令等职。

献帝初平二年（191年），刘备联合青州刺史田楷讨伐冀州牧袁绍，其间多次立功，被任命为平原县县令，后任平原国相。他在任职期间礼贤下士，乐善好施，因此深得民心。但是，郡人刘平不服从刘备的管治，派刺客去刺杀刘备。刘备不知对方身份，以礼相待。刺客深受感动，放弃刺杀，并向刘备说明实情。

此时社会动荡，各地军阀纷争，百姓流离失所，名人志士也纷纷出走他乡，寻找一方安宁之地。而刘备通过自己的智慧和才能，外防御敌寇，内储物资，使当地成为少有的一片乐土。刘备性格豪爽，喜欢结交天下英雄，所以引来四方豪杰云集。

献帝兴平元年，曹操向徐州牧陶谦发起攻击。陶谦不敌，急忙派人向田楷求救，刘备和田楷便率兵前去救援。当时刘备手下只有1000多人，到了徐州后，陶谦感激他出手相援，给他另派4000人力，任命他为豫州刺史，屯驻小沛。后来，陶谦病亡，临终之前对部下糜竺说："天下除了刘备，再没有人能够安定徐州。"糜竺记住了这句话，派人前往小沛迎接刘备。刘备由此成为一方诸侯。

刘备刚在徐州站稳脚跟，占据寿春的军阀袁术便兴兵讨伐，双方对峙一个多月，僵持不下。吕布趁机袭击刘备的大后方下邳，当时守城的有两员大将，一个是陶谦的老部下曹豹，一个是刘备的义弟张飞。曹豹和张飞性格不合，起了内讧，张飞扬言要杀掉曹豹。曹豹暗中和吕布勾结，打开城门迎接吕布入城。张飞撇下刘备的妻子家眷，溃败而逃。刘备听说家园被毁，急忙带兵返回，在半路和吕布相遇，一场激战过后，刘备不敌，只好屈降吕布，暂保性命。

吕布打败了刘备，十分欢喜，当即归还刘备家眷，仍让他驻扎小沛。刘备心有不甘，回到小沛后继续招兵买马，兵力很快就扩充到万人。吕布对此深感不安，率兵攻打刘备，刘备不得已又投奔曹操，被任命为豫州牧，还得到了很多兵马粮草。之后，刘备召集小沛的散兵游勇，再次对吕布发起反击。吕布派大将高顺迎战，刘备不敌；曹操派大将前去增援，仍然不敌。曹操便亲自率兵前来，总算打败了吕布。吕布表示愿意投降曹操，曹操也有意收下他，这时刘备在旁边提醒说："曹公难道忘了吕布是怎样对待丁原和董卓的吗？"曹操于是打消了收降吕布的念头，将他杀掉。之后，刘备跟随曹操来到许昌，被封为左将军。

三顾茅庐　恭请诸葛

刘备来到许昌时，献帝刘协与董承、王服等人正在筹划除掉曹操，夺回朝政大权。看到刘备到来，献帝十分高兴，按皇室血统称呼他为皇叔。不久，董承带着献帝用鲜血写成的"衣带诏"来找刘备，共谋曹操，刘备毫不犹豫地入伙。

这段时间，刘备行事十分小心，深居简出，一副闲散的模样，每日在家侍弄花草。但是，曹操生性多疑，对刘备并不放心，时常以拜访为名到他家中查看虚实。一天，曹操又一次来到刘备家中，两人礼毕，曹操故意拉下脸说："看你在家干的好事！"刘备以为自己的事情败露，吓得面如土色，正不知如何回答，曹操又说："在家种菜也不容易。"刘备这才松了口气，可脊背已冒出汗来。

两人在小亭中坐下来，边饮边谈。曹操一时兴起，问刘备眼下谁是英雄。刘备回答说当下英雄要数袁绍。曹操摇头说："不是。"刘备又说了数位，曹操皆说不是。刘备便反问曹操，谁能当英雄。曹操直言不讳地说："当今英雄，只有你我二人。"刘备以为自己的心思被曹操看破，吓得筷子都掉在了地上。幸好这时天上阴云密布，一声霹雳在头顶炸响，曹操以为刘备是被响雷吓的，认为他是一个懦弱之辈，遂放下心来。

曹操走后，刘备再也不敢在许昌城里待下去，恰逢曹操派刘备与朱灵一起征讨袁术，刘备当即应允，由许昌直奔徐州，杀掉徐州刺史车胄，昭告天下，宣布要匡复汉室，讨伐曹贼。因为刘备为汉室血统，为人又仗义，所以引来大批英雄好汉，雄霸一方。

让刘备轻而易举地溜走，等于放虎归山，曹操追悔莫及，带兵前去攻打。刘备自知不敌，又投奔袁绍而去，他的妻子和金兰兄弟关羽则被曹操擒获。曹操非常爱惜关羽的才能，想要收为己用。为了保住义嫂，关羽只好委曲求全，同时与曹操约法三章：一、只降汉室不降曹操；二、善待自己的嫂嫂；三、一旦得知刘备的消息，立即带着嫂嫂去寻找。关羽如此重情重义，曹操深受感动，爽快地答应了他。

此时袁绍和曹操正僵持不下，刘备带兵到来让袁绍喜出望外，以极高的礼仪接待了刘备。刘备那些曾经被打散的兵勇听到主人的消息，都再次前来追随。刘备的兵力又一次强大起来。这时，袁绍和曹操在官渡开战，刘备奉袁绍之命，带兵袭击曹军后方。而恰在此时，关羽和张飞听到刘备的消息，也都赶了过来。刘备见自己实力大大增强，遂改变主意，转而攻打曹操的大本营许昌。谁知天不遂人愿，袁绍被曹操打败了。刘备见大势已去，只好收兵，向南投奔荆州的刘表。

刘表也是汉室血统，手下有10万重兵，但才能平庸，而且心胸狭窄，对刘备防备重重，只派他驻扎在荆州北部的小城新野，作为对付曹操的第一道屏障。

刘备在新野过了一段安定的生活，痛定思痛，认为自己之所以处处被动，原因在于身边虽有关羽和张飞两员大将，但却缺乏一个能够出谋划策的谋士。于是，他开始到处寻找能人奇士，以求谋得天下。

不久，名士徐庶②过来投奔，刘备立即将他奉为座上宾。徐庶还向刘备推荐了一个人，也就是诸葛亮，号卧龙先生，德才兼备，上通天文，下通地理，是一位不可多得的奇士。刘备听了十分高兴，急忙托徐庶将卧龙先生请来。徐庶却摇摇头说："不可，必须主公亲自去请。"刘备欣然答应。

经过多日打听，刘备终于知道了诸葛亮的准确住址。他率领关羽、张飞一众人等前去拜访。他们来到一座山上，找到一间简易的茅舍，但见屋门关闭，人却不知去向。众人等了好久，仍不见诸葛亮回来，只好悻悻而归。

过了一些时日，刘备又一次去拜访诸葛亮，依然没有见到。关羽和张飞非常不满，但刘备却不急不躁，安慰他们说："这一次没有见到没关系，下一次我们再来，一定会见到的。"

不久，刘备又一次来到茅舍，终于见到了诸葛亮。这就是著名的典故"三顾茅庐"。诸葛亮深为刘备的真诚所打动，在茅舍中热情地接待了他们。刘备虚心地向诸葛亮请教问题，诸葛亮一一回答，并详细地分析了天下形势，根据刘、曹、孙三人的力量以及天时地利人和等诸多因素，建议刘备占据荆襄，夺益州，三分天下。刘备听后茅塞顿开，对诸葛亮佩服得五体投地，连声夸奖道："先生高明，先生高明，真乃奇人也！"这就是历史上有名的"隆中对"。

刘备诚恳地央求诸葛亮出山，帮助自己成就大业。诸葛亮久闻刘备大名，加上他是汉室正统，便爽快地答应下来，当即和刘备一起下山，成为刘备的得力谋士。

联合孙吴　共抗曹操

东汉建安十三年（208年），刘表去世，其次子刘琮继任。此时曹操已平定北方，率大军南下，欲夺取荆州。刘琮胆小怕事，听说曹操亲率30万大军而来，吓得魂飞魄散，背着刘备向曹操投降。刘备得知消息，急忙召集手下商讨对策，诸葛亮力劝刘备劫持刘琮及荆州官员南撤，到江陵躲避。刘备重情义，不忍心对刘琮下手，遂放过刘琮，独自向江陵撤退。

曹操听说江陵储存有大量的粮草军械，担心落入刘备之手，急忙丢下辎重，轻骑追赶刘备。到襄阳时，他听说刘备已经前去江陵，又率5000精锐一路追赶，在长坂坡追上了刘备。

双方激战一场，刘备不敌，军队大乱，在张飞和赵云的保护下，他与诸葛亮突围而去。之后赵云又返回阵地，杀进重围，救出刘备的妻儿。刘备和诸葛亮落荒而逃，命令张飞率部断后。过了长坂桥后，张飞命令士兵拆除桥板，立马横矛，拦在桥头，大喝一声："我乃张翼德是也，尔等谁敢过来与我决一死战！"这一声大喊，如同霹雳，震得曹军不战自乱。刘备侥幸逃脱，退至夏口③。

与此同时，曹操占据了荆州，收编刘琮旧部，接着又占领江陵，缴获大量物资，壮大了自己的力量；又沿江南下，准备先消灭刘备，再消灭孙权。

刘备非常清楚自己的处境，眼下敌强我弱，他还远远不是曹操的对手，必须再找助力，于是委托诸葛亮去东吴当说客。然而孙权刚刚接到曹操送来的书信，声称他率兵80万，不日即将抵达，要求孙权投降。孙权手下一个个心惊胆战，纷纷劝说孙权向曹操投降。幸好诸葛亮能言善辩，与孙权军中两个主战派鲁肃④和周瑜⑤联合起来，舌战群儒，说得孙权心服口服，答应与刘备联合，共御曹军。

孙权命周瑜带领水军和刘备联合，北上迎敌，来到赤壁。周瑜使出诈降之计，命令大将黄盖⑥假意投奔曹操，里应外合，火烧曹操的营寨和船只。之后，孙刘联军趁乱杀入，曹军大败。这就是历史上著名的"赤壁之战"，也是刘备出师以来所打的第一次大胜仗。

战后，刘备收复荆州，总算站稳了脚跟。为了扩大自己的影响和势力，刘备上表朝廷举荐刘琦为荆州刺史，利用他们父子的影响力，收复了长江以南的荆州四郡。不久，刘琦病逝，刘备自任荆州牧，将当地许多英雄豪杰和文人谋士收入帐下。

谋取益州　力量壮大

刘备的势力越来越强大，孙权对刘备也越发看重。为了拉拢刘备，他不仅承认了刘备的荆州刺史地位，还将自己的妹妹嫁给刘备，可谓用心良苦。然而，刘备志向高远，并不满足于一个荆州牧的位置，他的目标是要匡扶汉室。在荆州站稳脚跟后，他采纳诸葛亮的意见，将目光投向了益州。

益州地域辽阔、物产丰富，号称天府之国。当时的益州牧是同样出自汉室的刘璋，刘璋手下聚集了一大批贤能之士，但刘璋昏庸无能，这些人的才能得不到施展，都有另投贤主的心思。

这时，孙权也将目光投向了益州，他派人与刘备联系，欲共同攻打，但遭到刘备拒绝。孙权又派大将孙瑜⑦带兵前往。刘备马上派张飞守住秭（zǐ）归、关羽守住江陵，堵住孙瑜的进攻之路，并警告孙瑜说："如果你攻取了益州，那么我只有去隐居山林了。"孙权看透了刘备的心思，知道自己鞭长莫及，只得让孙瑜退了回来。

正当刘备思考怎样夺取益州的时候，刘璋恰巧想要投降曹操，派张松前去谈判，结果受到曹操的冷遇。张松十分愤怒，转而投奔刘备，刘备热情接待了他。张松回到益州后，大骂曹操，并力劝刘璋和刘备联合。恰在此时，军阀张鲁⑧来犯益州，刘璋急忙派部下法正去找刘备，法正同样受到了热情接待。席间，刘备详细询问了益州城内的兵力部署情况。法正认为刘备是一位英明之士，便劝说道："以将军的英明才略，刘璋的懦弱无能，我回去愿劝张松做内应，益州唾手可得。"诸葛亮、庞统⑨等谋士也纷纷劝说，刘备终于下定决心夺取益州。

在诸葛亮的策划下，刘备率领谋士庞统，由法正引领，来到涪县。刘璋派大军前来迎接，大摆宴席，赠送了大量粮草马匹，又将手下大将杨怀、高沛之军交由刘备指挥。

刘备假意率领军队迎击张鲁，但部队走走停停，行动缓慢，走到葭萌便停了下来。在葭萌住了一年后，刚好曹操攻打孙权，刘备乘机要求东进，共御曹操，并再一次向刘璋索要军队和粮草。刘璋心生疑虑，没有给齐刘备索要的数目。刘备以此为借口，要求退兵。消息传到成都，张松信以为真，急忙写信来劝，说："眼看大事已成，怎么能说撤就撤呢。"这时，张松、法正联合刘备谋反的事情被张松的兄长张肃得知，张肃害怕受到牵连，急忙向刘璋告密。刘璋非常气怒，杀了张松，并命令各关隘守将不得再与刘备有任何瓜葛。

刘备见计划败露，便杀掉了刘璋的旧部杨怀和高沛，收编了他们的军队，立即攻占涪城和绵竹，包围雒（luò）城，军师庞统在攻打雒城时不幸中箭身亡。刘备随后一鼓作气，直奔成都。此时诸葛亮带领关羽、张飞、赵云等大将夺下了白帝城、江州、江阳，与刘备会师，将成都围住。

刘璋眼见大势已去，只好打开城门投降。刘备进入益州后，慰劳三军，安抚百姓，封诸葛亮为益州太守，全权处理大小事务；又重用刘璋旧部，团结当地贤达人士。刘备这一系列措施，使益州百姓安居乐业，人人称赞。

夺取汉中　吴蜀反目

建安二十年，曹操打败张鲁，占领汉中。曹操手下谋士司马懿、刘晔都劝他乘刘备立足未稳攻占益州，但曹操却说："人不能贪得无厌，既得陇又望蜀。"他命令夏侯渊⑩、张郃、徐晃⑪等人留守汉中，自己班师回朝。

汉中的地理位置非常重要，进可攻，退可守，给刘备造成了很大的威胁。建安二十三年（218年），刘备亲率大军攻占汉中，到达阳平关，遭到夏侯渊、张郃的奋力抵抗。刘备一时难以取胜，便向益州请求支援。诸葛亮忙派兵支援，双方僵持了一年，仍然不分胜负。第二年春天，刘备设计埋伏，杀死了夏侯渊，曹军大败。消息传到许昌，曹操急忙带兵救援，刘备凭险据守，不与曹军作战。双方僵持月余，曹军粮草匮乏，军心涣散。曹操既不能取胜，又不愿退兵，进退两难，犹豫了一段时间之后才下令收兵。

刘备抓住时机，乘胜追击，占领汉中，又派大将刘封、孟达攻占房陵、上庸等地，扩大了疆域，自封汉中王。

此前，为了减轻自己的压力，孙权将荆州南郡借给刘备。现在，他看到刘备羽翼丰满，大有气吞山河之势，感到了一种潜在的威胁，于是派人去找刘备，想要回南郡。这时刘备正准备攻占凉州，假意推辞："等我打下凉州，再归还南郡。"孙权听后大怒，派大将吕蒙⑫领兵攻取了刘备的长沙、零陵、桂阳三地。刘备急命关羽将三地夺回，恰遇孙权前来督战，双方僵持之际，曹操又攻取汉中。刘备担心曹操继续攻打益州，急忙向孙权求和，两家最终达成协议，以湘水为界中分荆州，桂阳、江夏、长沙归孙权，南郡、零陵、武陵⑬归刘备。孙刘两家的争斗暂时平息，但也因此埋下了隐患。

建安二十四年（219年），刘备与曹操在汉中激战，为了配合刘备的正面进攻，关羽也进攻驻守襄阳和樊城的曹仁。曹仁不敌，忙向曹操求援。时值秋雨连绵，汉江水位大涨，关羽命人挖开汉江，水淹曹操七军,并收服了周边小股兵马。一时间,关羽名声大震,连一向目中无人的曹操也打算以迁都的方式来躲避关羽。司马懿劝说道:"丞相不如利用孙刘两家的矛盾,封江南之地给孙权,作为他袭击刘备的条件,如此坐收渔翁之利,岂不更好?"曹操觉得司马懿言之有理,便依计行事。

孙权不但痛恨刘备,更加痛恨关羽,原因是他曾向关羽请求将其女嫁给自己的儿子,关羽不但没有答应,反而将他狠狠地骂了一顿。所以,在收到曹操的信后,他当即答应下来,派吕蒙、陆逊⑭偷袭南郡。关羽虽武艺高强,但谋略不足,一时大意,被敌军偷袭成功,致使南郡大部丢失。之后关羽急忙回师救援,结果兵败被杀,整个荆州全部落入孙权之手,孙刘二人彻底反目。

积郁成疾　托孤白帝

刘、关、张桃园三结义,情同手足,关羽之死使刘备无论是心理还是军事战略都受到了沉重的打击。他决定放弃原定的兵分两路进攻中原的计划,改为全力攻打东吴,夺回荆州,为义弟报仇。

就在这时,传来了曹操病逝、曹丕受禅称帝的消息,刘备认为自己出身汉室正统,又占据着一隅之地,应该站出来登基为皇帝,恢复大汉帝国。他手下的将领、谋士也都纷纷拥护,刘备决定暂缓攻击东吴,于221年在成都称帝,国号为汉,史称蜀汉,年号章武,拜诸葛亮为丞相。

刘备称帝后,念念不忘为关羽报仇,大将赵云劝道:"曹操虽死,其子篡汉盗国,为千夫所指。主公应当顺应民心,图取关中,居高临下,讨平逆贼,关东豪杰必纷纷响应。假如弃贼不顾,先与东吴交战,其势难平矣。"然而,刘备一心想要报仇,对于这些劝阻充耳不闻,下令调集全国兵力,并通知车骑将军张飞率兵在江州会师。不料张飞因为经常打骂部下,引起众怒,在临出发前被部下张达、范疆杀害。刘备得知消息后,悲痛欲绝。

同年,刘备亲率大军8万,出巫峡,沿长江水陆并进,直取东吴。

孙权见刘备来势凶猛，忙派人求和，但刘备坚决拒绝和好，决心取孙权性命。

蜀军很快打到夷陵，刘备亲率主力驻扎夷陵前沿，但吴军紧闭城门，双方僵持了大半年，刘备始终找不到下手的机会，军心逐渐涣散。

蜀汉章武二年（222年）六月，正是暑热最盛的时候，陆逊察知蜀军军纪涣散，毫无斗志，认为战机已到，便率兵出城，火烧蜀营，趁蜀军大乱之际发起猛攻，斩杀蜀军大将冯习、张南。刘备率残兵败将退守马鞍山。陆逊随后追赶而至，四面围攻，又杀死蜀兵万余。刘备乘夜色狼狈而逃，命人烧毁铠甲等储备物资，阻拦吴军前进，这才得以进到白帝城内。

夷陵大败后，刘备元气大伤，一蹶不振。曹魏则趁孙刘两家打得不可开交之际，出兵伐吴。孙权担心腹背受敌，主动向刘备求和。刘备也看清了当时的形势，知道报仇无望，荆州也不可能夺回，如果孙权继续追赶，自己将遭受更大损失，于是也答应与孙权握手言和。但他从此落下了心病，最终积郁成疾，卧病在床。随着病情逐渐加重，刘备自感不久于人世，忙召诸葛亮过来托付后事。

诸葛亮到来后，刘备一手拉着诸葛亮，泪流满面地说："丞相的才能超过曹丕10倍，必能安邦定国，成就大事。日后太子长大成人，如果能担大任，丞相即可辅助；如果是一庸才，不能担当大任，丞相可以废掉太子，取代皇帝的位置。"诸葛亮听了刘备的话，心如刀绞，哽咽着说："请主公放心，臣定当竭尽所能，忠贞报国，死而后已。"之后，刘备又将刘禅兄弟几人叫到跟前，告诫他们说："我走之后，你们一定要像尊敬父亲那样对待丞相，万事一定听从丞相的吩咐，全心全力治理好蜀汉。"这就是历史上著名的"白帝城托孤"，千百年来为人传诵。

蜀汉章武三年（223年），刘备驾崩于白帝城永安宫。

注释：

①益州：汉武帝所置十三刺史部之一，辖境约当今四川折多山、云南怒山、哀牢山以东，甘肃陇南市、两当、陕西秦岭以南，湖北郧县、保康西北，贵州除东边以外地区。东汉治雒县。

②徐庶：东汉末年刘备帐下谋士，因其母为曹军所掳获，被迫归曹操。魏文帝时，官至右中郎将、御史中丞。

③夏口：古地名，位于汉水下游入长江处，由于汉水自沔阳以下古称夏水，故名。夏口在江北，三国吴置夏口督屯于江南，北筑城于武汉黄鹄山上，与夏口隔江相对。

④鲁肃（172—217年）：三国时期东吴名将，初率部属百余人从周瑜到江南投奔孙权，力劝其鼎足江东，进图帝业，深受敬重。赤壁之战时任赞军校尉，助周瑜大破曹军于赤壁。周瑜去世后任奋武校尉，继为横江将军，守陆口，与刘备力修和好关系。

⑤周瑜（175—210年）：三国时期东吴名将，少与孙策为友。后追随孙策，为建威中郎将。孙策遇刺身亡后，与张昭同辅孙权，任前部大都督。在赤壁之战中大败曹操，由此奠定了"三分天下"的基础。

⑥黄盖（？—约215年）：初从孙坚起兵，曾多次进攻山越。赤壁之战的主要功臣之一，以功拜武锋中郎将。后为武陵太守，曾镇压当地少数民族。官至偏将军。

⑦孙瑜（177—215年）：孙坚之弟孙静的次子，孙权的堂兄。官至奋威将军、丹杨太守。

⑧张鲁（？—216年）：东汉末年割据汉中一带的军阀，天师道（五斗米道）创立者张陵之孙，世为教主。初平二年任益州牧刘焉的督义司马，率众攻取汉中，称师君。雄踞汉中近30年，被东汉朝廷任命为镇夷中郎将、汉宁太守。后投降曹操，官拜镇南将军，封阆中侯。

⑨庞统（179—214年）：三国时刘备的谋士，号称"凤雏"，与诸葛亮同任军师中郎将。后从刘备入蜀，在刘备与刘璋决裂之际，献上中下三条计策，刘备用其中计，进兵成都。攻打雒城时中流矢而亡。

⑩夏侯渊（？—219年）：三国时曹操部将，夏侯惇族弟。初期随曹操起兵，从征袁绍、韩遂，有勇名。在张鲁降曹操后，以征西将军留守汉中，后在定军山被刘备部将黄忠所袭，战死。

⑪徐晃（？—227年）：三国时期曹魏名将。本为车骑将军杨奉部将，后转投曹操，屡从征战，迁平寇将军。曹丕即魏王位后为右将军，封逯乡侯，进封杨侯，徙封阳平侯。

⑫吕蒙（178—220年）：三国时期东吴名将，少年时依附姐夫邓当，随孙策为将，任横野中郎将。后随周瑜、程普等大破曹操于赤壁。初不习文，后听从孙权劝告，多读史书、兵书，鲁肃称其"学识英博，非复吴下阿蒙"。在鲁肃去世后代守陆口，击败蜀将关羽，占领荆州。不久病死。

⑬武陵：汉高祖五年置，治义陵。元帝以后辖境相当于今湖北长阳、五峰、鹤峰、来凤等县，湖南沅江流域以西，贵州东部及广西三江、龙胜等地。东汉移治临沅。

⑭陆逊（183—245年）：三国时期东吴军事家，孙策的女婿。善谋略，曾与吕蒙议定袭破蜀将关羽、夺取荆州之计。之后任大都督，在夷陵之战中火烧连营，击败刘备。黄武七年（228年）又破魏国扬州牧曹休于石亭。后任荆州牧，久镇武昌，官至丞相。

后主刘禅

刘禅档案

生卒年	207—271 年	在位时间	223—263 年
父亲	昭烈皇帝刘备	谥号	孝怀皇帝
母亲	甘夫人	庙号	后主
后妃	大张皇后、小张皇后、梁贵人等	曾用年号	建兴、延熙、景耀、炎兴

刘禅，字公嗣，小名阿斗，蜀汉昭烈帝刘备之子，三国时期蜀汉第二位皇帝，也是最后一位皇帝，因此又称后主。

蜀汉章武元年，刘备称帝，建立蜀汉，刘禅被立为皇太子。

蜀汉章武三年，刘备驾崩于白帝城，刘禅继位，拜诸葛亮为相父，诸葛亮死后又依托姜维。他在位后期宠信宦官黄皓①，致使蜀汉逐渐走向衰败。

景耀六年（263 年），曹魏消灭蜀汉，刘禅投降，迁往洛阳居住，受封为安乐公。

西晋泰始七年（271 年），刘禅病逝于洛阳，终年 65 岁，谥号思公。西晋末年，刘渊起事之后追谥刘禅为孝怀皇帝。

政由葛氏　祭则寡人

刘禅生于乱世之中，幼年时因父亲刘备被曹操追得无处躲藏，他也跟着度过了一段居无定所的时光。建安十七年（212年），刘禅的继母孙夫人打算将他带回东吴，但被张飞和赵云拦下。建安二十四年，刘备在汉中称王，刘禅被立为太子。蜀汉章武元年，刘备称帝，建立蜀汉，刘禅被立为皇太子，时年15岁。为了确保刘禅将来能够继承皇位，治理好国家，刘备督促刘禅苦读《申子》《韩非子》《管子》《六韬》等书，并由诸葛亮亲自抄写，教他学习；同时又令刘禅拜伊籍[②]为师，学习《左传》。

刘备知道儿子刘禅才能平庸，遂将大任托付丞相诸葛亮，而刘禅也主动将军国大权交到诸葛亮手中，自己只管理一些小事。他说："政由葛氏，祭则寡人。"诸葛亮重情重义，对于刘备的知遇之恩非常感激，愿以命报答，加上刘备临终托孤的肺腑之言，更是让诸葛亮感动得涕泪横流，因而在辅助刘禅时尽心尽力、鞠躬尽瘁。

蜀汉建兴元年十一月，诸葛亮派谋士邓芝前往东吴，劝说孙权与曹操断绝关系，蜀吴两家重修旧好。在之后的一段时期里，诸葛亮按兵不动，专注于恢复蜀汉的经济，整顿内政，储备粮草，为下一步出兵做好准备。

蜀汉建兴三年（225年），经过两年的发展，蜀汉经济好转，粮草充足，国力增强，士气高涨。恰在这时，蜀汉南中发生叛乱，诸葛亮亲率大军前去平定叛乱，所到之处势如破竹，令叛军胆寒。很快，叛军首领之间发生内讧，大部分投降，只有孟获负隅顽抗。孟获是少数民族，在当地极具威望，而且骁勇善战，诸葛亮十分爱惜其才能，擒获他后又赦免了他。孟获对诸葛亮佩服得五体投地，心甘情愿地为蜀国效力。

平定南中后，诸葛亮班师回朝，沿途又收纳了一些少数民族的首领，并委以官职，重新划分辖区，教导偏远落后地区的百姓发展农业、养蚕纺织、煮盐冶铁，既发展了当地的经济，又安定了社会人心。同时，诸葛亮还从少数民族中选拔年轻力壮的男子进行严格训练，组成了一支战斗力非常强大的军队，称为"飞军"。

蜀汉建兴五年（227年），诸葛亮认为夺取中原的时机已经成熟，于是上表举荐张裔为留守长史，与参军蒋琬③共同处理丞相府政事，又命侍郎董允④管理宫中大事。之后，诸葛亮向刘禅上表一封，名曰"出师表"，在信中，诸葛亮苦口婆心地劝说刘禅亲贤臣远小人，励精图治，以完成统一大业。

这一年，刘禅21岁。他看了诸葛亮的《出师表》，也雄心勃发，遂下一道诏令，准许丞相出兵汉中，北上讨伐曹魏。

然而，就在蜀军取得节节胜利的时候，发生了一件让人始料未及的大事，以至于诸葛亮一步走错，全盘皆输。诸葛亮明知刘备生前说过马谡善于纸上谈兵，仍然派他防守战略位置十分重要的街亭。而马谡刚愎自用，不按诸葛亮的部署用兵，导致街亭失守，使蜀军失去了重要根据地。

诸葛亮心知大势已去，只好收兵回营，回到汉中，挥泪斩了马谡，然后上书刘禅，自请处分。刘禅看了奏表，将诸葛亮降为右将军，代理丞相职务。之后，诸葛亮又两次率兵伐魏，均取得胜利，刘禅又恢复了他的丞相职务。

蜀汉建兴七年（229年），东吴孙权也正式称帝，并派人到成都找到刘禅，愿意相互称帝，互不侵犯。刘禅召来众臣商议，大臣们都认为只有刘禅才是正统的汉室血脉，孙权和曹丕只能算是叛军，因而主张与东吴断绝关系。这时，诸葛亮详细地向大家分析了天下形势，认为目前应联合东吴，共同抗击曹魏。于是，刘禅派特使去东吴向孙权祝贺，并签下条约，互不侵犯，等攻下曹魏，双方平分土地。

蜀汉建兴十二年（234年）二月，诸葛亮又一次亲率大军出征，同时派人到东吴去联合孙权共同出兵。四月，诸葛亮在五丈原安营扎寨，准备与前来应战的司马懿大战一场。但是，司马懿老谋深算，看到蜀军远道而来，志在速胜，便坚守不出。

诸葛亮等援军不到，对司马懿拒不出战又无可奈何，加上多年来的劳累，心中焦急，竟积郁成疾。他预感自己时日无多，在病危之时再一次上书刘禅，诉说自己的病情，并将朝政大事托付给蒋琬。之后，诸葛亮又将心腹杨仪等人叫来，把自己死后如何退兵之事一一交代清楚。几天后，诸葛亮病逝，按照他的嘱咐，由杨仪统领三军有秩序地撤退。司马懿得知诸葛亮已死，大喜过望，急忙打开城门率兵追赶。杨仪按照诸葛亮生前布置的战术打败了司马懿，顺利回到成都。

由于诸葛亮功劳卓著，刘禅追封他为"忠武侯"，又按照他的意愿，将他安葬在定军山。

无能国君　乐不思蜀

根据诸葛亮的遗嘱，刘禅任命丞相府长史蒋琬为尚书令，后又封其为大将军，接替诸葛亮的职位。蒋琬才智过人，又沉着干练，将朝中大事处理得井井有条，赢得了满朝文武的赞誉。在他的主持下，蜀汉的形势很快稳定下来。

蜀汉建兴十五年（237年），皇后张氏（张飞大女儿）去世，刘禅另立张飞小女儿为皇后，并大赦天下，改年号为延熙；又立长子刘璿为太子，立次子刘瑶为安定王。因为没有了诸葛亮的严格管教，刘禅开始显现出他顽劣的本性，经常带领宫女、宦官到处游山玩水，还命人在宫中广置声乐，以供欣赏。

蜀汉延熙九年（246年）冬，蒋琬病逝，刘禅亲政，封费祎⑤为大将军。

蒋琬、费祎主政时都执行休养生息政策，不主张发动对外战争，以发展经济。而曹魏内部则动荡内讧，司马懿和他的儿子司马师、司马昭都专注于扩充自己的势力，一心想着废掉曹氏，抢夺帝位，无心对外发动战争。所以，在很长一段时间里，蜀魏和平共处，社会稳定，人民安居乐业，经济得到快速发展。

曹魏有一名大将，名叫夏侯霸，乃夏侯渊之子。多年前，夏侯渊死于和刘备的交战之中，因此，夏侯霸和刘禅有着不共戴天的杀父之仇。但是，夏侯霸有一个从妹嫁给张飞为妻，生有一女，此女长大之后嫁给了刘禅,被封为皇后。因此,夏侯霸和刘禅还有姻亲关系。蜀汉延熙十二年(249年),司马懿发动政变,乘虚而入控制洛阳,掌握了朝政大权。夏侯霸担心被司马懿杀掉,于是投奔蜀国,受到了刘禅的热情接待。刘禅还特意向他解释说:"令尊死于两军交战之中,并非先帝亲手所杀。"然后,他又拉过来自己的两个儿子,说道:"这是夏侯氏的外甥,我们是亲戚,应该捐弃前嫌,共同御敌才是。"

蜀汉延熙十六年(253年)春,魏国和蜀汉又一次发生战争,魏将郭修投降,被蜀将姜维⑥带回成都。在不清楚郭修是否真心投降的情况下,刘禅就对他委以重任,封为左将军。郭修表面上唯唯诺诺,暗中却寻机报仇,他多次暗杀刘禅没有成功,转而将目标投向大将军费祎,并最终将其刺死。费祎死后,姜维继任大将军一职。姜维求功心切,多次草率出征,均无功而返,消耗了大量人力物力,一时民怨四起。

与此同时,宦官黄皓看准时机,努力逢迎讨好刘禅,逐渐掌握了内政大权。姜维对此十分不满,上书刘禅请求杀掉黄皓。刘禅却无动于衷,还劝姜维说:"黄皓不过我身边的一名小臣,何必在意。"姜维担心有朝一日黄皓会暗算自己,只得改口说自己虑事不周,此后他便不再多管闲事。不久,姜维又一次上书,主动提出到沓中屯兵种粮,从此不再返回成都。

没有了姜维的约束,黄皓趁机发展党羽,极尽谄媚之能事,讨得刘禅的欢心,使刘禅整日寻欢作乐、不理政事,朝政一片混乱。

蜀汉景耀五年(262年),姜维发现曹魏在关中练兵,似乎是在为发动战争做准备,他急忙派人往成都送信,并建议刘禅派重兵防守阳平关⑦和阴平⑧等地。刘禅根本不懂用兵之道,于是询问黄皓的意见。黄皓乃一宦官,不懂军事,哄骗刘禅说,曹魏不会对蜀汉发兵。刘禅信以为真,对姜维的请求置之不理,以至于文武百官对边疆危急毫不知情。

蜀汉景耀六年(263年),曹魏采取突袭的方式,兵分数路对蜀汉发起攻击。蜀军毫无防备,连连败退。刘禅得到消息后,急忙命廖化、张翼率兵应敌,曹魏一路大军在镇西将军钟会的带领下已经攻取汉中。姜维得知汉中失守,非常震惊,急忙集中兵力,御敌于剑阁之外。然而,曹魏另一路大军在大将邓艾的带领下,绕过剑阁,直达江油,迫使江油太守马邈不战而降。

收取了江油，邓艾又派人向绵竹送信劝降，当时守卫绵竹的是诸葛亮的儿子诸葛瞻。诸葛瞻拒不投降，并斩杀来使，率军与邓艾奋力厮杀，最后不敌阵亡。诸葛瞻年仅十几岁的儿子诸葛尚听到父亲阵亡的消息，十分悲痛，仰天长叹说："想我父子深受皇恩，却不能斩黄皓，以至于后患无穷，我还有什么脸面活在世上！"之后也杀入敌阵，以身殉国。

绵竹失守，邓艾率兵长驱直入，兵临成都城下。刘禅急忙召集群臣商讨对策。大臣们一部分主张退往南中⑨，一部分主张投奔东吴，还有一部分主张投降魏军。刘禅贪生怕死，最终选择了投降曹魏。北地王刘谌听说父亲要降，气得暴跳如雷，说道："与其苟且偷生，不如背水一战，与国家社稷同归于尽，也好有脸面去见先皇！"但是，刘禅执意投降，率领文武百官、太子、宫女，用绳索拴住双手，并拉着棺材，打开城门迎邓艾进城。至此，蜀汉走到了尽头，宣告灭亡。

司马昭灭掉蜀汉后，封刘禅为安乐公，食邑万户，赐绢万匹，赏女婢百人及许多金银财物。

虽然过着寄人篱下的生活，但刘禅不以为耻，反而自得其乐，日日饮酒寻欢，醉生梦死。一天，司马昭想要羞辱刘禅，便摆上酒宴，邀其喝酒，两人落座，司马昭命宫女弹奏蜀地音乐。刘禅的随从人员听到自己家乡的乐曲，无不感慨万分，唯有刘禅无动于衷，反而嬉笑自若。司马昭也为刘禅感到悲哀，对身边的贾充说："若一个人没有感情到如此地步，即使诸葛亮在世，也恐无能为力，何况一个姜维！"贾充说道："如果不是这样，主公又如何能消灭蜀国。"又一日，司马昭再次宴请刘禅，席间问他身在魏国，心中可思念蜀国。刘禅神态自若地回答说："我在这里应有尽有，生活得十分快乐，为什么要思念蜀国？"司马昭听了，知道刘禅是彻底不可救药了。这就是成语"乐不思蜀"的由来。刘禅就这样在洛阳安乐地度了余生，于泰始七年（271年）去世。

注释：

①黄皓（生卒年不详）：三国时期蜀汉宦官，善逢迎，为后主所宠

信。初为黄门丞，后任中常侍、奉车都尉，总揽朝政，并压制大将军姜维。蜀汉灭亡后，魏将邓艾打算杀他，他贿赂邓艾左右之后得免。

②伊籍（生卒年不详）：三国时期蜀汉官员。年少时依附同乡刘表，刘表病死后转投刘备。任左将军从事中郎，后升任昭文将军，并与诸葛亮、法正、刘巴、李严共同编制《蜀科》。

③蒋琬（？—246年）：三国时期蜀汉宰相，与诸葛亮、董允、费祎合称"蜀汉四相"。初随刘备入蜀，后为诸葛亮所重，任丞相长史。诸葛亮攻魏时，他负责兵源粮饷的供应。诸葛亮去世后，继其执政，为大将军，录尚书事。

④董允（？—246年）：三国时期蜀汉重臣，初任蜀汉太子舍人、洗马，旋迁黄门侍郎，常谏后主过失，抑制专权的宦官黄皓。延熙七年（244年）以侍中守尚书令，为大将军费祎的副手。

⑤费祎（？—253年）：三国时期蜀汉名臣，初为黄门侍郎，深得诸葛亮器重，屡次出使东吴。继蒋琬执政，任大将军，录尚书事。

⑥姜维（202—264年）：三国时蜀汉名将，本为魏将，后归蜀，得到诸葛亮重用，任征西将军。诸葛亮去世后继领其军，延熙十七年（254年）拜大将军，屡攻魏无功。魏军攻蜀时，他坚守剑阁，刘禅出降后，他志存光复，假意投降，勾结钟会反叛，事败被杀。

⑦阳平关：古关名，亦称阳安关。故址在今陕西勉县西老沔城。为汉中盆地西边门户，当川、陕交通要冲。

⑧阴平：古县名。西汉置，名阴平道，治今甘肃文县西北。为广汉郡北部都尉治所。东汉为广汉属国都尉治所。三国时去"道"字，为阴平郡治所。

⑨南中：古地区名，相当今四川大渡河以南和云南、贵州二省。蜀汉以巴蜀为根据地，其地在巴蜀之南，故名。

大帝孙权

孙权档案

生卒年	182—252 年	在位时间	222—252 年
父亲	孙坚	谥号	大皇帝
母亲	吴氏	庙号	太祖
后妃	谢夫人、徐夫人、步美人、王夫人、潘夫人等	曾用年号	黄武、黄龙、嘉禾、赤乌、太元、神凤

孙权，字仲谋，吴郡富春人，生于下邳，三国时代东吴的开国皇帝。

孙权的父亲孙坚和兄长孙策，都是东汉末年称霸一方的英雄。建安五年（200年），孙策遇刺身亡，孙权承继，掌管军政大权，成为一方诸侯。建安十三年，为了抗击曹操，孙权和刘备联手，打了一场名传千古的赤壁之战，大败曹操，从而形成三分天下之势。建安二十四年，东吴和蜀汉关系决裂，孙权派大将吕蒙成功从刘备手中夺回荆州，扩大了吴政权的版图。

东吴黄武元年（222年），孙权依附曹魏，被魏文帝曹丕册封为吴王，建立了吴国。东吴黄龙元年（229年），孙权称帝。

孙权在位期间，崇尚节俭，礼贤下士，处事果断，注重屯田，发展农业，使东吴出现了一派政治清明、经济腾飞的良好局面。在外交方面，孙权积极扩大对外联系范围，与夷州、扶南、林邑、印度等建立了联系。

晚年的孙权则变得昏庸起来，尤其表现为在继承人的问题上摇摆不定，致使朝政混乱、时局不稳。

东吴神凤元年（252年）四月，孙权驾崩，终年71岁，谥号大皇帝，庙号太祖，葬于蒋陵。

少年得志 称霸一方

孙权出生时，他的父亲孙坚正担任下邳县丞。中平元年，孙坚跟随朱儁征讨黄巾军，孙权和母亲留守九江郡①寿春县。中平六年，时任长沙太守的孙坚起兵响应讨伐董卓的关东（函谷关以东）联军，孙权跟随兄长孙策迁往庐江郡②舒县居住。初平三年，孙坚奉袁术之命征讨荆州刺史刘表，战死沙场。初平四年（193年），孙策将孙权接到曲阿的舅父吴景家中暂居，然后投靠袁术。次年，孙策攻打庐江郡，扬州刺史刘繇害怕被吞并，欲加害孙权母子，吴郡③太守朱治忙派人到曲阿接走他们，加以保护。后来，孙权又先后跟随母亲迁往历阳县、阜陵县居住。

孙权从小博览群书，不仅熟读《诗经》《尚书》《礼记》《左传》等儒家经典，还接触了许多历史和处理国事方面的书籍，有着常人所不及的智慧和才能。他性格豪爽，胸怀坦荡，喜爱结交名人志士，因此到袁术军中不久就享有很高的声望。有一次，他随同兄长孙策出兵江东，一路上为孙策出谋划策，令军中很多老成持重的谋士都深为佩服，纷纷称赞他为奇才。孙策任命他为阳羡县长，吴郡太守朱治举荐他为孝廉，扬州刺史严象又举荐他为茂才。之后不久，他便在军中担任要职，年仅15岁。建安四年至建安五年初，孙权跟随孙策讨伐庐江太守刘勋，并将其打败；之后，又进军沙羡，讨伐江夏太守黄祖，收得庐江、豫章二郡。

建安五年四月四日，孙策在丹徒狩猎时为许贡门客所伤，临终之前，他将手下谋士和孙权叫到床前，叮嘱道："现在天下大乱，若能据有吴越之地，保有三江之固，足以坐观成败，进而兼取天下。望诸君好生照顾吾弟，若仲谋不思进取，公等可自取其位。"之后，又将大印交到孙权手中，说道："若论率江东之兵冲锋陷阵，与天下英雄一争高低，为兄在你之上。但论举贤任能，使众人齐心协力稳居江东，兄不如你，你当好自为之。"当夜孙策身亡，时年 26 岁。

这个时候，孙权虽然已经拥有会稽、丹阳（郡治初在宛陵，后移至建业）、吴郡、豫章、庐陵等郡，但脚跟还没有站稳。孙策旧部将见主帅已亡，换了一个少年来统率三军，深感前途渺茫；江东豪杰更是徘徊观望，对于是否投奔孙权犹豫不决。恰在此时，江东非常有名的豪杰周瑜从驻地巴丘率兵前来拥护孙权，加上受孙策临终托孤的几位心腹极力劝说众将辅助幼主，以成就霸业，并到处宣传说孙权天生一副帝王之相，将来必成大事，东吴的人心才渐渐稳定下来。

此时曹操已经占据北方，大有一统天下之气势，他得知孙策已死，由年幼的孙权掌权，认为这是天赐良机，欲发兵攻打东吴。但是，从孙策那里叛逃过来的谋士张纮劝阻说："乘人之殇进兵，不合古义，有不仁不义之嫌。如若讨伐不利，好友反目成仇，得不偿失。不如趁此之机厚待孙权，必对公感恩戴德，以后用到之处，定会尽心尽力。"曹操听从了张纮的话，遂放弃讨伐，封孙权为会稽太守。

此后，孙权正式成为军中统帅，他像对待恩师一样厚待张昭④，命周瑜、程普⑤、吕范⑥等武将统率军队，并由鲁肃、诸葛瑾等江东名士出谋划策，开始东征西讨，占领了大片土地，巩固了自己的地位。

庐江太守李术曾受孙策任命，但他有意反叛，并收留孙权的叛将。孙权写信给他，希望他交出叛将，归顺自己。但李术回信说："天下有德之人，豪杰自然归顺，而对于无德之人，豪杰自然叛离，此所谓人心向背也。"孙权大怒，决定兴兵讨伐。为了避免曹操插手此事，造成对自己不利的局面，孙权特意修书一封给曹操说："丞相曾派严象为扬州刺史，为官清正，深受百姓爱戴。而不幸被奸贼李术所害，令人深恶痛绝。李术为人凶恶，藐视朝廷之法，残害州官，惨无人道，应速诛灭之。臣率兵讨伐，上为朝廷扫除障碍，下为州郡报仇雪恨。此是天下通义，更是我夙夜所思之事。只怕李术被攻，害怕诛杀，必然捏造事实，求救于你，望能约束手下执事官员，莫听信李术一面之词……"如此既为自己出兵找到了借口，也堵住了李术的求援之路。

果然不出孙权所料，当他带兵将李术包围在宛城的时候，李术派人向曹操求援，但遭到曹操拒绝。不久，宛城粮草断绝，城池被攻破，李术被杀，其3万部众被迁往别处，孙权总算除了心头大患。

孙权正因为得了宛城而兴高采烈，没想到自己的后院却起了火。原来，他的堂兄孙辅认为他年幼无能，不可能稳坐江东，将来必惹出大乱，于是乘他不在写信给曹操，希望能够占领会稽。所幸派去送信的人对他这种投敌卖国的行为十分气愤，将信直接送到了孙权手中。孙权急忙带兵回到会稽，然后和张昭一起去见孙辅，质问他为什么要引狼入室。孙辅否认此事，孙权将信摔在他的面前，孙辅无言以对。之后，孙权下令将孙辅的手下全部杀掉，又将孙辅押往别处看管起来。

解除内忧外患之后，孙权的威望又一次得到提升，在江东的统治地位也更加稳定。

孙刘联盟　赤壁破曹

坐稳江东之后，孙权并没有得意忘形，他继续扩充自己的实力，以达到称霸天下的目的。谋士鲁肃进言道："汉室不可复兴，曹操也一时难以消灭，将军只有安定后方，成三足鼎立之势，以观天下之变，再乘北方多事之秋，剿除黄祖，进伐刘表，将长江流经之地尽皆纳为己有，然后方可称帝王之号以图天下，此乃汉高皇帝的功业！"孙权认为鲁肃言之有理，遂接受了他的建议。

当时在孙权的统治区内居住着很多秦汉时代百越的后裔，称为山越人，他们都是为了逃避官府的统治来到这里，占山为王，拥"宗帅"自立，组成"宗部""宗伍"，少则几千，多则万人，彪悍善战，拒不向官府交税服役，官府也拿他们没有办法。孙权曾多次派大将征讨，但收效甚微，这也限制了他的势力向外扩张。经过一番周密策划，他决定再一次讨伐山越人。他派大将吕范率一路军队平定鄱阳、荡寇中郎将程普带兵征讨乐安，又加派骁勇善战之将到山越群居、难以治理的地方镇守，将各地不愿归顺的"宗帅"擒拿斩首，强迫山越人出山定居，征收青壮男子服兵役，老弱妇幼定为农民，从事农业生产，向国家纳税，以增加国库收入。经过几次大的围剿，孙权逐渐控制和征服了山越人，这对巩固他的地位起到了很大作用。

稳住山越人后，孙权开始讨伐江夏太守黄祖。建安十三年，他亲率大军前往。黄祖见吴军来势凶猛，命人将两艘大船横于江中，又用粗绳系上石头沉入江底，安排兵士千余人，用射箭的方式阻拦孙权前进。孙权的部下董袭和司马凌带领100名敢死队员，身披两层重甲，乘坐战船，冲到黄祖的船前，发动攻击。黄祖见势不妙，急忙加派都督陈就率领水军迎战，结果陈就被吴军先锋吕蒙杀死。黄祖落荒而逃，又被吴军追杀。

曹操见孙权吞并了江夏郡大部，担心他继续攻取荆州，养虎为患，于是在七月份开始南征，集结大军于南阳。同年八月，荆州牧刘表病逝。鲁肃建议孙权抢在曹操之前，与刘备联合，共同抗击曹操。孙权便派鲁肃前往荆州与刘备商议此事。

鲁肃日夜兼程地赶到南郡，听说刘表的儿子刘琮已经投降曹操，刘备被逼南下。鲁肃连忙去追刘备，并在当阳长阪见到了刘备，他向刘备详细说明了孙权的情况和江东的实力，劝刘备与孙权联合，共拒曹操。鲁肃所言与诸葛亮分析的天下形势不谋而合，诸葛亮也有依靠孙权之意，于是与鲁肃结为朋友，又建议刘备不要中途改道，进驻鄂县，等待时机。

与此同时，曹操在接受刘琮投降后继续率军南下，追赶刘备；又给孙权写信，表示要取东吴之地。眼看形势危急，刘备决定率部进驻夏口，诸葛亮则跟随鲁肃去柴桑面见孙权。

诸葛亮见到孙权后，向孙权表明了刘备联孙抗曹的决心，又分析了两军的情况，认为曹操必定可打败。鲁肃也建议孙权将周瑜从鄱阳召回，一起商议对策。周瑜是孙权手下大将，其文韬武略远在东吴众臣之上，而且对孙权忠心耿耿。他的夫人小乔和孙策的夫人大乔是一母同胞，因此被孙权尊称为兄长。周瑜及时返回后，分析了曹军的种种弊端，认为此战有望获胜。孙权便以周瑜、程普为左右都督，率军与刘备共进，合力抗击曹操。又封鲁肃为赞军校尉，负责出谋划策。

周瑜率军沿江北上，来到赤壁，与曹军相遇，两军初次交手，曹军失利。于是，曹军退至长江北岸，安营扎寨；周瑜也在长江南岸驻扎下来，与曹军隔江相望。周瑜冥思苦想，始终找不到攻破曹军的有效办法，整日愁眉不展。一天，军中老将黄盖走进来，向周瑜献计说："现在敌众我寡，难以持久，曹军因不谙水性，特意将战船连在一起，造成行动不便，如果我军采取火攻，即可破之。"周瑜听后大喜，遂与黄盖决定以诈降的方法火烧曹军。随后，黄盖写了一封信，派人密送给曹操，假意投降，并定下日期；暗地里却布置了 10 条战船，上面载满干草、芦苇等易燃物品，再用篷布盖住，插上旌旗，大船之后再拖小船。

到了约定的日子，刚好刮起了东南风，有利于火势的蔓延。黄盖亲自登上前面的引火船，其余船只跟在后面。曹操不知是计，心中十分欢喜，早早做好了纳降的准备。等两军相距不足 2 里之时，黄盖命手下将大船点燃，自己跳到后面的小船上。大船迅即燃烧起来，犹如一片火海，乘着风势直奔曹军而去。曹军猝不及防，想要撤退，船只却紧紧连在一起，一时无法行动，只能眼睁睁地看着大船被烧。火借风势，风助火威，很快就烧到了岸上，殃及曹军大营。曹军兵士纷纷逃命，被烧死及落水淹死者不计其数。

这时周瑜率后续部队及时赶到，摇旗呐喊，杀声震天。曹操在仓皇之中，率残兵败将从华容道逃命。恰逢天降大雨，道路泥泞，无法行走，曹操遂下令割草铺地，让骑兵先行通过，步兵被马踏死及陷入泥泞而死者不计其数。周瑜、刘备率水陆大军在后面紧紧追赶，曹操无心恋战，留下曹仁、徐晃镇守江陵、襄阳，自引败军北还。至此，历史上著名的赤壁之战宣告结束。

赤壁之战后，周瑜一鼓作气，率领军队经过一年多的英勇奋战，夺取了江陵，控制了江陵以南的大片土地。

三国鼎立　东吴称帝

建安十五年，孙权任命步骘为交州⑦刺史，率军南下，打败了不肯归降的苍梧太守吴巨，使东吴的势力扩展到交州一带。

因为有了如此坚实的基础，在众谋士的建议下，孙权决定迁都，从京口向西至秣陵，以石头筑城，改名建业，就是现在的南京。同时，为了防备曹操南下，在通往巢湖的濡须口设立濡须坞，控制通往长江的要道。

果然不出孙权所料，建安十八年，曹操亲率40万大军再次南下，进攻濡须口，一路势如破竹，很快就打到了孙权的大本营，俘虏了大都督公孙阳。孙权急忙调遣7万精兵，亲自率领前去迎战。然而，曹操吸取上次的教训，发明了一种油船，用牛皮制成，外面涂上油漆，十分轻快。曹操派一部分将士乘坐油船到一座沙丘上，准备对吴军进行偷袭，结果被吴军发现。孙权急忙调兵遣将，将曹军团团包围。经过一场激战，曹军全军覆没。之后，孙权乘胜追击，曹操下令坚守营地，孙权多次派人前去挑战，但曹操坚守不出。

双方僵持了一月之久，曹操没有占到丝毫便宜，想要退兵，又有些不甘心。刚好又逢连阴雨，无法出兵，曹操更是心中焦急。孙权派人送来书信，上面写道："春水方生，公宜速去。足下不死，孤不得安。"曹操看过书信，对手下众将说："孙权没有骗我，他说的是真话。"之后便下令撤兵。

建安二十年八月，曹操出兵讨伐军阀张鲁。孙权见有机可乘，便亲率10万大军围攻合肥。然而，守城将士张辽、李典、乐进都是曹军大将，有万夫不当之勇，虽只领7000将士，却临危不惧，从容应对。孙权进攻合肥10多天，没有取得丝毫进展，反而损兵折将，只得下令撤兵。

在以后的几年中，孙权和曹操又多次交战，各有胜负。后来，孙权和刘备因为荆州闹起了矛盾，发生了激烈的交战。建安二十二年，为了不至于腹背受敌，孙权派人向曹操讲和。曹操也意识到一年半载不可能战胜孙权，便答应了孙权的请求。之后，孙权把全部精力都放在攻打刘备上。

此前为了拉拢刘备，共同抗击曹操，孙权将荆州借给了刘备，使其有了安身之所。荆州地富人多，物产丰富，战略位置十分重要。后来刘备夺得益州，孙权便派人前去找刘备商议，希望取回荆州，但却遭到刘备拒绝。孙权十分愤怒，大骂刘备无赖。

建安十九年，孙权再次派诸葛瑾找刘备索要荆州，刘备回答说："待我取了凉州，一定归还荆州。"孙权更加恼怒，设置长沙、零陵、桂阳三郡，准备强行接管荆州。但荆州守将关羽却不吃这一套，把派来接管的人全部赶了回去。孙权气得暴跳如雷，又派吕蒙、鲁肃率兵强攻，很快拿下了三郡。刘备急忙从成都率兵增援，来到公安，与吴军相遇，双方对阵，剑拔弩张。恰在此时，曹军进入汉中，刘备害怕益州丢失，只得向孙权求和，孙权也自感力不从心，便同意了刘备的请和。经商议决定，长沙、江夏、桂阳三郡归孙权，南郡、零陵、武陵归刘备。

建安二十四年，为了拉拢刘备共同抗击曹操，孙权有意娶关羽的女儿为儿媳。但被关羽坚决拒绝，孙权大怒，决意夺取荆州。当时关羽正攻打襄阳，根据大将吕蒙的计划，孙权对外散布吕蒙病重，必须回家休养。吕蒙回到建业后，孙权委任毫无名气的书生陆逊接替吕蒙的职务。关羽因此放松了警惕，抽调驻防荆州的人马去增援襄阳。

孙权见关羽上当，便亲率大军沿江而上，任命吕蒙为先锋，长驱直入，突袭关羽驻军之地。孙权自己则将士兵全部藏于船舱中，又将划船的船夫打扮成商人模样，使关羽的手下放松警惕。待到夜深人静之时，孙权指挥藏于船舱中的士兵悄悄摸上岸去，将关羽守江的士兵全部活捉。之后，吕蒙率大军日夜行军，直插荆州腹地。

关羽见大势已去，不可能夺回南郡，便改用自保的战术，退至麦城。孙权派人过来劝降，关羽假装同意，在城墙上放置假人，插上旗帜，然后在夜深人静之时偷偷溜走。路上兵士纷纷逃跑，到后来仅剩十余人。孙权早有防备，提前派朱然、潘璋扼守关羽的退路，活捉关羽及其儿子关平等人。孙权爱惜关羽的才能，本不想杀死他，但在众臣的劝说下，最后狠心杀死了关羽父子。至此，荆州又落入孙权之手。

建安二十五年，曹操病死，其子曹丕继任，废掉汉帝，自立为帝。孙权料定自己夺回荆州，又杀死关羽，刘备定会兴兵报复。为免腹背受敌，能够全力对付刘备，经过再三考虑，孙权决定向曹丕求和，于是派使者前去恭贺曹丕称帝。曹丕欣然接受，封孙权为吴王。

孙权接受封号，又派使臣去魏国道谢。曹丕趁机向孙权索要象牙、玳瑁、犀牛角、孔雀等稀有珍宝。孙权便不断地派使臣将这些东西送往魏国，用以迷惑曹丕。曹丕果然上当，连连夸奖孙权，不再考虑向吴国发兵之事。

不过，曹丕对孙权并不放心，要求他将儿子送到魏国，作为永不背叛的保证。孙权推说儿子年幼，不宜入朝。曹丕十分气愤，以孙权怀有二心为由，于东吴黄武元年再次兴兵讨伐。他兵分三路，一路直奔洞口，一路攻取濡须坞，另一路进攻南郡。

孙权又一次面临腹背受敌的危险。为了全力抗击曹军，他使出惯用伎俩，派太中大夫郑泉出使蜀汉白帝城，与刘备讲和。刘备也意识到自己力量薄弱，一味与孙权争斗下去，只会让曹丕坐收渔人之利，于是答应了孙权的请求。

这时，曹丕又亲率大军到达广陵，准备大举进攻东吴。孙权下令在长江南岸建造假楼迷城，连绵起伏，首尾相连，足有百里之长，远远望去，真假难辨。同时，孙权又命令在江边停泊大量船只，多树旗幡，虚张声势。这一计策起到了决定性的作用。第二天，曹丕到达长江北岸，隔江而望，只见对面战船密布，城楼一座挨着一座，固若金汤，不由得暗自称赞东吴兵强马壮，国力竟如此强盛。他在岸上观察许久，一时想不出取胜之策，虽然心有不甘，但只能打道回府。加上诸葛亮多次亲率大军讨伐魏国，连连取胜，魏国被迫防守，抽不出力量再与吴国交战，吴国由此得到了喘息之机。

在曹丕和刘备先后称帝后，孙权手下的文臣武将也多次劝他称帝。但当时吴国力量薄弱，孙权担心周边郡县不服，难以统治，遂将这种想法藏在心中。经过几年的发展，吴国的势力越来越强大。东吴黄龙元年，魏国内乱，孙权料定短时间内曹魏不会有大的动作，而吴蜀刚刚结盟，吴国得以休养生息，经济繁荣，国力强盛。孙权认为称帝时机成熟，于是在武昌登基为帝，改元黄龙。

英武贤明　知人善任

孙权少年得志，一生戎马倥偬，纵横天下，尽显大丈夫英勇气概，且胸怀坦荡，能包容天下，致使群臣归心，百姓称颂。

在接替孙策主事后，孙权很快便开始推行屯田，分军屯和民屯，屯田兵且耕且战，屯田户只种田，免除民役。为了扩大屯田面积，他还下令将驾车的牛改作耕牛，鼓励屯垦。

除了屯田以外，孙权还很重视兴修水利，包括筑东兴堤、开凿句容城中路运河、作堂邑涂塘，这些水利工程既可以便利航运，又可以灌溉农田。

为了恢复和发展生产，孙权多次宽赋息调，严禁官吏以役事干扰农事。夺取荆州后，他"尽除荆州民租税"，并下令诸将要居安思危，加强武备，崇尚节俭。

以上措施有力地促进了东南地区的经济发展，提高了东吴的综合国力。

在用人方面，孙权坚信疑人不用，用人不疑。谋士诸葛瑾对他忠心耿耿，出谋划策，立下过汗马功劳。但是，他和诸葛亮是亲兄弟，因此受到不少人的怀疑。一天，有人跑到孙权那里诬告诸葛瑾里通外国，是蜀汉派来的奸细。孙权听后不以为意地说："我与诸葛瑾可谓神交，外面的谣言万不可信。"收复荆州之后，孙权派陆逊坐镇，因为路途遥远，往来传递消息不方便，他就复刻了自己的一枚印章交予陆逊，让他全权处理与蜀汉交往之事，不用汇报。

孙权的胸怀不仅体现在知人善用上，对于下属的关心也是无微不至。大将名凌统战功赫赫，却不幸英年早逝，撇下年幼的两个儿子，孙权将他们接入宫中抚养，视如己出。大将吕蒙武功超群，却身体多病。孙权特意腾出自己的宫殿安置他，同时悬赏重金，征召天下名医为他治病,每当看到吕蒙身体好转或变差,他的心情也跟着喜忧不定。后来,吕蒙的病情逐渐加重,到了卧床不起的地步,孙权又请来道士为其设坛作法,祛灾祈福。平虏将军周泰负责孙权的贴身护卫,每次打仗总是紧紧相随,不离左右。有一次,孙权被重兵包围,周泰拼死厮杀,终于将他救出,为此身上受伤12处。后来,孙权调派大将朱然、徐盛等归周泰指挥,二人心中不服,孙权看在眼里,特意在周泰赴任那天大摆宴席,召集文武群臣为他钱行。席间,孙权让周泰解开衣服,露出身上的条条伤痕,让他向在场之人细说每一条伤痕的来历。周泰讲完后,孙权起身紧紧拉着周泰的手,声音哽咽地说:"周将军,你为我孙氏兄弟出生入死,勇如熊虎,遍体受伤,肤刻如画,我于心不忍,又怎能不把你当作骨肉至亲,授你以兵马之权?将军乃东吴功臣,我要与你休戚与共,同享荣华富贵。"之后,他将自己所用御盖赐予周泰。周泰受此殊荣,对孙权感恩戴德,众人也对他心悦诚服。

曹魏黄初二年,孙权派谋士赵咨出使魏国。曹丕问他:"孙权是什么样的人主?"赵咨回答说:"是聪明、仁智、雄略之主。"曹丕追问:"此话怎讲?"赵咨说:"吾主孙权纳取鲁肃于凡人之间,是其聪;选拔吕蒙于征战之伍,是其明;获于禁⑧而不加害,是其仁;取荆州兵不血刃,是其智;据荆、扬、交三州,虎视于天下,是其雄;屈身事陛下,是其略。"曹丕再问:"孙权可知道读书否?"赵咨说:"吴王带甲兵百万,战舰万艘,任贤使能,胸有大略,偶有闲余,博览众籍,浏览史书,探索奥秘,不像腐儒那样咬文嚼字、寻章摘句。"赵咨一席话说得曹丕不住点头称是,心中暗暗叹服。

孙权有一句经典名言:"天下没有纯白的狐狸,而有纯白的狐裘,是集众狐而成。能用众人之力,则无敌于天下;能用众人之智,则无畏于圣人。"有一次,孙权在武昌临钓台宴请大臣们,他豪情万丈地对群臣说:"今日我与众人开怀畅饮,不醉倒在临钓台中不罢休!"众人纷纷响应,唯有老臣张昭不言不语,面色阴沉,默默地走了出去。孙权急忙派人将张昭请回来,劝道:"今日大家难得如此高兴,图一时欢乐,何必弄得这么不高兴。"张昭毫不避讳地批评道:"古有商纣王建酒池肉林,为长夜之饮,当时也说是作乐,而不觉得是作恶。"孙权听了惭愧不已，急忙命人撤去酒席，返回朝中。

晚年昏庸　刚愎自用

随着自己取得的成就越来越辉煌，孙权也变得越来越傲慢，刚愎自用，不信忠良，宠幸奸佞，与少年得志时简直判若两人。

公孙渊割据辽东为王，曾经向曹丕称臣，后来反目，于东吴嘉禾二年（233年）给东吴送来书信，表示愿意称臣。孙权十分高兴，派遣太常张弥、执金吾许晏、将军贺达作为特使，带兵一万，并携金银珠宝，跋山涉水，不远千里前去下诏，封公孙渊为燕王，加赐九卿。考虑到路途遥远、行军极为不便，而且公孙渊为人狡诈阴险，反复多变，文武百官纷纷劝说孙权取消此行，派兵士护送其使者安全返回即可。但孙权完全听不进去，执意派张弥、许晏出使辽东。老臣张昭一气之下，称病不上朝。孙权派人用土将张昭的院门封住。张昭见状也毫不退让，用土从里面堵住，索性闭门不出。

事情果然被张昭不幸料中，公孙渊再次投靠曹丕，将吴国的使臣全部斩杀。消息传到吴国，孙权勃然大怒，但他不思己过，反而抱怨公孙渊反复无常，大骂道："我已年届六十，普天之下之事，无所不晓，不想却为鼠辈欺骗，实在愤恨之极，若不斩杀鼠子之头掷于海，将无颜面对天下。即便长途跋涉，朕当御驾亲征，手刃鼠辈，方雪我心头之恨！"说完就要下令出征，众臣急忙劝阻，良久，孙权才不甘心地收回成命。

因长子孙登早逝，孙权立三子孙和为太子，这也引起了四子孙霸的不满。朝中大臣也分为两派，各拥护一人，造成朝政混乱。孙权盛怒之下，于赤乌十三年（250年）废掉孙和的太子之位，并赐死孙霸。同年，孙权立七子孙亮为太子。

随着年龄的增长，孙权的猜忌心也越来越严重。为了随时掌握每一个大臣的行踪，他专门增设了校事、督察两个职位，任命吕壹为中书校事。吕壹是个标准的小人，为一己私利诬陷、诋毁朝中大臣，还怂恿大臣相互揭发举报，对朝臣私自用刑、刑讯逼供，弄得朝政混乱不堪、怨声四起。孙权不但不加阻止，反而对其十分信任，有意纵容，致使丞相顾雍⑨被无辜软禁，江夏太守刁嘉遭受陷害。大将军陆逊看到奸臣当道，忠良受到排挤，而自己却无能为力，与太常等人说起此事，不禁涕泪交加。骠骑将军步骘多次上书揭发吕壹罪行，请求孙权对他撤职查办，起用顾雍、陆逊等忠良，孙权却置若罔闻。潘濬（一作潘浚）见孙权已经鬼迷心窍，气愤至极，欲借出席酒宴的机会将吕壹刺杀，但没有成功。后来，吕壹再次谋划陷害大将左据，因事情败露被杀，但是，校事等官职仍然保留。

东吴太元元年（251年）十一月，孙权率领百官到南郊祭拜天地，回到宫中就中了风。他意识到自己时日无多，便将大将军诸葛恪⑩召回，拜为太子太傅，开始安排后事。次年四月，孙权在内殿驾崩。

注释：

①九江郡：秦置，治所在寿春，以九江在境内而得名。汉初改置淮南国，元狩初复为九江郡，辖境相当于今安徽淮河以南、瓦埠湖流域以东、巢湖以北地区。三国魏改为淮南郡。

②庐江郡：楚、汉之际分秦九江郡置，汉武帝后徙治舒，辖境相当于今安徽巢湖市、舒城、霍山以南，长江以北，湖北英山、武穴、黄梅和河南商城等地。其后治所、辖境一再迁改。

③吴郡：东汉永建四年（129年）置，治吴县。辖境相当于今江苏大茅山以东，上海长江以南，浙江长兴、湖州、天目山以东，与建德以下的钱塘江两岸。三国吴后逐渐缩小。

④张昭（156—236年）：三国时期孙吴重臣，初任孙策长史、抚军中郎将。孙策死后辅立孙权。赤壁之战前主张投降曹操，为孙权所不满。官至辅吴将军。

⑤程普：东汉末年孙吴名将，历仕孙坚、孙策、孙权，赤壁之战与周瑜大破曹军。官至江夏太守、荡寇将军。

⑥吕范（？—228年）：汉末至三国时期东吴重臣。初为县吏，后归孙策，为稳固孙氏在江东的统治做出了杰出贡献。与周瑜等破曹操于赤壁，拜裨将军，迁平南将军。黄武元年督水军拒魏军于洞口。后拜扬州

牧，封南昌侯。黄武七年（228年）迁大司马，未得授官便病逝。

⑦交州：东汉改交趾刺史部置。治广信，旋移番禺。辖今广东、广西的大部和越南横山－班杜一线以北诸省。三国吴分交州为交、广二州，交州治龙编，辖境限于今越南中部、北部及广西钦州、广东雷州半岛。

⑧于禁（？—221年）：初从济北相鲍信，后归曹操。从击黄巾军和吕布、张绣、袁绍等，任虎威将军。建安二十四年率七军增援樊城，被关羽利用秋季大雨打得全军覆没，投降了关羽。孙权夺取荆州后，他被遣还魏国，惭恨而死。

⑨顾雍（168—243年）：初为合肥长，孙权领会稽太守，以他为丞，行太守事。后任丞相，在吴国执政达19年。

⑩诸葛恪（203—253年）：三国时期东吴权臣，诸葛瑾之子。孙权死后辅立孙亮，任大将军，专国政。力主攻魏，但没有成功。后被同为托孤大臣的孙峻设计杀害。

会稽王孙亮

孙亮档案

生卒年	243—260 年	在位时间	252—258 年
父亲	大帝孙权	谥号	无
母亲	潘氏	庙号	无
后妃	全皇后	曾用年号	建兴、五凤、太平

孙亮,字子明,吴大帝孙权与潘皇后的第七子,三国时期吴国第二位皇帝。

东吴太元二年,孙权驾崩,孙亮继位时年 10 岁,改元建兴。

孙亮继位时尚年幼,朝政大权先后由诸葛恪、孙峻、孙綝①(chēn)掌控。孙亮聪明伶俐,性格刚毅,成年后不甘心受制于人,坚决要除掉孙綝,但是因为用人不当,又过于冲动,反而被孙綝废为会稽王。

东吴永安三年(260 年),孙亮又被琅邪王孙休贬为侯官侯,在被押往属地的路上,不堪羞辱,自杀身亡(另一说法是孙休派人送毒酒致死),终年 18 岁。

后宫争斗 侥幸得立

孙权共有七子三女,三子孙和聪明伶俐,文武双全,而且礼贤下士，明辨是非，颇得孙权喜爱。孙和的母亲王夫人也非常得宠，因此，孙权有意立孙和为太子。孙和14岁时，孙权特意为他配备了宫廷护卫，并任命中书令阚泽为太傅，教习经传典籍六艺。东吴赤乌五年（242年），孙和被立为太子，时年19岁。

然而，孙和在太子之位上却坐得不甚稳固，其中最大的阻力来自全公主。全公主是孙权的长女，与孙和母子相互仇视。她知道孙和如果当上了皇帝，会对自己非常不利，于是利用一切机会在孙权面前挑拨他们的父子关系。有一次，孙权身患重病，孙和去宗庙替父祈福，路过岳家门口，看到爱妃张氏的叔叔出来，出于礼仪，受邀到其家中小坐。这一幕被全公主派来监视的人看到了，全公主如获至宝，来到内宫，向孙权进谗言说太子不在太庙里为父皇祈福，反而去了太子妃家中谋划事情，而且王夫人看到皇上病重，面带喜色。

孙权晚年本来疑心就重，经全公主这么一说，不分青红皂白就要将孙和母子捉拿问罪。王夫人吓得瘫倒在床，孙和也担心自己被废黜甚至杀掉，整日忧心忡忡，如惊弓之鸟。

在床上躺了数日，孙权越想越生气，身体略有好转，便打算废掉太子孙和。全公主见自己的话起了作用，心中暗喜，又乘机在孙权面前进言，极力夸赞丈夫从侄全尚之女容貌姣好、温柔贤淑，不如让少子孙亮纳为妻室。孙权听了十分高兴，遂依了她的意见。

由于全公主一再从中作梗，孙权终于下诏废掉三子孙和的太子之位，改立七子孙亮为太子。此事惊动朝野，众臣一致反对，引经据典，说这样违背纲常，民心不服，会引起天下混乱，并有意将孙权与历史上的昏君相比。孙权怒不可遏，将带头反对的四人严刑问罪，其中，陈正、陈象斩首，株连三族；朱据、屈晃各打100大板，以警示众臣。就这样，孙亮于东吴赤乌十三年侥幸坐上了太子的宝座，立全氏为太子妃。当时，孙亮年仅8岁。

两年后，孙权病逝，临终之前托付中书令孙弘和诸葛恪为辅政大臣。但是，孙弘与诸葛恪素来不和，孙弘担心诸葛恪得势后会对自己不利，所以想趁机除掉诸葛恪。恰好诸葛恪不在，他便下令封锁孙权病逝的消息，秘不发丧，并伪造圣旨，欲治诸葛恪死罪。不料隔墙有耳，此事被侍中孙峻探知，报告给了诸葛恪。诸葛恪十分生气，决定将计就计，除掉孙弘。他派人去请孙弘，说有要事相商。孙弘不知是计，急忙赶来，结果被乱刀砍死。

随后，诸葛恪入宫宣布孙权去世的消息，扶持太子孙亮继位，并改年号为建兴，大赦天下，以示庆贺。孙亮加封诸葛恪为太傅，居群臣之首，全力辅政。

用人不当　诸葛兵败

孙亮继位时刚刚10岁，年幼无知，朝政大权全部掌握在诸葛恪手中。诸葛恪的父亲是诸葛瑾，叔叔是诸葛亮，在家庭的熏陶下，他从小博览群书，才智超群，可惜缺乏父亲和叔叔的谦逊品质，心性浮躁。很早的时候，诸葛瑾就说他不是保家之主；诸葛亮对他的评价是性情空虚，不够精细；朝中大臣说他凌辱尊者，蔑视卑者，缺乏安稳之基。诸葛恪辅政之初，为了树立威望，迫不及待地进行改革，首先废除了当年孙权为了监督百官而特设的校事之官，大赦天下，连在逃的罪犯也不予追究，并免除关税，此举受到吴国百姓的交口称赞。

之后诸葛恪又开始在军事上发力，他派兵进攻曹魏，并取得了小小的胜利，于是得意忘形，自我膨胀，认为自己能与诸葛亮比肩，帮助孙亮一统天下。东吴建兴二年（253年），诸葛恪上奏请求对魏国发动全面征伐，遭到群臣反对。然而，诸葛恪刚愎自用，不听劝阻，执意调集州郡兵力20万，出兵伐魏。老百姓刚刚过了几年安稳的日子，又要饱受战争之苦，一时怨声四起。

诸葛恪亲自统领大军，首先对魏国的新城发起攻击，魏军奋力抵抗，使吴军不能前进半步，双方呈胶着状态。僵持月余，突然一场瘟疫袭来，吴军将士染病，死伤无数。诸葛恪对此置若罔闻，拒不退兵，下令继续向新城发动攻击。不几日，曹魏援兵到来，与守城之军合兵一处，对吴军发起反击，吴军不敌，损失惨重。事后，诸葛恪百般推卸责任，并一步步将朝中要职和宫廷守卫全部换成自己的亲信，野心尽显。

宫廷内斗　诛杀权臣

吴国宗室孙峻曾被孙权看重，并嘱托他辅助朝政。他与诸葛恪互为政敌，眼看诸葛恪已经失去人心，孙峻认为有机可乘，便经常在孙亮面前弹劾诸葛恪，并诬告他有谋反之心。孙亮早就对诸葛恪大权独揽心生不满，想将皇权夺回来，于是二人一拍即合，决定除掉诸葛恪。

经过一段时间的筹划，东吴建兴二年秋末冬初的一天，孙亮和孙峻设下酒席，请诸葛恪赴宴。诸葛恪腰佩宝剑赴宴，片刻，宫人端上酒请三人饮用，诸葛恪迟迟不肯举杯。孙峻看出了他的心思，说道："太傅疾病未愈，不便饮此烈酒，如有随身携带药酒，可以随意饮用。"于是，诸葛恪便命人取出自备的酒。

席间，孙亮起身离去。孙峻也假借如厕走到屋外，换上一身利索的短装，手持利剑，再次走进屋子。诸葛恪见情形不对，急忙伸手去拔腰中佩剑，但为时已晚。孙峻一步跨到他的面前，将其刺死。诸葛恪带来的卫士张约拔剑将孙峻刺伤，孙峻强忍剧痛，反手一剑砍掉了张约的一只胳膊。这时，埋伏在周围的宫中卫士一拥而上，要将张约杀死。孙峻阻止道："陛下诏令所取者，诸葛恪一人，今已死，不许殃及无辜。"众卫士收起兵器，将诸葛恪的尸首拖了出去。之后，孙峻又带兵包围了诸葛恪的府邸，将诸葛恪一家全部杀死，并株连三族。

诸葛恪受到了应有的惩罚，朝野上下一片欢喜。有人出来推荐孙峻为太尉，辅助朝政，孙亮点头准许，于是，朝中大权又落入孙峻手中。

少帝亲政　尽显智慧

孙峻是一个标准的奸佞之臣，阴险狠毒，荒淫无度，在宫中恣意妄为。他担任太尉之后，立即对朝政进行干涉，任人唯亲，残害忠良，使得朝野上下一片混乱。为了邀功，孙峻主动提出带兵讨伐曹魏，得到了孙亮的允许。东吴太平元年（256年），孙峻率兵出发，不久突发重病，死于军中。临死之前，他还不忘命其从弟孙綝带兵诛灭反对自己的滕胤②等人。

东吴太平二年（257年），孙亮亲政，时年15岁。这时的他开始显示出非同寻常的才智。

有一次，孙亮突然想吃蔗糖，于是派宦官到仓库去取。这位宦官跟仓库保管员发生过矛盾，想乘机陷害库管，于是偷偷在盛糖的器物里放进去几粒老鼠屎，然后将责任推到库管身上。但是，孙亮并没有盲目相信，而是命人将库管连同仓库里盛放蔗糖的器物一同带来，发现库管带来的器物上有盖子，根本不可能进去老鼠。他知道其中必有隐情，于是将库管叫到一边，心平气和地问道："这存糖之器既然有盖子，平常就应当盖着，不会出现此事，是不是宦官和你有仇？"库管听了，扑通一声跪下，如实相告说："陛下英明，这位宦官曾经向我索要宫中用的凉席，但宫中器物都有定数，所以不敢给他，他便怀恨在心，企图加害于我。"孙亮回到大堂，喝问宦官。宦官却矢口否认。命人将老鼠屎剖开，仔细查看，见老鼠屎虽然表面湿润，里面却是干燥的。他将剖开的老鼠屎展示给大家，说："诸位请看，这蔗糖是湿润的，如果老鼠屎在里面存放久了，必然里外全湿，现在只湿了一点表皮，说明是刚刚放进去的。"之后孙亮依法治了宦官的罪。众人看到孙亮如此明智，无不佩服。

孙亮的兄长、鲁王孙霸早逝，其子孙基在宫中任职。孙基贪玩，有一次偷偷地将御马牵出去，被人发现了。下属询问孙亮怎么处理，孙亮问一旁的刁玄道："偷盗御马该当何罪？"刁玄回答说："按律应当处死，但鲁王早逝，这孩子可怜，希望陛下能够饶他一次。"孙亮觉得不妥，说道："我不能因为他是我的侄子就破坏法律，否则以后怎能服众？应该想个万全之策，既遵守了法律，又能饶他一命。"刁玄想了一会儿，说道："陛下有赦免天下之权，依过去先例，赦免范围有大有小，任凭陛下定夺。"孙亮听后大喜，于是先依照法律判孙基死刑，又赦其无罪，保住了他的一条性命。

除奸失败　遗憾终身

孙峻死后，孙綝顶替了他的位置，独揽朝政大权。孙綝为人蛮横无理，独断专行，很多朝政事务不经孙亮裁夺，自己私下就处理了。孙亮为此十分不满，暗暗下定决心要将自己的权力夺回。

可是，朝中大臣多是孙綝安排的心腹，孙亮一时难以找到可靠之人。他思虑再三，认为最要紧的是扶植自己的势力，并把目光放在了外戚身上。皇后全氏的父亲全尚官职卑微，孙亮提拔他为城门校尉，封都亭侯，后来又让他取代滕胤的位置，为太常、卫将军，晋封永平侯、录尚书事。此外，他又加封5个全氏族人为侯，掌管兵马，其余人等分别担任侍郎、骑都尉等重要官职，负责保卫皇宫的安全。

可惜的是，全氏族人才能平庸。孙亮亲政不久，魏国大将诸葛诞叛离魏国，投奔吴国。孙亮得知后大喜，急忙派兵3万前去接应。与此同时，魏国也派大军追赶，并不断增兵，达20万之多，连杀东吴几员大将。东吴领兵的外戚全怿、全端、全祎、全仪等人贪生怕死，全部投降了魏军。

为了能够在关键时刻起到作用，孙亮特意从兵将子弟中挑选了一批15岁到18岁的精壮少年，约3000人，又选大将子弟中的勇武者作为统帅，带领这些少年在宫中花园日夜操练。

东吴太平三年（258年）的一天，孙亮派人秘密将岳父全尚、姐姐全公主以及大将刘丞召进宫中，商议铲除孙綝的具体计划。全尚虽然位高权重，但他生性胆小懦弱，既无谋略，又胸无大志，听了孙亮的话，非常害怕，说道："孙綝并没有犯什么大错，又掌管着朝中大权，恐怕一时难以除掉，况且他兄弟数人都握有兵权，万一失手，恐你我都难逃杀身之祸，此事还须从长计议的好。"而全公主乃一女流之辈，见识浅薄，也觉得应该再观察一阵子。三人之中只有刘丞是武将，但他没有半点谋略，看到全尚和全公主都不同意，也跟着胆怯起来，低着头不敢说话。孙亮见他们态度不明朗，十分恼火，拍案而起，喝道："事已至此，尔等犹豫不决，如果再不动手，必将悔之晚矣！"说完，转身走进后宫。

之后，孙亮一直闷闷不乐。同年九月戊午的夜里，孙亮让人将国舅全纪召入宫中，再次商议除掉孙綝的事情。二人商定，由孙亮写一封诏书，封全尚为中军都督，负责秘密召集兵马。孙亮将亲自率领宫中3000精兵，围住孙綝府邸，然后再下诏令解除孙綝的兵权，即可将孙綝逮捕。孙亮知道全纪的母亲是孙綝的堂姐，于是一再叮嘱他不能告诉他的母亲。全纪牢记在心，回到家后将诏令交给父亲。全尚虽然心中害怕，但也不敢违抗，只得硬着头皮答应下来。不过，他又偷偷地与妻子商量如何应对，正如孙亮所料，他的妻子马上派人向孙綝告密。

当天夜里，孙綝派人将皇宫围住，并亲自带兵将全府宅院封锁，誓要擒住全尚；同时命令自己的弟弟去除掉刘丞。剩余部下按兵不动，等待孙綝的命令，以防生变。这时，孙亮正在宫中等着全纪报告情况，却一直未见回音，急得如热锅上的蚂蚁，一夜未曾合眼，直到天亮，他才知道孙綝已经把皇宫围得如铁桶一般。孙亮顿时怒气上涌，穿戴整齐，手拿长枪上马，要冲出皇宫去。侍从、亲近的臣子以及乳母都一起扑到他面前，不让他出去，好说歹说总算将他劝住了。

事后，孙亮的帝位被废，贬为会稽王，被押送到会稽。全尚和公主分别被流放到零陵、豫章。

东吴永安三年秋，一个谣言悄悄地在会稽一带流传，说孙亮不久就会重新登基。孙綝派在孙亮身边的线人也跑进宫中报告说，孙亮经常派巫师到祠庙替自己祈祷，还口出恶言，诅咒当今皇上。此时孙綝已死，继位的是景帝孙休。孙休听了信以为真，又将孙亮贬为侯官侯，并立即遣送至侯官。在前往侯官的路上，孙亮不堪羞辱，自杀身亡，终年18岁，在位6年。还有一种说法，是孙休派人送给孙亮一壶毒酒，将其赐死。

注释：

①孙綝（231—258年）：三国时期孙吴宗室、权臣，官至大将军，执政时嗜好杀戮。废黜吴主孙亮，改立琅邪王孙休为帝，后被孙休设计捕杀。

②滕胤（?—256年）：三国时期孙吴重臣，少时有节操，后娶公主为妻。孙权称王后，历任都亭侯、丹杨太守、吴郡太守、会稽太守。孙亮继位后，出任太常、卫将军，后改任大司马，镇守武昌。因与吕据密谋推翻孙綝，计划泄露而被杀，惨遭灭族。

景帝孙休

孙休档案

生卒年	235—264 年	在位时间	258—264 年
父亲	大帝孙权	谥号	景皇帝
母亲	王氏	庙号	无
后妃	朱皇后	曾用年号	永安

孙休,字子烈,吴大帝孙权第六子,三国时期吴国第三位皇帝。

东吴太元三年,18 岁的孙休被封为琅邪王。孙权死后,孙亮继位,为了解除各诸侯王对皇权的威胁,他听从太傅诸葛恪的建议,下诏将各诸侯王迁到别的地方。因此,孙休从自己的封地虎林迁到了丹阳郡,后来又迁至会稽。

东吴太平三年九月二十六日,孙綝发动政变,罢黜皇帝孙亮,贬其为会稽王,然后拥立孙休为帝,改元永安。

孙休在位期间,大力改革,鼓励农桑,发展经济,促进了东吴的繁荣。同时,他又非常注重教育,创建国学,设太学博士制度,诏立五经博士,考核录选人才。

东吴永安七年(264 年),孙休驾崩,终年 30 年,谥号景皇帝,葬于定陵。

喜事临门 白捡帝位

孙休13岁时拜中书郎谢慈、郎中盛冲为师，18岁时受封为琅邪王，居住于虎林。他的弟弟孙亮继位后，为了防止孙休叛乱，诸葛恪将孙休迁至丹阳郡就近监视。由于多次遭到丹阳太守李衡的无理滋扰，孙休无可奈何，又请求迁往会稽。

孙亮于东吴太平三年被废后，孙綝几经权衡，决定拥立孙休为帝。他先命宗正孙楷、中书郎董朝一起到会稽去迎接孙休入京，但孙休却以各种理由推托，不肯动身。孙楷和董朝一再催促，孙休不得已，只好收拾行李上路。

在进京途中，孙休借故走走停停，暗中派亲信飞速赶往京城探听虚实。孙楷和董朝二人不断催促，并一再许诺不会欺骗他。走到曲阿时，进京打探消息的人返回，向孙休汇报说孙、董二人所言不假，并建议说："事不宜迟，迟则生变，现在宫中空缺，天下期盼新君登位，望陛下加速前行。"孙休这才打消疑虑，命人加快速度。到了京城外的永昌亭，他远远地就看到那里旌旗招展，人山人海，走到近前，才知道原来是孙綝派弟弟孙恩代行丞相职权，率领文武百官及朝廷仪仗队前来恭迎他。另外还有很多人在忙着为他建造临时行宫。因为行宫还没有建成，孙恩就先将自己的武帐腾出来供孙休休息。

孙休被迎进帐中，文武百官齐刷刷跪倒一片，山呼万岁，请孙休落座。孙休一再推辞，最后在东侧坐下。这时，户曹尚书站起身，向前走几步来到孙休面前，大声表达了文武百官的拥立之意。接着，孙恩双手奉上皇帝玉玺，孙休又假意推辞一番，才说道："既然大家推举我，那我就恭敬不如从命了。"他接过玉玺，在御座上坐下来。文武百官再次行君臣大礼，三叩九拜，山呼万岁，场面十分隆重。就这样，孙休由一个小小的诸侯王摇身一变成了皇帝。

次日，孙休被众人拥入御辇之内，前面仪仗队开道，后面文武百官紧紧跟随，浩浩荡荡地向京城开进。在距离京城还有几十里远的时候，又看到孙綝已经带着1000多名兵士等候在那里。

忍辱负重　诛杀权臣

孙休能当上皇帝，主要归功于孙綝的拥立。为了表达自己的感激之情，孙休继位不久便加封大将军孙綝为丞相、荆州牧。孙綝的弟弟孙恩、孙据等5人，也都委以将军、御史大夫等要职，并封侯爵。另外，凡到永昌亭迎接的文武官员，且极力拥戴他为皇帝者，全部官升一级。

相比于孙亮时代，孙綝一家的权力更大了，5人为侯，手握禁卫军大权，这在东吴时期是绝无仅有的。孙休实际上仍是一个傀儡，凡是孙綝吩咐要办的事情，他无一不恭敬从命。即便如此，他仍然担心孙綝不满意，有朝一日将他从皇帝的位置上踢下来。为了讨好巴结孙綝，孙休隔三差五便会封赏孙綝及其亲属。有一次，孙休又要对孙綝进行加封，但他实在想不出还有什么可以封赏的，最后只能下诏说："大将军对朝廷忠心耿耿，安邦定国，鞠躬尽瘁，按理应当官升一级。但是，朕考虑到大将军现在已经执掌朝廷内外诸多事宜，事情繁杂，身体无法承受，所以决定加封其弟卫将军、御史大夫孙恩以侍中衔，帮助大将军分担一些事务，也算是表示一点朕对于有功之臣的尊敬之意。"

既然皇上对自己如此厚爱，孙綝也不能不表示一下。几个月后的一天，他将一批牛酒奉献给孙休，但孙休竟然拒绝了。这让孙綝既意外又生气，便带着贡品来到左将军张布家中。张布见是大将军屈尊而来，受宠若惊，急忙命人摆酒设宴，二人边饮边谈。三五杯后，孙綝便大发牢骚，说孙休不识抬举，居然拒绝他所送的礼品，要是惹急了他，他就重新立一个皇帝。张布听了惊出一头冷汗，他极力掩饰内心的恐慌，将孙綝灌得酩酊大醉，然后派人将孙綝送了回去。之后他连夜进宫，向孙休禀报此事。孙休听后惊慌失措，急忙向张布求助，张布认为君子报仇，十年不晚，孙綝现在拥兵自重，应该继续善待他，甚至比以前更好，使他放松警惕，等机会成熟了再一举除掉他。孙休点头称是，于是让张布暗中做好准备。

这以后，孙休一如既往地厚待孙綝，经常对他进行封赏。不久，有人到孙休面前告发孙綝意图谋反，孙休毫不客气地呵斥了告发者，并将其交由孙綝发落。孙綝果然被迷惑住了，下令将那人杀掉。事后，孙綝心中惶惶不安，总担心还有人会告发自己，引起孙休的怀疑，对自己不利。于是，他主动上书朝廷，请求到武昌屯守。孙休自然求之不得，并允许孙綝将手下一万多精兵强将全部带走，所有将士各取所需，武器、车马、粮草要多少给多少，不设限制。孙綝得到如此厚待，心里轻松了许多，忙吩咐将士们抓紧打点行装，搬运物资。之后，他又向孙休提出想带两名书郎一同赴任，协助处理军务，孙休也很爽快地答应了。

孙綝即将出发前，一个名叫魏邈的将军提醒孙休说："孙綝手握重兵，且对陛下存有不尊之心，如今离开京城，长期领兵在外，早晚必然生变。"孙休听了也意识到，一旦孙綝领兵出京，便如虎出牢笼，想要制服他将难上加难。这时，卫士施朔又来禀报说孙綝正在整顿兵马，军营内杀气腾腾，不像离京赴任，倒像是要奔赴战场。

孙休预感到孙綝即将对自己动手，忙找来张布商量对策。张布说："左将军丁奉①谋略过人，行事果断，又忠于朝廷，能担大事，陛下不如召他来一同商议。"于是，孙休立即命人将丁奉秘密召入宫中。丁奉认为，孙綝的几个兄弟都位高权重，手下得力干将不少，如果突然宣布罢免孙綝，他的兄弟们肯定不服，难免引起骚乱，所以不可轻举妄动。眼下腊祭即将到来，可以腊祭聚会为由拖住孙綝，令禁卫军埋伏在宫中，趁孙綝不备，一举将他拿下，然后再除掉他的几个兄弟，大事可成。孙休听后心中大喜，赞道："老将军果然名不虚传，足智多谋，就依将军之计行事！"

按照往年惯例，腊八这一天宫中会大摆宴席，皇帝与文武百官共同庆贺节日。孙綝因为心中有鬼，便派人向孙休告病，不想出席宴会。但是，孙休已经做好了准备，于是连着派了几拨人到孙府邀请孙綝。孙綝实在无法推辞，只好勉强答应下来。他身边的人都劝阻他，让他不要去，他说："陛下如此盛情相邀，我如果不去，反倒不合常理了。为了防止事情有变，请诸位留在府中，将兵马集合起来，做好准备，等我到了宫中，你们便马上放火。我看到烟雾就会找借口出来，如果出不来，麻烦诸位立即出兵解救。"说完，他强作镇静地出发了。

孙綝进到宫中时，只见孙休端坐席中，大臣张布和丁奉陪侍左右，三人谈笑风生，没有什么异常之处，他终于放下心来。然而，他无意中又看见站立在左右两边的卫兵均手持宝剑，面色冷峻，刚刚放下的心又提到了嗓子眼，后悔自己不该冒冒失失地进宫，更不该一个护卫也不带。但现在想要退出已经来不及了，他只能硬着头皮坐下来，一边喝酒一边不时地朝自家的方向望去。果然，酒刚喝了几杯，他家院子上方突然冒出一股浓烟，他故作惊慌地站起身来，向孙休告辞道："陛下慢慢饮用，臣家中起火，必须立即告退。"说完转身就想走。孙休朝张布和丁奉使了个眼色，两人会意，也站起身来，上前一步，一人拉住孙綝的一只手说："大将军留步，家中有那么多人，自然会将火扑灭，无须担忧。"众卫士随即一拥而上，捉住孙綝。孙綝想要反抗，但双手却被张布和丁奉两人紧紧拉住，根本动弹不得，很快被捆了个结结实实。孙綝自知大势已去，忙双膝跪地，磕头求饶，但孙休决心斩草除根，下令将他斩首示众。同时宣布，孙綝部众只要真心归顺朝廷，概不论罪，一律赦免。

孙綝部众见事已至此，再反抗也是徒劳，只会白白地丢掉性命，于是纷纷缴械投降。孙休也没有食言，对他们既往不咎。不过，孙綝的家人就没有那么幸运了，被全部处死，并株连三族。

这次政变以后，孙休的皇位得到了巩固。为了嘉奖参与政变的有功之臣，他封丁奉为大将军，加左右都护；张布为中军督，张布的弟弟张惇为都亭侯、张恂为校尉。从此，张氏兄弟得到孙休的宠信，权势日盛。

生不逢时　壮志难酬

孙休从小喜欢诗书礼乐，重视文化教育，他当政时多次颁布诏令，立五经博士，从文官武将的子弟中选拔勤奋好学者进行重点培养，为朝廷储备人才。而他本人也没有因为当了皇帝而荒废学业，一有闲暇必取出古代典籍，手不释卷。他还立下了誓言，一定要读遍先人的百家之言。

正因为博览群书，孙休对很多事情有着自己的判断，他刚继位的时候，有几个大臣建议说，先臣诸葛恪辅政有功，应该为其立碑，予以表彰。但孙休却反驳道："诸葛恪刚愎自用，不听劝阻，坚持盛夏出兵，致使我军将士伤亡惨重，谈何贤能？而且他作为辅政大臣，先帝诚心托孤，结果却被逆臣竖子所害，算不上有智之士。这样一个蠢笨无能的家伙，为什么还要为他立碑、歌功颂德呢？"一席话说得大家低头不语。

东吴永安二年（259年）三月，孙休完善了九卿官制，下诏说："朕本无德之人，委身王公之上，心中深感不安，忘食废寝。现为天下苍生着想，朕欲停息战事，昌明文教，广施仁道，以顺应民心。推行仁政之道，当想民之所想，急民之所急，加强农桑生产乃是根本。《管子》有言：'仓廪实，知礼节；衣食足，知荣辱。'一夫不耕，就有人挨饿；一妇不织，就有人受寒；民处饥寒交迫之中，孰不为非作歹？近年以来，州郡官民及各军队士卒，多有离弃农桑本业者，驾船于长江之上，往来经商，致使良田荒芜、粮食歉收，严重危及国家安全，国何不乱？另有租税过重，农人所收甚少，致使民心思变，朕之过也！朕已决定，广泛发展农业，轻徭薄赋，以劳力强弱来征收田地税赋，使民之负担减轻，安居乐业，家家户户自给自足，天下黎民自然会爱惜身家性命，遵守法令，刑罚则可弃之不用，风俗自可整顿矣。卿当忠正贤明，尽心于当前急务，虽远古时代隆盛的教化，一时还不能达到，但汉文帝时期的升平景象也许能够实现。若天遂人愿，则君臣都能享受荣光，否则将遭致损失凌辱，我等将抱愧终身矣。众位公卿尚书，务必周密计划，选取利便之策。农桑大忙季节已到，莫要错过时机。事定即行，乃朕之心意！"

东吴永安三年三月，西陵传说出现了红乌鸦，此乃不祥之兆。这年秋天，孙休采纳都尉严密的建议，修筑浦里塘。不久又传出了会稽郡会稽王孙亮有意复辟的谣言，而且孙亮的宫人也诬告孙亮勾结巫师祈祷祖祠，口出恶言，诅咒当今天子。孙休得到报告后，下令将孙亮贬为侯官侯。在前往封地的路上，孙亮自杀，也有说孙亮是被鸩杀，护送他的人均被处死。之后，孙休在会稽南部置建安郡，分宜都郡，设建平郡。

东吴永安四年（261年）五月，吴国连下多日大雨，河流湖泊和泉水涨满涌溢。八月，孙休派光禄大夫周奕、石伟巡察各地受灾情况，视察各处将领官吏的政绩、百姓的疾苦，根据政绩升贬官员。

东吴永安五年（262年）二月，白虎门北楼突发火灾。八月十六日，孙休册立朱据之女为皇后。十九日，册立儿子孙𩅦为太子，并大赦天下。同年十月，任命卫将军濮阳兴[2]为丞相，廷尉丁密、光禄勋孟宗[3]为左、右御史大夫。

丞相濮阳兴、左将军张布都是孙休的好友，又在孙綝一事中发挥了重要作用，所以孙休对他们十分信任，任命张布掌管宫内官署，濮阳兴执掌军国大事，互为表里，但这也引起了群臣的不满。

有一次，孙休打算和博士祭酒韦曜[4]、博士盛冲讨论学问理论和技艺，而韦曜、盛冲为人耿直，对张布多有不满，张布担心他们在孙休面前揭发自己的过失，于是全力阻止孙休与他们接触。孙休十分生气，斥责张布说："朕博览群书，历代明君昏主，奸臣贼子，古今贤愚成败的事情，无所不知。现在朕召韦曜等进入内宫，不过是讨论和讲解书而已，而卿百般阻拦，只是担心韦曜等人说出不利于卿的言语，朕心知肚明。卿之过去，朕早已有所耳闻，不须韦曜等人说出来才知晓。"张布又说自己只是担心孙休读书讨论会妨碍政事，孙休说："读书乃朕之爱好，政务与学业，两者各有不同，互不相碍。卿如今任官行事，对朕百般阻拦，实在是不可取。"张布急忙叩头请罪，孙休便没有继续追究。

永安六年（263年）四月，泉陵忽然传言说有黄龙出现，五月又发生了交趾郡吕兴等谋反杀害太守孙谞一事。原来，孙谞曾征调郡里的1000多名手工匠人送到建业，这年孙休又派察战官[5]到交趾郡征调孔爵（孔雀）和大猪，百姓们担心再次受到征调，人心惶惶。吕兴等人借机煽动士兵、百姓，招诱各部落叛乱。十月二十一日，建业石头小城失火，导致西南部180丈内的建筑物全都被烧毁。

与此同时，蜀汉因受到魏国攻击，派使者前来商讨联合抗魏之事。十月二十二日，孙休派大将军丁奉督率各军向魏国寿春挺进，将军留平另到南郡面见大臣施绩，商讨进兵方向；又命将军丁封、孙异前往沔中，救援蜀汉。不久传来蜀主刘禅投降魏国的消息，孙休只得下令停止救援行动。吕兴杀死孙谞后，派使者前往魏国，请求任命他为太守以及领兵。濮阳兴建议孙休选取屯田1万人组建军队，同时分拆武陵郡，置天门郡，但交趾郡也叛吴降魏，这样一来，东吴完全陷入了魏军的包围。

东吴永安七年（264年）正月，孙休乘曹魏在巴蜀之地立足未稳，派镇军将军陆抗⑥、抚军将军步协、征西将军留平、建平太守盛曼，率军对原蜀汉巴东守将罗宪⑦发起进攻，将其团团围住。罗宪以寡敌众，多次击退吴军的进攻，导致吴军围攻半年有余仍无法得手。四月，魏国将领、新附督王稚突然渡海袭击句章，掠夺官吏、财货及男女百姓200余人。七月，海盗又攻破海盐，杀死司盐校尉骆秀。恰逢豫章郡百姓张节等聚众1万多人发起叛乱，魏国乘机派荆州刺史胡烈率领步、骑兵2万侵犯东吴重镇西陵，以解罗宪之围，陆抗等被迫从巴东一带撤军回援。这在一定程度上也为东吴的灭亡埋下了伏笔。

孙休继位之初曾经有过豪言壮语，一定要将国家治理得井井有条、繁荣昌盛，无奈东吴已经进入多事之秋，尽管他做了不少努力，但终因手中权力有限，很多惠国惠民的政策无法有力地执行，以致他空有一腔抱负，最后只能不了了之。

迷信鬼神　英年早逝

孙休虽然博览群书、才高八斗，但却迷信巫术。有一次，他身患重病，不让太医诊治，居然找来一个巫师为自己作法驱邪。为了试验巫师的法力大小，他命人提前杀了一只白鹅埋在后宫的花园里，又在上面建了一个小房子，里面摆上桌椅板凳，又放了一些妇女小孩常用的衣服鞋袜，然后让人传话给巫师："只要能说出这屋子下面埋葬的是什么样的妇人，不但可以为皇上治病，还可以得到大笔赏金。如果说不出，就要杀头。"巫师没有马上回答，而是围着小房子转了一圈又一圈，瞅准机会，用重金买通宫人，问清了事情的经过。到了晚上，孙休派人过来催问，巫师不慌不忙地说："其实我并没有看到什么妇人的魂魄，只看到房顶上站立着一只鹅,之所以没有及时告诉陛下,是因为我想看一看它是不是由什么鬼神变化而来,对陛下有无妨害。现在看来,它并不是冲着陛下而来,总算可以放心了。"孙休被巫师的话说得口服心服,忙将巫师召进来为自己看病。巫师来到他的病榻前,胡编乱造了几句,哄得他团团转,之后巫师拿着赏金高高兴兴地走了。

东吴永安七年七月,孙休突发重病,卧床不起,虽然神志清醒,但已经不能言语。太医们对此束手无策。孙休向宫人要来纸笔,颤抖着写下了一份诏书,然后将丞相濮阳兴叫到床前,又叫太子出来拜见。他一手紧紧地拉住濮阳兴,一手指着太子,口中发出含混不清的声音。濮阳兴知道皇帝是要将太子托付给自己,急忙点头道:"请陛下放心,臣一定竭尽全力辅助太子!"孙休听了,终于放心地闭上了双眼。

注释:

①丁奉(?—271年):三国时期孙吴名将,少有战功,迁偏将军。孙亮继位,为冠军将军,封都亭侯。东吴建兴元年在东兴击败魏将诸葛诞,迁灭寇将军,晋封都乡侯。孙休继位后诛杀东吴权臣孙綝,迁大将军,加左右都护。后又迎立孙皓,官至大司马左军师。

②濮阳兴(?—264年):三国时期东吴大臣,吴景帝孙休末年至末帝孙皓初年任丞相。孙休驾崩后,与张布一起迎立孙皓,担任侍郎,兼任青州牧。同年遭人谮毁,流放广州,途中被孙皓派人追杀,并夷三族。

③孟宗(?—271年):三国时期东吴大臣,《二十四孝》之一"哭竹生笋"的主人公。初为监池司马、豫章太守,官至司空。

④韦曜(约204—约273年):三国时史学家,孙权时历任西安令、尚书郎、太子中庶子、黄门侍郎。孙亮时为太史令,撰《吴书》。孙休时为中书郎、博士祭酒。孙皓时封高陵亭侯,为中书仆射、侍中,领左国史。因孙皓欲为父亲孙和作本纪,他以孙和未登帝位,不当为纪予以拒绝,结果被下狱杀害。

⑤察战官:三国时东吴置,负责监视吏民。

⑥陆抗(226—274年):三国时期东吴名将,陆逊次子。袭父爵为

江陵侯,为建武校尉。孙皓为帝时,任镇军大将军,都督西陵、信陵、夷道、乐乡、公安诸军事,驻乐乡。凤凰元年(272年)击退晋将羊祜进攻,并攻杀叛将西陵督步阐。后拜大司马、荆州牧。

⑦罗宪(218—270年):西晋开国将领,巴东太守,蜀汉灭亡后降魏,成功抵御孙吴的入侵,守住了入魏国的要冲永安。后仕晋官至冠军将军、假节,封西鄂县侯。

乌程侯孙皓

孙皓档案

生卒年	242—283 年	在位时间	264—280 年
父亲	孙和	谥号	无
母亲	何氏	庙号	无
后妃	藤皇后等	曾用年号	元兴、甘露、宝鼎、建衡、凤凰、天册、天玺、天纪

孙皓，字元宗（一说字元景），又名彭祖，字皓宗，吴大帝孙权之孙，废太子孙和之子，三国时期吴国末代皇帝。

东吴永安七年，景帝孙休病逝，因太子年幼，濮阳兴和张布决定违背景帝的意愿，立其侄孙皓为帝，改元元兴。

孙皓在位初期施政清明，但不久便沉迷酒色，滥杀无辜，致使朝政混乱不堪。

东吴天纪四年（280 年），吴国被西晋所灭，孙皓投降西晋，被封为归命侯，3 年后在洛阳去世，终年 42 岁，葬于洛阳北邙山。

侥幸继位　忘恩负义

孙皓是废太子孙和与何姬所生，从小甚得祖父孙权的喜爱，孙权还给他起了个名字叫彭祖。东吴赤乌十三年，孙和被废黜太子之位，迁到故彰，两年后又被封为南阳王，迁到长沙。东吴建兴二年（253年），宗室孙峻杀死孙和的妻舅诸葛恪，之后将孙和押到新都赐死。孙和的正妃张氏自杀身亡。孙皓的生母何姬为了照顾孙皓及其3个异母兄弟，忍辱偷生。

景帝时期，孙皓被封为乌程侯。在乌程居住期间，他结识了乌程令万彧①（yù），与其建立了深厚的交情，也为自己日后当上皇帝铺平了道路。东吴永安七年，景帝驾崩，东吴一时群龙无首，叛乱频发，加上蜀汉刚刚灭亡，曹魏在一旁虎视眈眈，总想寻找机会吞并东吴。

孙休本来已经立了太子，但太子年幼，无法理政。这时万彧已担任左典军②，他多次在丞相濮阳兴和左将军张布面前极力夸赞孙皓的才能，说孙皓胸怀大志、智慧过人，是个难得的人才。濮阳兴和张布被说得心动，便去找朱太后，对她晓以利害，劝说她改立孙皓为嗣君。朱太后倒也深明大义，说道："我一个妇道人家，不懂国家大事，只要你们觉得对江山社稷有利就好。"

东吴永安七年八月，孙皓被拥立为帝，时年23岁，改年号为元兴。孙皓继位初期便发布诏书，大赦天下，并开仓放粮，救济天下贫苦民众，又将许多宫女遣送出去，许给无家室男子为妻。这两项措施深得民心，赢得了一片赞誉之声，人们纷纷庆贺，说东吴又出了一位德才兼备的好皇帝。

然而没过多久，孙皓便暴露出骄淫奢侈的本性，整日沉迷于声色犬马，饮酒作乐，荒废朝政。张布、濮阳兴多次进谏均无济于事，不禁对当初轻信万彧之言后悔不已。奸佞小人趁机在孙皓面前大进谗言，孙皓不顾张布和濮阳兴对自己的知遇之恩，下令将他们杀害，并株连三族。

这一年，魏国司马昭将吴国降将徐绍、孙彧送回吴国，向孙皓说明魏国的情况，为儿子篡位做准备。东吴甘露元年（265年）三月，孙皓又派徐绍、孙彧二人前往魏国，给司马昭回信说："久仰君之大名，如雷贯耳。现君居相国之职，功高盖世，堪称楷模。而寡人无才无德，不过顺继皇统罢了。今寡人欲与贤良之士共同拯救乱世，但道路遥远，不能亲往，故遣光禄大丈纪陟、五官中郎将弘皓前往，共议此事。"但徐绍等人刚走到濡须，又被孙皓召回杀死，原因是徐绍在孙皓面前称赞了中原的强盛和美好。

同年七月，为了在皇帝的位置上坐得更稳，孙皓又找借口杀了朱太后。善良的朱太后生前以极其大度的胸怀容纳了孙皓，但她做梦也没有想到，仅仅过了一年时间，自己便惨死在孙皓手中。不久，孙皓又将朱太后的4个儿子遣送到一个偏远小城，并下令将其中两个年龄稍大的杀死，可谓残暴至极。

纵容奸佞　人心尽失

孙皓排除异己后，觉得自己可以高枕无忧，于是开始大兴土木，在全国征召工匠，建昭明宫。因为工程巨大，需要大量巨型木材，他下令将全国2000石以下的官员全部派到深山里，监督和率领民工伐木取材。昭明宫方圆有500丈，外表豪华壮观，里面金碧辉煌，亭台楼榭，绿树掩映，如入仙境。

在宫殿建造期间，孙皓身边出现了一个大奸臣，名叫何定。何定本来是一个不起眼的小官吏，但是他极尽巴结逢迎之能事，深得孙皓信赖，多次被委以重任，一路高升。何定因此变得狂妄自大，他在还没有被提拔之前，看中了同僚李瑁的女儿，有意聘为自己的儿媳，但是李瑁为人正直，根本不把他放在眼里，坚决拒绝了这桩亲事。何定怀恨在心，一直寻机报复。他得势后，多次在孙皓面前说李瑁的坏话，诬陷他藐视朝廷、无法无天。孙皓偏听偏信，下令将李瑁一家老小全部处死。何定有一个特殊的癖好——喜欢养犬，尤其对体形高大威猛的猎犬情有独钟。他得势以后，便经常打着皇帝的旗号，命令文武百官四处为他寻觅良犬。大臣们一是畏惧他的权势，二是有意巴结讨好他，于是都不惜花重金从民间购买猎犬送给他。这也使猎犬的身价迅速增长，少则几十上百银，多则成千上万，甚至一条猎犬就能换取绢数千匹。这些猎犬买回来后都养在宫里，每条猎犬配一名士兵，每天捕捉野兔饲喂，而且每条猎犬都配有高级饰品，价值不菲。

何定如此荒谬的行径，令大臣们深为不满，但又畏惧他的权势而不敢上书弹劾。而且孙皓认为何定对自己忠心耿耿，还将他封为侯爵。到后来因为何定为所欲为，激起朝野一片谴责之声，孙皓迫于压力，才不得不忍痛割爱，下令将他处死。

除了朝廷中出现祸国殃民的奸臣外，孙皓的后宫也一片混乱。他有一名爱妾，贪财如命，宫内的奇珍异宝已无法满足她，于是就唆使手下到集市上去抢老百姓的东西，以至于民怨四起。司市中郎将③陈声听说此事后，将抢掠之人绳之以法。孙皓的爱妾哭哭啼啼地跑到孙皓面前告状，孙皓听了勃然大怒，立即派人把陈声抓起来，处以极刑。

东吴天玺元年（276年），会稽一带出现旱灾，粮食收成大减，百姓啼饥号寒，食不果腹，联名要求官府开仓放粮。会稽太守车浚一向为官清廉，体察民情，看到这种情况，便下令打开官仓，拯救黎民于水火之中。此事传到宫中后，孙皓认为车浚是为了自己的名利名声，耗费国家财物，下令将其斩首，并将首级带进京城。尚书熊睦眼见忠臣被害，心中愤愤不平，于是上书进行劝谏，不料孙皓不仅不听，反而命人用刀将熊睦活活砸死，以至于熊睦死后体无完肤。

嫉贤妒能　好色成性

孙皓不但听不进逆耳忠言，而且嫉妒心特别强。侍郎张尚才思敏捷，博览群书，多才多艺，孙皓对他十分嫉恨，欲除之而后快，终于有一天，张尚被孙皓抓住把柄，问了死罪。中常侍楼玄为人刚直不阿，疾恶如仇，仗义执言，在朝野享有很高的声誉。孙皓看见楼玄的盛名直逼自己，心里很不是滋味，恰巧有奸佞之臣诬告楼玄诽谤时政、目无君王，孙皓便下令将楼玄革职查办，发配到广州，后又流放交趾。楼玄因不甘受辱而自尽。中书令贺邵脾气耿直，对孙皓的种种作为感到非常气愤，结果也遭到小人陷害，被孙皓撤职查办，但是查来查去，也没能查出贺邵有什么问题，孙皓只能又让他官复原职。不久，奸臣诬陷贺邵谤毁国事，恰巧贺邵中了风，张着嘴说不出话来，孙皓便以他装病为由，命人对他严刑拷问，结果贺邵被活活打死。

孙皓不仅残暴昏庸，而且荒淫无度。左将军张布的大女儿长得很漂亮，入宫后深受孙皓宠爱，还被封为皇后。张布被杀之后，张皇后伤心欲绝，但在孙皓面前仍强颜欢笑。孙皓看在眼里，不仅毫无同情之心，还想方设法在她的伤口上撒盐。有一次，孙皓问张皇后："你可知道你的父亲去了哪里？"张皇后气愤难耐，说道："是被昏君杀害了！"孙皓闻言大怒，叫侍从用木棒将张皇后活活打死。不久，孙皓想起张皇后的美貌，心中十分懊悔，于是让人用木板雕刻张皇后的遗像，放在身边，以表思念之情。后来，他听说张布还有一个小女儿，跟张皇后一样长得非常漂亮，只是已经出嫁。但这对孙皓来说根本不是什么障碍，很快，张布的小女儿被强召入宫，拜为左夫人。但她也没有完全笼络住孙皓的心，昭明宫内美女如云，而且佩戴皇后印玺者比比皆是。为了得到更多的美女，孙皓规定凡俸禄在 2000 石以上的官员，家中有女儿者都要登记造册，待年满 15 岁后带入宫中，经他亲自挑选，漂亮的留下侍寝，相貌丑陋的才准许嫁人。

覆水难收　家破国亡

为了寻欢作乐，孙皓命工匠们将黄金打制成不同的首饰，然后让宫人们穿戴在身上，进行摔跤比赛，他自己则边喝酒边欣赏。这样一来，那些价值昂贵的首饰常常是早上佩戴，晚上就坏了，但孙浩一点也不觉得可惜，马上让工匠重新另做。如此一来，工匠们趁机偷盗，不久国库便空空如也。

东吴天纪三年（279 年）冬，西晋了解到东吴国内的乱象，认为这是吞并吴国的一个绝佳机会，于是集结大军，兵分数路向东吴大举进犯。吴国军心涣散，几乎没有任何抵抗能力。晋军一路长驱直入，如入无人之境。次年，晋军大将王浚④（jùn）兵临建业城下，孙皓知道大势已去，为了活命，他让人将自己的双手绑上，率领文武百官走出城门，向西晋投降。

之后，孙皓被晋军押往洛阳，晋武帝司马炎封他为归命侯，在洛阳居住，赐田 30 顷，每年给谷 5000 斛、钱 50 万、绢 500 匹、绵 500 斤。从此，孙皓开始了亡国之君的屈辱生活。

在东吴灭亡之前，孙皓给舅舅何植写了封信，信中说："现国土不守，不守者，不是粮不足，城不固，乃是将士背战。将士背战，乃孤之罪也，并非天亡我东吴，是孤所招也。"之后，他又给群臣写信说："朕自继位以来，思虑失中，多所荒替，身边有奸佞小人，残暴酷虐，以致朝廷中忠烈大臣皆被杀害。朕暗错不觉，倾覆社稷。"最后，他仰天长叹："覆水不可收，我还有何话可说，唯有投笔而已！"

西晋太康四年（283 年），孙皓在洛阳度过 3 个春秋后病逝，终年 42 岁，葬于河南境内。

注释：

①万彧（235—273 年）：三国时期东吴末期大臣，官至右丞相。孙皓为帝后累迁左典军、散骑中常侍、右丞相。因与留平商议废立孙皓之事，事泄后被孙皓下毒，未死。之后自杀而死。

②左典军：官名。三国吴置中、左、右典军，掌宿卫禁军，为皇帝身边亲信之臣。

③司市中郎将：官名，三国吴置，掌管市场贸易和治安。

④王浚（206—286 年）：西晋名将。博学多才，多谋善战，因灭吴功勋卓著，拜为辅国大将军，封襄阳县侯。累官至抚军大将军。

曹丕像↑

出自《历代帝王图》。传为唐代阎立本画作，绢本设色，现存为后人摹本，现藏于美国波士顿博物馆。

司马炎像↓

传为唐代阎立本画作，绢本设色，现存为后人摹本，现藏于美国波士顿博物馆。

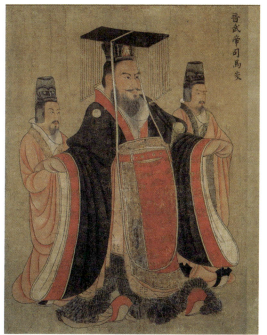

西晋屯垦图↑

高54厘米，宽88厘米，20世纪70年代发现于甘肃嘉峪关市3号墓前室南。

三国·曹魏坞壁图↑

1972年发现于甘肃省嘉峪关市1号墓前室西壁。

司马懿像↑

出自《历代古人像赞》，刊于明弘治十一年（1498年），不著绘者姓名，由明朝宗室朱天然撰写赞辞。

←金谷园图轴

清代华喦绘,纸本设色,现藏于上海博物馆。描绘西晋富豪石崇（249-300年）在所营建的金谷园,坐听侍妾绿珠吹箫的故事。

西晋青瓷飞鸟香薰 ↑

1953年江苏宜兴周处墓出土。通体青黄釉,造型优美别致,显示出工匠们的高超艺术水平。

晋元帝司马睿→

东晋开国皇帝,司马懿曾孙,太兴元年（318年）建立东晋,史称晋元帝。图为《三才图会》中的司马睿像。

谢安→

在淝水之战中,谢安作为东晋一方的总指挥,打败了强大的前秦军队,使晋室得以存续。图为清宫南薰殿旧藏谢安像,现藏台北故宫博物院。

高逸图↓

唐孙位绘,绢本设色画,现藏上海博物馆。画中表现的是魏晋"竹林七贤"。图中四人经考证是山涛、王戎、刘伶与阮籍（由右至左）。

王珣《伯远帖》↓

王珣（349－400年），东晋大臣、书法家，丞相王导之孙。《伯远帖》是作者给亲友伯远书写的一通信札，也是现今学术界公认唯一传世的东晋名家书法真迹。

陆机《平复帖》↑

陆机（261－303年），字士衡，孙吴丞相陆逊之孙，与其弟陆云合称"二陆"，太安二年（303年）死于"八王之乱"。其书法《平复帖》是中国古代存世最早的名人书法真迹。

魏晋耕种图砖画 ↑

1972年甘肃嘉峪关新城1号墓出，画面右上角有朱书"耕种"二字。

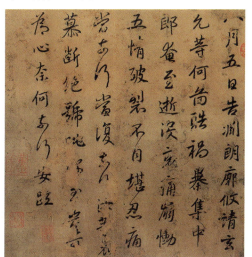

←中郎帖

又称《八月五日帖》。纸本行书，故宫博物院藏，是谢安书写的一封报丧书信。据后人推断，此帖为南宋中人临摹，虽非真迹，但依然宝贵。

王导↑

东晋开国元勋，与其从兄王敦一内一外，形成"王与马，共天下"的格局，为东晋中兴名臣之最。图为《三才图会》中的王导像。

←黑褐釉鸡首壶

1964年江苏镇江出土,国家博物馆藏,为东晋时褐釉器的代表作。

张华《得书帖》→

张华(232-300年),字茂先,劝晋武帝定灭吴之计,后被封为广武侯。图为张华《得书帖》(摹本),释文为:得书为慰,仆诸患疾已甚,暂西卧,归还乃悉,比将念反,不具。张华呈。

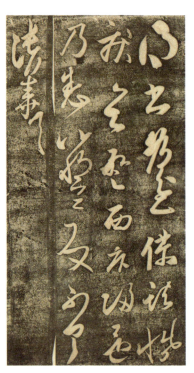

←亲晋胡王铜印及印文

这是西晋政府颁发给北方少数民族首领的青铜印。青铜印上有兽形钮,印面方形,印文为阴文"亲晋胡王"四字。现藏国家博物馆。

兰亭修禊图(局部)↓

清代樊圻绘,绢本。此图画东晋永和九年(353年)上巳节,王羲之与名士谢安、孙绰等41人,在会稽山阴(今浙江绍兴)的兰亭水边,做流觞曲水之修禊活动。

西 晋

武帝司马炎

司马炎档案

生卒年	236—290 年	在位时间	265—290 年
父亲	司马昭	谥号	武皇帝
母亲	王元姬	庙号	世祖
后妃	杨皇后、赵夫人	曾用年号	泰始、咸宁、太康、太熙

司马炎，字安世，河内温县人，司马懿的孙子，司马昭的长子，西晋第一位皇帝。

咸熙二年，司马炎承袭父位，为晋王，数月后便逼迫曹奂禅位，改国号为晋，建都洛阳，建元泰始，是为晋武帝。

咸宁五年（279 年），司马炎命杜预[①]、王浚等人伐吴，次年灭吴，结束了三国分治的局面，使天下一统。

司马炎执政前期励精图治，厉行节俭，与民休养生息，推行占田制、户调制和品官占田荫客制，使西晋出现了繁荣景象，史称"太康之治"。但他在执政后期逐渐怠倦政事，沉迷酒色，在他的影响下，西晋奢靡之风盛行。

太熙元年（290 年），司马炎驾崩，终年 55 岁，谥号武皇帝，庙号世祖，葬于峻阳陵。

以长继位　篡魏称帝

　　自从司马懿发动高平陵政变以后，他与儿子司马师、司马昭相继专权，并用铁血手段铲除异己，牢牢控制着曹魏军政大权。随着司马家族声望日隆，司马昭掌握实权以后，开始觊觎帝位。他杀死魏帝曹髦，拥立曹奂为新君，自己则受封晋王，地位在曹奂的父亲之上。他的王妃王元姬改称王后，继承人的名号也由世子改为太子。按照封建宗法制原则，司马炎作为司马昭的嫡长子，理应被立为太子，但司马昭似乎更加看重另一个儿子司马攸，还将他过继给兄长司马师，打算立他为世子。司马昭经常把司马攸带在身边，并拍着自己的座位对他说："我儿好好努力，这个位置将来就是你的。"

　　司马攸性情和顺，饱读诗书，通晓古今，尤其喜爱古代典籍，是一个难得的儒雅之士。司马炎的性格则大不相同，他外表宽厚仁慈，内心却颇有城府，是一个天生的政治家。他以长子的身份，想方设法争取朝中大臣的支持，当司马昭晚年欲将晋王的位子传给司马攸时，大臣们都站出来表示反对，列举了历史上很多因废长立幼而引起祸乱的事例予以警示。司马昭无奈，只得勉强接受众臣的建议，立司马炎为太子。司马昭死后，司马炎顺利继承魏国的相国职位和晋王爵位。

　　司马炎继承晋王之位不久，就以皇帝的礼仪为父亲司马昭办理丧事，而且不顾儒家三年服丧的制度，脱下丧服，在一帮亲信大臣的催促下，逼迫魏元帝曹奂禅位。咸熙二年十二月，司马炎正式登上帝位，改国号为晋，史称西晋。

　　顺利当上皇帝后，司马炎并没有得意忘形，因为他深知自己肩上的担子并不轻。对内而言，当年他的祖父司马懿为了让自己的后代能够当上皇帝，不惜对曹氏家族及其附属势力进行残酷镇压，引起了许多大臣的不满，只是碍于司马懿的权势敢怒而不敢言。司马炎称帝后，这种仇恨延续了下来。对外而言，蜀汉已经灭亡，但还有东吴这个割据势力的存在，尽管东吴的力量与晋国相差悬殊，但也是一个不小的威胁。司马炎有着完成天下一统大业的雄心壮志，但他也明白，要想实现这一目标，首先必须让国家强盛起来，才有能力去征服东吴。所以，他称帝后实行了一系列怀柔宽厚的政策。

登位第一年，司马炎便下诏命已被降为陈留王的曹奂载天子旌旗，行魏正朔，郊祀天地，礼乐制度仍然效仿曹魏时期，上书不称臣。之后，他又封刘禅的一个儿子为驸马都尉，并在第二年解除了对汉室后代的禁锢。他的做法不仅使曹氏家族的后代消除了恐惧心理，也使汉室后人稳定下来，在很大程度上缓解了朝廷内部的矛盾，为日后消灭东吴创造了条件。

泰始四年（268年），司马炎又昭告天下："为永保我大晋江山，现以无为之法作为统领万国的核心。"同年又连续向各郡国颁布五道诏书：一曰正身，二曰勤百姓，三曰抚孤寡，四曰敦本息末，五曰去人事。这一系列政策在很大程度上安抚了人心，使他的统治地位更加牢固，对于西晋走出动乱不安的困境起到了积极作用。此后，西晋走上了富强之路。

吞并东吴　天下一统

当西晋在富国强兵的道路上越走越快、百姓生活蒸蒸日上的时候，东吴却如日落西山。当时的吴国君主孙皓残暴、荒淫、乖戾，使得朝中文武大臣人人自危，百姓怨声载道，社会动荡不安，更加衬托出晋国司马炎的开明和宽厚。很多东吴将领无法忍受孙皓的残暴，纷纷带兵投奔晋国，以寻求一片安宁之地。如此一来，更增强了司马炎消灭东吴统一天下的信心。但是，司马炎也明白，东吴毕竟建国数十载，老虎将死，余威尚在，绝对不可以轻视，如果草率行事，反而会损兵折将。晋泰始五年（269年），司马炎看到西晋已是兵强马壮、粮草充足、士气高涨，认为时机已经成熟，于是，便将大臣羊祜[②]派到晋吴交界的地方，开始准备伐吴的各项工作。

羊祜是晋国大臣，有着过人的谋略，少年时即以清德而闻名天下，深受众人爱戴，司马昭时便在朝中为官，受到重用。司马炎登位以后，便以佐命之功，拜羊祜为中军将军，委以重任。羊祜到了晋吴交界之地，镇守边关，他亲自率领兵马，多次出征，占领了东吴边界附近的要害和富饶之地，在军事上和物资补给方面给东吴造成了很大打击。同时，他又在自己的管辖之地实行屯田政策，让百姓勤于耕织，为以后进攻东吴储备物资、打好基础。在他刚上任的时候，府库亏空，没有一点可以动用的军粮，经过数年发展，仓库屯满了粮食，解决了后顾之忧。

同时，羊祜还发动心理宣传战，让吴国边境的百姓都认识到东吴皇帝的残暴和荒淫，看到西晋皇帝的开明和宽厚，如此一来，民心逐渐倾向西晋。

为了表明自己是晋国皇帝派来的仁义之师，羊祜可谓用心良苦。首先，他每次对吴国发动战争，都选择在白天，从不做偷袭之举，让对方输得口服心服。在一次战争中，晋军捉住了东吴的两个孩子，羊祜不但没有惩罚他们，反而赠衣赐食，派人将他们护送回家。这两个孩子的家人非常感激，全家人投奔到晋国。东吴有一位大将，名叫邓香，在和羊祜交战时被俘。羊祜亲自为他解开绳索，放他回去。邓香也被羊祜的真诚深深感动，回到军营之后，率领部下向晋国投降。还有一次，羊祜率领人马在边境巡逻，一连几天不能返回军营，干粮短缺，士兵们非常饥饿，叫苦不迭。羊祜命人采收吴国的庄稼充饥，之后又让士兵们给那些田地的主人送去财物，算是赔偿。这些举动，让东吴边境的老百姓对羊祜的敌意逐渐消失，甚至非常友好地称之为羊公，晋军也在当地站稳了脚跟。

羊祜一面对吴国人民实行友好政策，一面暗中加紧做好进攻吴国的准备。然而，此时朝中对于征讨吴国却出现了不同的声音，其中以权臣贾充为代表的一部分人百般阻挠，使司马炎始终拿不定主意。就这样过了一年又一年，羊祜渐渐年老，于咸宁四年（278年）去世，晋国也失去了一次进攻东吴的机会。

不过，羊祜在临终前向司马炎推举了另一位军事才能高超的能人杜预来接替自己的职务。杜预性情温和，为人善良，处事练达，英明善断,有极高的军事天赋,其军事才能绝不亚于羊祜。杜预担任镇南大将军后,第一时间就突袭了吴国要害之地并大获全胜。当时,守卫此地的是吴国大将张政,他怕孙皓怪罪自己,对战败之事隐瞒不报,企图反攻,夺回丢失的地盘。杜预知道张政老谋深算,不易对付,想要灭吴必须先除掉他,于是便采用一计,故意让人将战俘送回东吴,向孙皓报告边疆失守的消息。孙皓非常气怒,下令将张政调离,杜预就这样轻而易举地赶跑了自己的对手。消息传回晋国,朝廷内外一片欢欣鼓舞。负责训练水军的老将王浚见时机已到,便向朝廷上书,强烈要求消灭吴国,统一天下。同时,朝中其他重臣也都纷纷上书,请求司马炎发兵伐吴。这时候,杜预从边境送来的奏书也到达朝廷。当时,司马炎正和大臣张华在皇宫内下棋,听到侍从禀报,忙推开棋盘,将奏书接在手中,仔细地看了一遍,然后征求张华的意见。张华不失时机地劝道:"陛下英明神武,朝野又清平和乐,国家富裕,粮草充足,举国上下,万众归心。再看东吴,孙皓荒淫残暴,诛杀贤能,如日落西山,摇摇欲坠,此乃天赐良机,若兴兵伐吴,百姓们必夹道欢迎,东吴唾手可得,则可完成天下统一之大业也!"司马炎听了这番话,正合心意,又加上杜预、王浚两人一再请战,司马炎终于下定决心征伐吴国。

早在羊祜镇守边疆的时候,就已经根据边境地形制订好了进攻计划。司马炎兵分六路,将其中战斗力最强的巴蜀水军交由王浚统领,这支军队像一支利箭直冲吴国而去。而东吴虽然朝政混乱,却也不乏有识之士,为了防止敌人来犯,早已在长江险要之地布下了长长的铁链,又在江中埋下长长的铁锥,企图阻挡晋军战船的进攻。但是,这一情况早已经被羊祜提前侦察清楚,并写进了他的战略计划之中。王浚按照羊祜的建议提前准备无数大小竹排,在上面安插上许多用稻草做的假人,并在竹筏上放上巨大的火把,浇上麻油,点燃之后放入江中。当竹筏遇到水中铁锥的时候,铁锥扎进竹筏中,会被带走。而当竹筏遇到铁链的时候,熊熊燃烧的火把又能将铁链熔化,从而扫清障碍。被东吴人认为牢不可破的长江天险被王浚轻而易举地攻破了。吴军望风而逃,晋军势如破竹,一口气拿下了夏口、武昌,又乘势南下,直奔东吴都城建业。

然而,就在晋军士气高涨、即将抵达建业城下的时候,远在晋国朝内的权臣贾充又进谗言。他向司马炎上书道："现正值春夏交替之时，吴国瘟疫流行，为了避免我军受到损失，应当尽快将军队召回，并且腰斩张华，向无辜的亡灵谢罪。"可是，此时前线捷报频传，司马炎头脑非常清醒，他不听贾充劝阻，冷冷地回道："伐吴是朕的主意，张爱卿只是表达了赞同的意见，要怪也只能怪到朕的头上。"司马炎不但不召回兵马，反而对前线将士大加赞赏。王浚等将士受到鼓舞，士气更加高昂，加快了进军的步伐，像饿虎扑食一样直奔建业而去。此时，晋国另一路大军在大将王浑的带领下，到了横江，两军遂成夹击之势，齐头并进。

直到这时，孙皓才意识到东吴江山已经岌岌可危，匆忙派游击将军张象率领水军抵抗。然而，事与愿违，张象早对孙皓的残暴统治恨之入骨，又被晋军的气势所震慑，完全失去了抵抗的意志，与晋军刚一交战，张象便举手投降。消息传到吴国，朝廷中一片慌乱，孙皓自知大势已去，无奈之下，只好素车白马，肉袒面缚，打开城门，迎接晋军入城。至此，东吴被全部纳入西晋的版图。而东吴这个被孙氏家族统治了近60年的国家，终于被昏君孙皓拱手相送。

恢复生产　开创盛世

经过多年的努力，司马炎完成了天下一统的大业，成为西晋真正的开国皇帝。灭吴后，他将主要精力转移到治理国家、恢复生产上来。

由于多年征战，为了供应军需，当时晋国实行的还是屯田制。这种制度在国家征战时期起到了非常积极的作用，但是在和平时期就有些不适宜了。经过多方考察，司马炎制定了占田制。司马昭当政的时候便推行过这种政策，咸熙元年还下令罢屯田官，以均政役，并将典农中郎将、典农校尉改称太守，典农督尉改称县令，从而将原来的典农部民和屯田客都纳入郡县的编制之中。司马炎进一步细化这个政策，规定了占田的具体数目，男丁最多可以占田70亩，女丁最多为30亩。这种制度提高了人们的生产积极性，有效地解放了生产力，对农业乃至社会的发展起到了很好的推动作用。

在实行占田制的同时，司马炎又颁布了户调制，以户为单位征收租税，在一定程度上减轻了百姓们的负担。司马炎还很注意开垦荒地，兴修水利。如在汲郡③开荒5000多顷，又修整旧陂渠、新开陂渠，大大便利了灌溉和运输。

除了勤政爱民、鼓励生产，司马炎还大力反对奢侈之风，厉行节俭。他在位期间从来没有大兴土木，兴建宫殿，而是一直住在曹魏时期的旧宫室里。有一次，太医献给他一件色彩艳丽、装饰着野雉头毛的衣服，但他却说这种奇装异服触犯了他禁止奢侈浪费的政令，于是一把火将衣服烧掉了；并下诏说，以后若有人违反这个规定，必须判罪。

经过司马炎的励精图治，在西晋太康十年中，农业生产迅速发展，国家赋税收入逐年增加，人口也快速增长，百姓安居乐业，四海升平。在经济好转的同时，文化方面也出现了"太康文学"，文人辈出。这也成为整个晋朝的巅峰时期，史称"太康之治"。

满足现状　贪图享乐

没有了军事和政治上的对手，司马炎开始变得懈怠起来；加上经济繁荣，社会飞速发展，使他产生了一种从未有过的成就感，开始有些飘飘然，利欲之心渐渐滋长。首先，为了表达自己对先人的孝敬，他在全国征召大批工匠，修建祖先陵庙，用铁铸造了12根巨大的柱子，外面镀黄金，上面镶明珠，远远望去金光闪耀、璀璨夺目，十分壮观。陵墓所用石料均是从深山野墺中采集，再经石匠精雕细琢，耗费的人力物力难以计数。

同时，司马炎变得更加喜欢享乐。早在讨伐东吴之前，他后宫的妃嫔就有数千人。消灭东吴之后，他又将孙皓后宫的数千美人全部带回洛阳，使后宫美女达万人之多。他每天驾着一辆羊车在宫中漫游，羊车停留在哪个妃子门前，他就在哪里留宿。妃子们为了争宠，钩心斗角，使出各种手段打击和陷害对方。有些妃子在宫中生活了一辈子，从来没有见过皇帝，有些妃子为了让皇帝在自己宫中过夜，特意在门口插上竹叶，并撒上盐巴，吸引拉车的羊停下来。

有一次，司马炎到洛阳南郊祭祀，礼毕，他问身边的司隶校尉刘毅说："以爱卿之见，朕可以和汉室的哪位皇帝相媲美？"他以为刘毅会说是汉高皇帝刘邦或者文景等政绩卓著的皇帝，不料刘毅却说："可以和桓帝、灵帝相比。"众所周知，桓帝和灵帝是东汉最昏庸无能的两个皇帝。司马炎听后大吃一惊，追问道："爱卿何出此言？"刘毅坦然回答："桓帝在位的时候，虽然卖官鬻爵，却把所得钱财留作官用；而陛下如今卖官鬻爵，却是为了中饱私囊，所以连桓帝都不如。"司马炎听了深觉惭愧，遂自嘲地说："桓、灵之时是不可能听到像爱卿这样的忠告谏言的，看来朕还是比桓、灵二帝贤明了许多。"

因为沉湎于声色之中，日久天长，司马炎本来健壮的身体逐渐衰弱，最后重病缠身，于太熙元年病逝，终年55岁。

注释：

①杜预（222—284年）：西晋将领、学者。任镇南大将军，都督荆州诸军事。以灭吴功封当阳县侯。博学多通，多有建树，被誉为"杜武库"，曾参与制定《晋律》。

②羊祜（221—278年）：西晋军事谋略家，司马师妻弟。魏末任相国从事中郎，掌司马昭机密。司马炎代魏后，与他筹划灭吴，以尚书左仆射都督荆州诸军事，屯田兴学，以德怀柔，深得军民之心。

③汲郡：西晋泰始二年（266年）置。治汲县。辖境相当于今河南新乡、辉县、卫辉、获嘉、修武等地。属司州。

惠帝司马衷

司马衷档案

生卒年	259—306 年	在位时间	290—306 年
父亲	晋武帝司马炎	谥号	孝惠皇帝
母亲	武元皇后杨艳	庙号	无
后妃	贾皇后、羊皇后	曾用年号	永熙、永平、元康、永康、永宁、太安、永安、建武、永兴、光熙

晋惠帝司马衷，字正度，晋武帝司马炎次子，西晋第二位皇帝。

泰始三年（267年），司马衷被立为皇太子，时年9岁。太熙元年四月二十日，晋武帝司马炎因病去世，司马衷继位，时年32岁，改元永熙，是为晋惠帝。

司马衷天生愚钝，在位第一年由太傅杨骏[①]辅政。永平元年（291年），皇后贾南风发动政变，杀死杨骏，掌握大权。后来，司马宗室不满贾南风专权乱政，也不愿意服从白痴皇帝司马衷的领导，遂发生了"八王之乱"，赵王司马伦夺取帝位，尊奉惠帝为太上皇，将其囚禁于金墉城。后来，齐王司马冏[②]（jiǒng）与成都王司马颖等又起兵诛杀司马伦，拥立司马衷复位。

光熙元年（306年）十一月，司马衷中毒身亡（相传被东海王司马越毒死），终年48岁，谥号孝惠皇帝，葬于太阳陵。

天生愚钝　幸运继位

司马衷是晋武帝司马炎与皇后杨艳所生的第二个儿子，由于嫡长子司马轨 2 岁时夭折，司马衷便成了事实上的长子。不幸的是，司马衷天生愚钝，司马炎儿子倒是很多，一共有 26 个，大臣们纷纷建议废长立幼，甚至有人提出最佳人选是之前和司马炎争过皇位的司马攸，但司马炎都没有同意。

司马炎其实也不打算立司马衷这个傻儿子为太子，即使在立他为太子后，也多次想要换掉他。但是皇后杨艳却不答应，她说："立嫡以长不以贤，其可动乎？"司马炎当时非常宠爱杨艳，于是就放弃了换太子的念头。他也很清楚司马衷难以承担管理一国之重任，但仍然抱着极大的幻想，请来了刚正不阿、敢于弹劾贪官污吏的耿直大臣李憙（xǐ），拜为太子太傅，希望他能够将这个傻儿子培养成优秀人才。

但司马炎显然是要失望了，司马衷为人痴呆，长到七八岁还不识一字，李憙的教导无异于对牛弹琴。有一次，司马衷在后宫花园里玩耍，忽然听到一阵蛤蟆的叫声，他十分好奇地问道："这些蛤蟆是在为官家叫还是在为私家叫？"听到这种令人啼笑皆非的问题，左右侍从都愣了，有个机灵的太监回答道："这是蛤蟆，它在官家的地里叫时便是为官家叫，在私家地里叫时便是为私家叫。"还有一次，地方官上报说某地遇上大灾，百姓民不聊生，饿死者随处可见。司马衷自幼长于深宫，锦衣玉食，对老百姓的生活难以理解，就问："他们为什么不去喝肉粥，而情愿被饿死？"这就是历史上有名的"何不食肉糜"的典故。诸如此类的笑话多不胜举。

司马炎虽然知道儿子愚钝，但也想将儿子的能力显示给大臣们看。有一次，他大摆宴席，款待东宫的全部官吏。酒过三巡，他吩咐尚书省将复杂的问题写在一张纸上，然后送到太子面前，如果太子能答得上来，说明他有当皇帝的才智。官员张泓负责传递工作，当他拿着纸走进后宫时，恰巧太子妃贾南风路过，她问清楚情况后，知道太子无论如何也答不上来，于是灵机一动，对张泓说："这个问题你来回答吧，如果答得好，将来太子顺利登基，你功不可没。"张泓闻言大喜，马上开始答题，不一会儿就拟出一份草稿，之后让司马衷在答卷上照抄了一份，再送回给司马炎。司马炎看后大悦，将答卷展现给正在喝酒的官员们看。官员们明知太子根本不可能答出来，但仍然极力恭维。司马炎心中十分高兴，从此看儿子是越看越有出息，就没有再考虑更换太子。

　　司马衷有个儿子名叫司马遹（yù），是才人谢玖所生。由于太子妃贾南风妒忌、凶狠，谢玖只好回了西宫。司马衷对这件事竟然毫不知情，几年后他去给父亲请安，当时有一群孩子正在宫中玩耍，司马炎指着其中一个孩子说："他是你的儿子。"司马遹与父亲截然不同，他自幼聪明伶俐，饱读诗书，深得司马炎喜爱，经常把他带在身边。一天夜里，司马炎睡得正香，忽然被一阵嘈杂声所惊醒，发现外面红彤彤火光一片，急忙披衣下床，站在城楼上向火海观望，只见皇宫内大火正熊熊燃烧。司马炎一时不知所措，司马遹突然走过来拉扯着他的衣袖，说道："陛下快快下去，不要在此观望，危险！"司马炎奇怪地问道："那边火势正猛，为什么不能站在这里观望？"司马遹说："这火烧得蹊跷，陛下应该躲藏起来，以防小人趁势作乱。"这话如果出自成年人之口，倒也不足为奇，但出自一个不足 5 岁的孩子之口，难免让司马炎感到惊讶。还有一次，司马遹跟着司马炎来到皇宫的猪舍，看到里面的猪膘肥体壮，就对司马炎说："为什么不将这些猪杀掉，以犒劳将士们？留着它们只会白白浪费仓库里的粮食。"司马炎认为他言之有理，于是就叫人将猪杀掉。这两件事让司马炎觉得这个孙子将来必能有所作为，即便儿子司马衷暂时不行，孙子也会将他的基业发扬光大，成为一个好皇帝，这也更坚定了他让司马衷继位的决心。

　　太康十年（289 年）十一月，55 岁的司马炎因为纵欲无度，奄奄一息地卧病在床。临终之前，他采纳心腹大臣王佑的建议，封太子司马衷的胞弟司马柬为秦王，镇守关中；司马玮为楚王，镇守荆州；司马允为淮南王，镇守扬州。三人各自拥有重兵，镇守三个要害之地，以为藩卫。因为自己身体不佳，司马炎将朝中大小事务全都交由外戚杨骏处理，但他又担心自己死后外戚篡权的历史悲剧会重演，于是封王佑为北军中侯,掌管禁军。之后,他听说广陵有紫气升起,具备天子之相,又封孙子司马遹为广陵王,食邑达5万多户;并派朝中名士刘寔③(shí)等人随同前往,以辅佐这位具备天子之才的孙子早日登上帝位。

太熙元年四月,司马炎驾崩,司马衷同日继位,改元永熙,大赦天下,并立太子妃贾南风为皇后。

外戚掌权　祸乱朝纲

司马炎的第一任皇后杨艳去世后,她的堂妹杨芷被立为皇后,杨芷的父亲杨骏也受到了提拔重用。杨骏有两个弟弟,分别是杨珧、杨济,他们三人凭借外戚的身份在宫中拉帮结派,营私舞弊,排斥异己,祸乱朝纲,人称"朝中三杨"。善于逢迎巴结的小人乘势依附在杨家门下,很快得到重用,而性格耿直的大臣因为不愿意迎合他们,受到了不同程度的打击。

太熙元年三月,司马炎病重,这才发现原来的重臣亡故的亡故,辞官的辞官,留在身边的只有杨骏及其新任命的依附势力,他顿时意识到了事情的严重性,呵斥杨骏道:"你怎么如此大胆,竟然将朕的爱卿都赶跑了!"随后,他叫来中书令拟写诏令,命汝南王司马亮和杨骏共同辅政,另外又挑选了几位有名望的大臣帮忙处理政事。然而,朝廷上下早已被杨骏牢牢控制,诏令也被杨骏私藏起来。中书监④华廙前去索要,杨骏拒不交还。此时司马炎正处于昏迷之中,华廙无计可施,这事也就不了了之。几天以后,司马炎清醒过来,突然想起托孤之事,便问汝南王来了没有,众人不敢如实回报,敷衍道:"没有,恐怕还在路上。"司马炎大概也有了预感,病情突然加重,杨芷乘机奏请让杨骏辅政,司马炎点头表示同意,随后便撒手人寰。就这样,太子司马衷继位后,杨骏成了唯一的托孤大臣。

因为司马衷愚钝无法理政,杨骏在虎贲卫队的保护下大摇大摆地走进太极殿,坐在皇帝的宝座上,对文武百官发号施令。

同年五月,杨骏主持办理了司马炎的后事以后,以皇帝的名义加封自己为太傅、大都督，并且可以假黄钺，录尚书事，统领百官。尚书左丞傅咸⑤生性耿直，看不惯杨骏的僭越行为，劝阻道："圣上谦恭，将朝政大事委托于大人，但天下人并不十分满意，只怕大人的位置也坐不稳当吧。想当初成王年幼，周公那样的圣贤之人辅助朝政，还引来许多流言蜚语，况且陛下现已过了而立之年。如今先帝的后事已经料理完毕，大人也应该考虑一下自己的退路，将大事交由陛下处理了。"杨骏听了心里很不舒服，但也没有对傅咸进行打击报复。傅咸偏偏又很较真，一再进行劝说，杨骏渐渐产生不满之情，下令将傅咸调离京城。杨骏的外甥李斌听说此事后，劝道："您刚刚当政，朝中还一片混乱，这么快就斥逐正派大臣，会失去人心的。"杨骏这才勉强留住傅咸。

为了笼络文武百官，让他们为自己效力，杨骏想出了一个收买人心的方法，那就是大力提拔官员，但却遭到了大臣们的反对。左将军傅祗说："从古至今，还从来没有先帝刚刚驾崩，臣子们就论功行赏的道理。"杨骏却不以为然，仍然以司马衷的名义下诏，无论内外大臣均加爵位一等，凡参与办理武帝丧事的官员全部加爵二等，2000 石以上官员全部封关中侯，免征租调一年。

杨骏以为这样做可以赢得大臣们的好感，但满朝文武仍然对他有诸多不满。他担心自己的命令无法执行，于是尽量做到事无巨细，恩威并施。可惜他才能平庸，制定的许多政策虽然强制执行，但效果往往适得其反，遭到天下人的耻笑。

为了树立自己的威望，杨骏一旦发现有人不执行自己的命令，就严刑拷打，结果导致众叛亲离。一个往日与他交情很深的同僚孙楚劝他说："纵观今古，从来没有看到过外戚专政而得到好结果的，现在宗室强盛，如果你想要坐稳自己的位置，就要和他们诚心合作，共同执掌大局，内外团结，不要一味地排除异己，否则将大祸临头。"杨骏听了哈哈一笑，完全不放在心上。

贾后政变　诛杀杨骏

人们常说乐极生悲，这话对杨骏来说再合适不过了。他只知道皇帝司马衷生性愚钝，可以像玩偶一样任人摆布，却没有意识到皇后贾南风是不甘屈居人下之辈。

贾南风的父亲贾充曾经受到司马炎的重用，官至侍中、尚书令、车骑将军。贾充为人狡诈，善于阿谀奉承，在朝中拉帮结派，专干一些营私舞弊、贪污受贿的勾当。司马炎本来已经为司马衷选好了一个才貌俱佳的太子妃，但是贾充有意让自己的女儿当太子妃，于是想方设法买通杨皇后，在司马炎面前大肆吹嘘自己的女儿多么貌美、贤惠。加上他的亲信、中书监荀勖⑥（xù）等人极力撮合，司马炎终于改变主意，决定选贾充之女贾南风为太子妃。

实际上，贾南风长得无比丑陋，身材矮小，皮肤黝黑，眉后还有一痣。她为人阴险毒辣、妒忌成性，而且善于运用手腕，将司马衷哄得团团转，对她既害怕又离不开，以至于很少再去接触其他女人。

贾南风听说朝中大臣都对杨骏的残暴和蛮横感到不满，而且殿中中郎孟观、李肇还到处散布谣言，说杨骏有篡权夺位之意，她立即派人将孟观和李肇找来，密谋废除杨太后，诛杀杨骏。为稳妥起见，贾南风派李肇去找汝南王司马亮发兵，但是司马亮胆小怕事，不愿冒这么大的风险。贾南风无奈，又派人去联合楚王司马玮一起行动。司马玮年轻气盛，血气方刚，对杨骏的行为早就心存不满，因而毫不犹豫地答应下来。

永平元年（291年）二月，楚王司马玮和淮南王司马允同时入京，和贾南风等人经过半个多月的准备，于三月初八发动政变。按照计划，皇宫禁卫军冲出宫门，包围了杨府。司马玮、司马允二人随即冲了进去，到处寻找杨骏。杨骏毫无防备，仓皇之中逃进马厩里，被禁卫军发现，用戟杀死。他的兄弟杨珧、杨济及亲信张劭、段广、李斌等均被诛灭三族。这次政变还有很多人受到牵连而被杀。

除掉杨骏等人后，贾南风又开始对杨太后采取行动。她首先授意朝中大臣上书要求将杨太后废为庶人，并将杨骏之妻庞氏处死。司马衷对贾南风言听计从，一概应允。杨太后抱着母亲失声痛哭，割发叩头，表示愿意终身为奴，侍奉贾南风，只求饶其母女性命，但遭到贾南风的拒绝，庞氏当天即被处死。不久，贾南风又将杨太后身边的十几个侍从撤走,禁止给她送饭,8天后杨太后被活活饿死。至此,杨家势力在朝中彻底消亡。

工于心计　贾后专权

虽然消灭了杨氏家族,但司马衷却无法亲政,贾南风再有能力也终究需要重新寻找辅政大臣。经过一番筛选,最后请出了汝南王司马亮和太保卫瓘⑦(guàn),秦王司马柬、楚王司马玮以及一大批宗室亲王和老臣,还有贾南风的族兄贾模、母舅郭彰、内侄贾谧等10多人共同参与朝政大事,相互制约。这样一来,看似削弱了辅臣的权力,却形成了新的权力斗争局面。

在新的辅政大臣中,司马亮软弱无力,卫瓘为帝师,楚王司马玮和东安王司马繇(zhòu)则手握重兵,而且颇有心计,难以对付。尤其司马繇对贾氏专政十分不满,曾私下找人商量,想要废掉贾南风。但他还没动手,就有人向司马亮告密,说司马繇"滥行诛赏,欲专朝政"。这件事很快传到了贾南风耳中,她正想除掉司马繇,只是苦于找不到借口,现在机会来了,她当然不会放过。于是她立即命人抓捕司马繇,罢其官职,之后又以他随意发表不满言论为由发配到带方郡(今朝鲜境内)。

解决了第一个隐患后,贾南风继续寻找机会对其他人下手。这时,汝南王司马亮和太保卫瓘因司马玮手握兵权,狂傲自大,滥杀无辜,贾南风决定解除他的兵权,命临海侯裴楷任北军中候,掌管禁军。司马玮得知后暴跳如雷,扬言要杀掉司马亮和卫瓘,吓得裴楷躲在家中不敢上任。司马亮和卫瓘见状,只得退一步,要求司马玮和诸王都返回封地,无事不得入京。司马玮很不甘心,有人向他提议去找贾南风,寻求她的庇护,那样就不必离开京城了。司马玮急忙进宫面见贾南风,说了许多好话,贾南风终于点头同意,并封他为太子太傅。实际上,贾南风这样做只是想要利用司马玮,实现自己借刀杀人的目的。

元康元年六月,贾后命司马玮率兵诛杀司马亮和卫瓘。司马玮不敢怠慢，很快办妥了此事。之后，贾南风又以司马衷的名义，派殿中将军王宫手举皇帝遣散兵卒用的驺（zōu）虞幡，来到司马玮面前，高声宣布说："楚王矫诏作乱，大家都不要听他指挥，快放下武器。否则，格杀勿论！"兵士们听了，急忙放下武器。司马玮毫无防备，想要反抗已经来不及了，只好束手就擒。直到这时，他才明白自己被贾南风利用了。司马玮被押入宫中后，很快被处以极刑。行刑之前，他从怀中取出一张司马衷的手谕，泪流满面地说："本王受诏行事，以为是在报效国家，没想到却受人利用，成为罪大恶极的犯人。想我也是先帝子孙，为什么要蒙受这种不白之冤呢？"可怜司马玮办事一向果断，而且乐善好施，深得民心，最后却成了权力斗争的牺牲品。

蛇蝎之心　谋害太子

贾南风相继除掉了司马繇、司马亮、卫瓘及司马玮，将朝政大权完全掌握在自己手中。遗憾的是，她未能生育皇子，只生了3个女儿。她的母亲郭槐见女儿生子无望，向她献计说："既然你不能生育，就应该善待太子，也好保住自己的地位。"但贾南风根本听不进去，非常忌恨司马遹，一心想要除掉他。

为了进一步巩固贾家的势力，牢牢地控制皇权，郭槐有意将小女儿贾午之女嫁给太子司马遹为妃，司马遹为自己的前途着想，也很乐意接受这门亲事。但是，贾午和贾南风却不同意，司马遹只好作罢。后来，司马遹听说大臣王衍的大女儿长得非常漂亮，温柔贤惠，有意纳为太子妃。贾南风又不同意，故意让内侄贾谧娶了王衍的大女儿，而把王衍的小女儿许给司马遹。这对姐妹相貌、性格差异很大，司马遹失望至极，对贾南风产生了仇恨之心。

元康六年（296年）十一月，郭槐重病，临终前一再叮嘱贾南风："我死之后，务必尽心扶持太子，赵粲和贾午居心不良，如不加以防范，会坏了我家大事，以后千万不能再让她们进宫。"贾南风口头答应得很好，但却完全不放在心上，依然和赵粲、贾午等人密切往来，谋划加害太子司马遹。

当时因为贾谧蛮横骄纵，仗势欺人，司马遹对他十分反感，加上之前的夺妻之恨，两人水火不相容。贾谧想到将来司马遹继位，肯定会对付自己，于是对贾南风说："我听说太子多蓄私财，结交小人，有意与您为敌，一旦继位，必然会像我们对付杨骏等人那样来对付我们。所以，我们应该趁他羽翼未丰之时，先下手为强，然后再立一位顺从我们的皇帝。"他的话正合贾南风的心意，于是，她大肆造谣，指责太子的过失和不足，之后又假称自己怀孕，命人准备好妊娠所需的物品，最后瞒天过海，将妹妹贾午的儿子抱进宫中抚养，对外谎称是司马衷的血脉，准备等这个孩子长大以后废掉司马遹，让其继承皇位。

元康十年（300 年）正月，经过一番精心谋划，贾皇后让一个宦官假称和太子司马遹勾结，有意谋反，并将其供词公之于众，然后派东武公司马澹率领禁卫军抓捕司马遹，押到许昌囚禁。为了防止生变，她又派治书御史刘振到许昌负责监视司马遹。

朝中大臣见司马遹受到如此不公正的待遇，心中愤愤不平。左卫司马督司马雅、常从督[8]许超等人曾在东宫任职，受到过司马遹的厚待，因此，他们找到殿中中郎[9]士猗等人，暗中谋划废掉贾南风，恢复司马遹的太子身份。经过分析，他们认为仅凭现有的力量远远不够，而右军将军司马伦在朝廷身居要职，手握重兵，而且生性贪婪，唯利是图，是个可以利用的对象。于是，他们找到司马伦的谋士孙秀，许以事成之后加官晋爵等优厚条件，让孙秀去游说司马伦。

司马伦也非等闲之辈，早有篡权之心，所以孙秀一说，他马上便答应下来。即将发动政变的时候，孙秀突然心生一计，对司马伦说："太子为人刚猛，一向不爱受人管束，如果回到东宫，必定不会受制于人。而将军站队皇后，路人皆知。这次对皇后下手，即便事成，太子也不认为将军有复主之功，而认为将军是受形势所迫，不得已而为之。即使不算旧账，也不可能对将军怀有感激之情。以后只要将军不小心犯了错误，照样难免杀身之祸。依在下之见，将军不如暂时不要行动，保持耐心，静观其变。等皇后害死了太子，再以谋害太子的名义废掉皇后，如此不仅可以免遭杀身之祸，还可以实现将军的远大志向。"司马伦听了连声称赞，便下令推迟行动。

为了让贾南风尽快对太子动手，孙秀开始在京城造谣，说有人想要谋害贾南风，重立太子。贾南风果然中计，急忙找来孙秀、司马伦以及贾谧商量对策。孙秀和司马伦趁机怂恿贾谧尽早除掉太子，贾南风和贾谧都表示同意。

永康元年三月，贾南风吩咐太医程据制作毒药，以司马衷的名义派宦官孙虑到许昌去毒死司马遹。不过，司马遹自从被贬到许昌以后，警觉性很高，孙虑一时找不到下手的机会，只得去找负责监视太子的刘振。刘振将司马遹迁到一个小院子里，不给食物，要将司马遹饿死。但司马遹为人善良，深得人心，所以常有宫人隔着院墙将食物偷偷抛入院内。孙虑气恼至极，亲自出面逼司马遹喝下毒药，司马遹不从，孙虑居然抄起药杵将他活活打死。

螳螂捕蝉　黄雀在后

司马遹死后，孙虑回宫复命，孙秀和司马伦见事情进展顺利，决定于四月初三夜里三更动手，除掉贾南风，实现篡权的目的。

四月初三夜里三更时分，司马伦召集禁卫军头领，向他们训话说："皇后与贾谧欲行不轨，残杀太子，现在我受陛下之命，捉拿两个贼人问罪。尔等随我一同进宫，一切听从命令，事成之后，一律论功行赏，若有胆敢不从者，灭其三族。"

众人听了都害怕不已，答应听从命令。司马伦先派齐王司马冏带领100多人将司马衷接到东堂，然后下诏将贾谧传进宫中，命人在一旁埋伏起来，待贾谧到了殿前，一拥而上将其诛杀。之后，司马伦又命司马冏带兵去捉拿贾南风。贾南风对宫中发生的事情仍浑然不觉，大声斥责司马冏说："大胆，竟敢夜闯皇宫，你想要造反吗？"司马冏冷笑一声道："本王奉诏前来抓你，还不束手就擒！"贾南风不相信，说道："诏令当由我出，你又是奉了谁的诏令？"司马冏也不跟她废话，当即命人将她绑了，去向司马伦复命。

一行人来到东堂，贾南风远远便看见司马衷坐在那里，大声说道："今天你把我废了，其实也就是废了你自己。"随后，她又扭头问司马冏："这是谁的主意？"因为时任大将军、录尚书事的梁王司马肜（róng）也参与了这件事，司马冏回答说："梁王和赵王。"贾南风顿时恍然大悟，同时也追悔莫及，说道："系狗当系颈，而我反系其尾，怎能不受其害！"只好低头认栽。

贾南风被废后，贾氏亲属及其党羽尽数被杀，并株连三族。几天后，司马伦派人给贾南风送去金屑酒，将其毒杀。

八王作乱　祸及天下

贾南风一死，司马伦便开始挟天子以令天下，但司马家族的亲王们都不服从他的管制。这些亲王全都手握重兵，镇守国家要害之地，眼看天下将要大乱，他们一个个利欲熏心，先后起兵叛乱，史称"八王之乱"。

很快，司马伦伪造诏书，自封相国、大都督，孙秀等人则被封大郡，握有兵权。永康二年（301 年）正月，司马伦废掉惠帝司马衷，将其软禁于金墉城，自立为帝。

司马伦当政后，党羽之间钩心斗角、尔虞我诈，致使朝政混乱、人心不稳。齐王司马冏对此十分不满，于是联合长安的河间王司马颙（yóng）、成都王司马颖兴兵讨伐。司马伦与孙秀带兵反击，结果战败被俘，被赐金屑酒而死。至此，司马伦一党被消灭。

永康二年四月，司马冏迎接司马衷复位，改元永宁，自封大司马，独掌大权。司马颙、司马颖被封高爵，拥有重兵。但司马冏居功自傲，在皇帝面前丝毫没有臣下之礼，而且沉迷女色，荒废政事，给了其他争权的藩王讨伐的理由。

同年底，河间王司马颙在翊军校尉[①]李含的鼓动下，上表陈述司马冏的罪状，兴兵讨伐，并假称当时驻军洛阳的长沙王司马乂（yì）是自己的内应。司马冏不辨真假，派董艾去攻袭司马乂。司马乂得到消息后，召集党羽 100 多人直奔皇宫，以奉天子的名义攻打司马冏，司马冏战败被杀，他的儿子则被囚禁于金墉城。司马乂遂独揽朝政大权。

司马颙本来想要夺权，没想到大权竟然落入司马乂手中，为此他多次派人刺杀司马乂，但都没有成功。太安二年（303 年），司马颙命部将张方领兵 7 万，联合司马颖的 20 多万大军，一起进击洛阳。司马衷下诏任命司马乂为大都督，举兵迎击。经过数月激战，司马乂获胜，斩杀、俘虏 6.5 万人。尽管取得了重大胜利，但洛阳城被困数月，粮草十分缺乏，幸亏将士们团结一致，才成功拒敌于城外。司马颙见一时难以取胜，接受部将张方的建议，打算撤军返回长安。永兴元年（304 年）初，东海王司马越考虑到事情难成，暗中召集一些禁军将领抓捕了司马乂，并将其交给司马颙的部将张方，司马乂随即被杀，洛阳城告破。

由于司马颖在朝野威望颇高，且手握重兵，入洛阳后被增封 20 郡，拜丞相。司马颙也官至太宰，司马越封尚书令。司马颙认为司马颖应该成为皇位继承人，于是废掉太子司马覃（qín），立司马颖为皇太弟，仍然保留丞相职位。但司马越对司马颖专权感到不满，于是召集 10 万大军挟持惠帝司马衷，以诛奸为名进攻邺城，讨伐司马颖。东安王司马繇劝司马颖投降，司马颖不听，派奋武将军石超率 5 万军队迎战。司马越不敌败逃，惠帝被俘，送到邺城，司马颖改元建武，并处死司马繇。

司马越逃到下邳，投奔徐州都督、东平王司马楙，但却遭到拒绝。司马越无奈，只得逃回自己的封地东海。司马颖念及宗室兄弟之情，表示不追究其罪过，可以回朝听封。但是，司马越担心其中有诈，拒绝返回邺城。

这时又传出消息，幽州刺史和演被司马越之弟司马腾及大臣王浚杀死。司马颖急忙派兵讨伐，司马腾与王浚联合异族乌桓、羯（jié）朱等共同抗击司马颖，打败了司马颖新任命的幽州刺史王斌及石超、李毅等人。司马颖挟持着惠帝，连夜从邺城逃到洛阳。

此时洛阳由司马颙的部将张方控制，张方又挟持惠帝、司马颖来到长安。司马颖被废掉皇太弟之位，被迫离开长安，返回自己的封地。随后，司马颙选任百官，改秦州为定州；并以惠帝的名义下诏，封司马越为太宰，到长安与自己共同辅政，但被司马越拒绝。司马颙认为司马越不识好歹，于永兴二年（305年）再次下诏要罢免司马越等人，司马越趁机以"张方劫迁车驾，天下怨愤，欲奉迎大驾，还复旧都洛阳"为借口，起兵讨伐长安。

司马越起兵以后，又派人去劝说司马颙，表示只要司马颙送帝还都，两人可以一起分享天下。司马颙对此颇为心动，但部将张方建议由他率10万大军护送惠帝返回洛阳，司马颙仍然留守关中，让司马颖回邺城掌权，而后再出兵北伐博陵，断绝司马越的后援，如此可使天下稳定。但司马颙没有采纳这一建议，而是任命豫州刺史刘乔为镇东大将军，并派司马颖领部将楼褒、王阐等率兵迎战司马越。后来两军在萧县相遇，眼看司马越即将溃败，关键时刻，范阳王司马虓（xiāo）派遣督护田徽以800名骑兵前来增援，与司马颖的部将刘祐相遇，双方大战，刘祐不敌，司马越乘势进军阳武。

消息传到长安，司马颙惊慌失措，忙命令张方的亲信将领郅辅乘夜暗杀张方，然后派人把张方的头颅送到司马越军中，以求得司马越的原谅。不过，司马颙很快便后悔杀了张方，竟怪罪郅辅，将郅辅处死，然后派遣刁默镇守潼关。然而，张方之死也引起了不良反应，荥阳守将吕朗见司马颙如此无情，不禁心灰意冷，主动打开城门投降范阳王司马虓，又击破石超，攻占许昌，并在萧县打败刘乔，迫使刘乔逃奔南阳。

司马越军中的鲜卑将领祁弘等攻破潼关进入关中后，司马颙更为慌乱，派军在灞水抗击司马越，结果大败。眼见大势已去，司马颙只身逃出长安，躲藏在太白山中。司马越率军进入长安，鲜卑部队在城内烧杀抢掠，使2万余人死于非命。

这时，负责守护河桥的司马颖军队也传来失败的消息，其手下大将王阐为刘根所杀。范阳王司马虓派鲜卑骑兵与平昌公司马模等攻袭河桥，楼褒军西逃，一路被追杀，死伤惨重。

司马越进入长安后，封梁柳为镇西将军，驻守关中。光熙元年（306年），司马越率领诸侯及鲜卑军队护送惠帝回到洛阳，司马越被封为太傅、录尚书事，增封下邳、济阳二郡；司马虓被封为司空。

随后，司马越假借惠帝之名，下令搜捕司马颖。司马颖带着两个儿子庐江王司马普、中都王司马廓逃往朝歌，沿途收集旧部数百人，打算投奔邺城故将公师藩。但他们刚到达顿丘，便被太守冯嵩抓获，送交邺城由司马虓处置。司马虓念及宗室亲情，将司马颖父子三人囚禁起来。

一个多月后，司马虓病死，长史刘舆考虑到司马颖在邺城素有威望，将来可能成为祸患，便假借惠帝诏书赐死了司马颖，他的两个儿子也被杀。

这场旷日持久的混乱延续了16年之久，百姓们也饱受战争之苦，死者数十万，100多万人无家可归，许多地方成为一片废墟，大片土地荒芜，北方经济受到严重破坏。而惠帝司马衷也是受害者之一，不幸成为别人争权夺利的棋子，今天被这个藩王掳走，明天又被那个藩王抢回，饱受颠沛流离之苦，有几次还险些丢了性命。

当混乱好不容易结束，司马衷的境遇也没有多少改善，反而迅速走向了生命的终点。光熙元年十一月，司马衷在吃面饼时突然中毒身亡。有人说下毒者是东海王司马越，但又找不到确实的证据，最后只能不了了之。司马衷之死成了历史上无法解开的谜团。

注释：

①杨骏（？—291年）：西晋初年权臣、外戚，东汉太尉杨震之后，晋武帝司马炎的岳父。任车骑将军，封临晋侯。惠帝初为太傅、大都督，总揽朝政，遍树亲党。

②司马冏（？—302年）：西晋宗室，司马昭之孙，司马攸次子，袭封齐王。初拜散骑常侍。废杀贾后，以功转游击游军，次年出为平东将军，假节，镇许昌。惠帝复位后，任大司马辅政，后被长沙王司马乂所杀。

③刘寔（220—310年）：三国至西晋时期重臣、学者，汉章帝刘炟第五子济北惠王刘寿之后。西晋建立后，历任少府、太常、尚书等职，晋爵为伯。曾因子刘夏受贿获罪而被免官，后被起用为国子祭酒、散骑常侍。元康九年（299年），拜司空，迁任太保。其后转任太傅。

④中书监：官名，魏晋南北朝为中书省长官之一。西晋时，负责传宣皇帝旨意，贵重尤甚，虽资位逊于尚书令，实权则过之。

⑤傅咸（239—294年）：西晋大臣、文学家，司隶校尉傅玄之子。

武帝时任尚书左丞等官，惠帝时任御史中丞。为官峻整，疾恶如仇，直言敢谏，曾上疏主张裁并官府，唯农是务，并力主俭朴。

⑥荀勖（？—289年）：晋代律学家，初仕魏，入晋后领秘书监，进光禄大夫，掌管乐事，官至尚书令。

⑦卫瓘（220—291年）：魏晋时期书法家。三国魏末任廷尉卿，晋武帝时曾出任乌桓校尉，北方暂宁。官至司空。惠帝初为贾后所杀。

⑧常从督：即太子常从虎贲督。掌东宫宿卫。西晋置，六品。

⑨殿中中郎：官名，西晋置。统殿中兵护卫皇帝，位在殿中将军之下。因其为皇帝亲信，控制殿中禁卫军，又能进行宫廷内外的联系，在西晋时的历次宫廷政变中起到了相当重要的作用。

⑩翊军校尉：官名，西晋置。地位与北军五校尉同，大驾出行时，与五校并行护驾。

怀帝司马炽

司马炽档案

生卒年	284—313 年	在位时间	306—313 年
父亲	武帝司马炎	谥号	孝怀皇帝
母亲	中才人王媛姬	庙号	无
后妃	梁皇后	曾用年号	永嘉

司马炽，字丰度，晋武帝司马炎第二十五子，晋惠帝司马衷异母兄弟，西晋第三位皇帝。

司马炎在位时，司马炽曾被封为豫章王，司马衷继位后又册立他为皇太弟。光熙元年，司马衷被害，司马炽登基为帝，改元永嘉。

司马炽执政期间，各地纷纷建立独立政权，晋朝内部争权夺利日益激烈。永嘉五年（311 年），司马炽密令苟晞①讨伐司马越，不料司马越在三月突然病逝，司马炽急忙封王衍②为元帅。王衍与匈奴汉国镇东大将军石勒战于苦县宁平城，晋军全军覆没。同年六月，匈奴刘聪的军队攻入洛阳，司马炽在逃往长安途中被俘。

永嘉七年（313 年），司马炽被刘聪毒死，终年 30 岁，谥号孝怀皇帝。

被扶为帝　治国无力

晋武帝司马炎子嗣众多，司马炽最小，被封为豫章王。司马炽性格温和，喜欢读书，是一位难得的儒士。八王之乱爆发时，他洁身自好，闭门读书，因而赢得了人们的尊重。永兴元年十二月，河间王司马颙废掉皇太弟司马颖的时候，司马弟兄二十余人只剩下4人，又被废掉一个，司马颙便立司马炽为皇太弟，作为皇位继承人。

光熙元年十一月，惠帝司马衷中毒而死，司马炽继位，改元永嘉。

司马炽继位后，按照先人的传统，每天都去东堂听政，与文武百官商量国家大事，深得朝臣好评。许多大臣都感慨地说："终于又一次看到武帝在位的样子了。"然而，司马炽虽然学识渊博，通晓今古，为人处世也讲究分寸，却缺少几分英雄气概和魄力，这也成为他最大的短板。况且他接手的又是一个破败不堪的烂摊子，即使晋武帝在世也会感到棘手，何况他一个文弱书生。

在这种情况下，司马炽继位以后，动荡的局面不仅没有得到控制，反而出现了愈演愈烈的趋势。比如在他登基第一年，琅邪王司马睿以安东将军、都督扬州江南诸军事的身份，离开下邳，到建邺镇守，企图在江南发展自己的势力。早已融入中原的匈奴、鲜卑、羌、氐等少数民族因无法忍受晋朝贵族的压迫和残酷统治，奋起抵抗。其中，汲桑[③]和羯族首领石勒率先起兵，很快就攻破邺城，晋兖（yǎn）州刺史苟晞率兵奋起抵抗，经过大小战斗30余次，伤亡1万余人，终于将叛军镇压下去。而在朝中，司马炽无甚实权，一切都要听从东海王、太傅司马越的指挥。

外患内乱　战祸不断

汲桑和石勒叛乱被镇压下去的第二年，即永嘉二年（308年）十月，匈奴刘渊在平阳登基称帝，公然和西晋对抗。羯族首领石勒、东莱人王弥因对晋朝的统治深恶痛绝，相继带兵投奔刘渊。刘渊如虎添翼，实力迅速壮大。永嘉三年（309年），石勒的军队增加到10万人，数次兵临洛阳，几乎破城而入。

永嘉四年（310年）十月，石勒、王弥等率领大军一直打到了洛阳城下，洛阳朝不保夕。司马越急忙发令征调四方兵马前来救援，然而，镇守在外的将领对司马越恨之入骨，加上自身也在遭受不同程度的攻击，所以对支援洛阳并不上心。

永嘉五年（311年）二月，曾受司马越排挤的大臣苟晞，在朝堂上历数司马越的诸多罪状，严厉声讨。司马炽也受够了司马越的嚣张跋扈，现在见有人出面声讨司马越，便暗中派人与苟晞联系，密议除掉司马越之事。尽管他们行动十分隐秘，但还是被司马越探知。司马越派骑兵在成皋一带巡逻，终于截获苟晞手下的使臣，从其身上搜出司马炽的手令。双方就此反目，司马越忧愤成疾，于三月间在项城病逝。司马越死后，众人推举太尉王衍为统帅。之后，王衍率兵护送司马越的灵柩返回东海封国安葬，四月，队伍行至苦县宁平城时，被石勒率领的轻骑追上，双方展开了一场激战。石勒命令士兵用弓箭射杀晋军，晋军慌不择路，自相践踏，王公士庶无一活命。后来，石勒将司马越剖棺焚尸，并不无得意地说："司马越祸乱天下，我为天下人报了仇！"

都城沦陷　被俘受辱

司马越病逝的消息传到留守洛阳的何伦等人耳中，众人知道大势已去，只得带领众王侯退出洛阳，向东海封国撤退，不料中途又被石勒追上，全部被歼。

这时，洛阳城已经遭到多次洗劫，粮草断绝，百姓忍饥挨饿，几乎到了人吃人的地步，就连官府人员也纷纷外出逃命。司马炽实在无法忍受这种煎熬之苦，有心想要逃跑，但他身边既无卫队，也没有船只，只得在侍从的引导下，步行从西掖门逃出。不料他们刚到大街上就遇到了一伙强盗，将他们随身所带的财物洗劫一空。一行人无法继续赶路，只好原路返回宫中。

永嘉五年六月，刘曜、石勒、王弥三人联手攻陷洛阳，俘获司马炽，并纵兵抢掠，杀死3万多人，还挖开西晋各皇帝的陵墓开棺鞭尸，又将皇宫宝殿、官府衙门全部烧毁，使西晋花费大量人力物力建造的繁华都市毁于一旦。

司马炽被捕后被送往平阳，汉主刘聪封他为左光禄大夫、平阿公，次年二月，又改封会稽郡公，加仪同三司。刘聪不无骄傲地对司马炽说："当初你做豫章王时，我和王济前去拜访，你当着王济的面夸赞我，说你早就听到过我的大名，还送我柘木做的弓和银质的砚，不知可否记得？"司马炽一副奴颜婢膝之相，回答道："臣怎么能够忘记，只可惜当时有眼无珠，未能识破龙颜，惭愧惭愧！"刘聪又问："你们弟兄为什么不顾骨肉亲情，自相残杀呢？"司马炽回道："大汉将要应天受命，所以为陛下扫除障碍，此乃天意，非人力可以挽回。换而言之，假如臣家中兄弟都能和睦相处，同心同力，携手维护先祖留下的基业，这大好河山又怎会落入陛下之手？"刘聪被司马炽一番话说得心花怒放，竟然将自己宠幸过的刘贵人赏给司马炽为妻。

永嘉七年大年初一，刘聪在光极殿大摆筵席，宴请群臣，让司马炽穿着青衣为大家斟酒。以庾珉为首的十几名西晋旧臣见旧主遭受如此侮辱，忍不住号啕大哭。刘聪见状气愤不已，次日便将这些大臣杀死，司马炽也未能幸免，被刘聪用毒酒毒杀。

注释：

①苟晞（？—311年）：西晋末年名将。"八王之乱"时先后投靠多王，屡立战功，晋抚军将军、都督青兖诸军事，封东平郡公。迁征东大将军，领青州刺史。司马越死后，他以司马端为皇太子，自为太子太傅、都督中外诸军，录尚书事。后为石勒所俘，署为左司马。因图谋反叛石勒，被杀。

②王衍（256—311年）：西晋大臣，曾任中书令、尚书令、司徒、司空、太尉等职。

③汲桑（？—307年）：西晋时期农民起义军首领。本为茌平牧民首领，成都王司马颖部将公师藩等起兵后，他与羯人石勒率牧民往投。永嘉元年（307年）自称大将军，以石勒为扫虏将军，攻打邺城，杀死新蔡王司马腾。后为兖州刺史苟晞和将军王赞所败，被依附司马腾的流民武装所杀。

愍帝司马邺

司马邺档案

生卒年	300—318 年	在位时间	313—316 年
父亲	吴孝王司马晏	谥号	孝愍皇帝
母亲	不详	庙号	无
后妃	不详	曾用年号	建兴

司马邺，又名司马业，字彦旗，又字表仁，晋武帝司马炎之孙，吴孝王司马晏之子，晋惠帝司马衷和晋怀帝司马炽之侄，西晋最后一位皇帝。

司马邺最初被过继给伯父秦献王司马柬，袭封秦王。永嘉七年（313 年），怀帝司马炽被刘聪毒死，时年 14 岁的司马邺继位，定都长安，改元建兴。

司马邺继位时，西晋力量薄弱，兵无可战之卒，城无御敌之物。建兴四年（316 年）八月，匈奴王刘曜发兵攻打长安，并切断长安的粮运，司马邺粮尽援绝，无奈之下只好投降，之后被送往平阳，封怀平侯。

建兴五年十二月二十日，司马邺被刘聪杀害，终年 19 岁，谥号孝愍皇帝。

乱世继位　身如浮萍

司马邺是吴孝王司马晏的儿子，幼年时他被过继给伯父、秦献王司马柬为嗣，袭封秦王。永嘉二年，司马邺被封为散骑常侍、抚军将军。

永嘉五年六月，匈奴汉国（汉赵，亦称前赵）皇帝刘聪派刘曜、王弥、石勒三人率兵攻陷洛阳，活捉怀帝司马炽。当时，12 岁的司马邺在混乱中侥幸逃脱，往东南投奔驻守密县的舅父荀藩。

晋国朝廷中群龙无首，陷入了混乱。大臣们出于私心，都想推选一位有利于自己的皇室成员来继承皇位，但争来争去始终找不到一个合适人选，最后荀藩提出由司马睿继承皇位，大家勉强同意下来。但是，司马睿正专心经营江南之地，无心收拾北方残局，所以坚决拒绝了这一提议。荀藩无奈，只得重新物色人选。恰巧司马邺前来投奔，他不由得眼前一亮，认为司马邺是合适的继位人选，并很快将其转移到许昌。

此时关中也正经历一场巨大的动乱。刘曜攻陷洛阳后，继续挥师西进，直取长安，杀了镇守长安的大将司马模，在城内烧杀抢掠，无恶不作，长安城内的百姓饱受战乱之苦。又适逢关中大灾，饿殍遍野，民不聊生，刘曜则春风得意，因为战功赫赫而被刘聪封为车骑大将军、雍州牧，镇守长安。不过，刘曜只是表面风光，日子其实并不好过，因为西晋老百姓不服刘聪的统治，从未停止过抵抗。司马模被杀后，他的部将冯羽、太守索琳等率领 5 万人马进兵长安。雍州刺史麹（qū）允、新平太守竺恢、扶风太守梁综也积极响应，率领 10 万人马与他们会合，经过大小数百次战斗，终于打败了刘曜，一时声势大振，关中汉族和许多少数民族的民众都纷纷报名参军。

豫州刺史阎鼎[①]得知关中被收复后，想带司马邺到关中去，以占据长安，号令天下。荀藩等人全都来自山东，不愿西去，但他们终究拗不过阎鼎，只得勉强向西进发。一路上，很多人趁机溜走，到长安时已所剩无几。永嘉七年四月，怀帝司马炽被毒死的消息传到长安，司马邺遂正式继任，改元建兴。

历经多次战火的长安城，满目疮痍，户不过百，一片凄凉。据当时的统计，全城包括官府不过4辆车，朝廷百官既无官印又无朝服，连上朝面君所用的执板都是用桑木锯成，上面写上官位名称临时代替。由于司马邺年幼，无法亲理朝政，所有军政大事均由卫将军、领太尉索綝代为处理。

其时社会动荡，周围的少数民族都虎视眈眈，小皇帝司马邺对此也心知肚明，因而多次下诏，以南阳王司马保为右丞相，都督陕西诸军事；琅邪王司马睿为左丞相，都督陕东诸军事；另有幽、并二州的地方官员配合，左右丞相各自统领兵马，分别进攻平阳、洛阳及入卫长安。但司马睿以刚刚平定江南、无暇北进为由拒绝出兵；其余诸王和地方官员为了自保，也以各种理由搪塞，所以诏令也就成了一张废纸。

无奈出降　忍辱偷生

建兴四年八月，汉中山王刘曜再次集结重兵，围攻长安。长安城危在旦夕，西晋诸王都畏惧刘曜，不敢出兵相救。附近各郡倒是有少数兵马前来支援，屯兵灞上，但是他们看到刘曜兵强马壮、杀气腾腾，又不敢靠前。

这时，统管长安及以西军事的司马保派部将胡崧带兵来援，在长安城西40里处的灵台与刘曜相遇，经过奋力厮杀，击败了刘曜。但是，胡崧与阎鼎、索綝有积怨，并非真心来救，所以小胜之后便在渭北驻扎下来，不再前进。

刘曜本有退兵之意，看到各路晋军缩头缩尾，不敢前进，于是又放开胆量，全力攻城，很快就突破外城。西晋君臣不得不退守内城，以待援军。此时城内粮草已空，物价飞涨，一斗小米就卖到了二两黄金，满街都是饿昏饿死之人。城内仅剩几千凉州兵，仍在顽强抵抗。

不久，连皇帝司马邺也断了粮食，阎鼎遍寻皇家仓库，只找到几块发霉的酒曲，让人碾成碎末，做成粥，权当皇帝的饭食。但这点东西毕竟撑不了几天，时值隆冬，天寒地冻，又要忍饥挨饿，司马邺实在无法忍受，哭着向阎鼎哀求道："如今你我已是穷途末路，又盼不到救兵，长安早晚会失守，与其那样，还不如趁早投降了吧，也好保全一条性命。"阎鼎也知道大势已去，只好点头答应。于是，司马邺派人去与刘曜联系。十一月十一日，城门大开，司马邺率领群臣在一片哭泣声中走出长安城，向刘曜投降。至此，西晋彻底灭亡。

司马邺投降后，被押往汉赵都城平阳。汉主刘聪封他为光禄大夫、怀安侯。从此，司马邺开始了屈辱的生活。刘聪每次出去打猎，就让司马邺一身戎装，拿着戟在前面开道。沿途老百姓认出他后，指指点点地说："这就是从前在长安当过天子的司马邺！"随后人群中便传来一片嘲笑之声。每次刘聪宴请群臣，司马邺都要替众人斟酒，并洗刷酒具。汉赵朝中有许多被迫投降的晋国老臣，每次看到这种情景，心中十分不忍，但又不敢哭出声来。有一次，尚书郎辛宾实在是忍无可忍，站起身来抱住司马邺放声大哭。刘聪勃然大怒，当即下令将辛宾处死。

尽管司马邺奴颜婢膝，苟且偷生，但刘聪最终还是没有放过他，赐毒酒将其杀害。

注释：

①阎鼎（？—312年）：西晋大臣，少有大志，初为太傅司马越参军，转卷县令，行豫州刺史事。拥戴秦王司马邺为皇太子，任太子詹事，总摄百揆。后陷于朝廷内乱，出奔雍州，为氐族窦首所杀。

东 晋

元帝司马睿

司马睿档案

生卒年	276—323 年	在位时间	317—323 年
父亲	琅邪恭王司马觐	谥号	元皇帝
母亲	琅邪王妃夏侯光姬	庙号	中宗
后妃	虞皇后、郑贵妃	曾用年号	建武、大兴、永昌

司马睿,字景文,晋宣帝司马懿的曾孙,琅邪武王司马伷之孙,琅邪恭王司马觐之子,晋武帝司马炎从子,东晋开国皇帝。

太熙元年,司马睿承袭父位,为琅邪王。怀帝司马炽继位后,他被封为安东将军,都督扬州诸军事。永嘉七年,愍帝司马邺封他为左丞相、大都督,都督陕东诸军事。建武元年(317 年),司马睿在晋朝贵族与江东大族的支持下称晋王,建元建武。大兴元年(318 年),司马睿正式称帝,为晋元帝。

永昌二年(323 年),司马睿在王敦之乱后郁郁而终,终年 48 岁,谥号元皇帝,庙号中宗,葬于建平陵。

依仗王导　移镇建邺

司马睿出生于洛阳，太熙元年，因父亲司马觐去世，15岁的他承袭琅邪王爵位。同年四月，武帝司马炎去世，司马衷继位。但司马衷天生愚钝，无力驾驭时局，导致社会持续动荡。为免引火烧身，手无兵权的司马睿选择了恭俭退让，远离政治，并因此获得了名士嵇康之子侍中嵇绍①的支持。

元康二年（292年），司马睿被封为员外散骑常侍，累迁左将军。司马睿有一个至交好友，名叫王导②，是东海王司马越的参军。王导心思细密，独具慧眼，他见西晋诸王为了各自的利益不惜同室操戈，争得你死我活，致使天下大乱，老百姓不堪其苦，纷纷揭竿而起，反抗晋朝统治，于是就劝说司马睿离开京城，回自己的封国去，一来可以远离是非，二来可以静观其变，等待时机图谋大事。

司马睿的琅邪国和司马越的东海国相邻，两人关系非常密切。司马越掌管西晋政权时，司马睿为他分忧不少，所以司马越对他十分放心，在带兵参与宗室混战时曾将自己的军事根据地下邳交给司马睿看守，并封他为平东将军，监徐州诸军事。由于西晋内乱频仍，无力镇外，北方少数民族的势力迅速发展起来，形势日益恶化。下邳易攻难守，为了完成司马越托付的任务，司马睿在王导的建议下，向司马越请求移镇建邺。司马越和世家大族的代表人物王衍商议此事，一致认为这是在江南扩充势力的大好时机，于是欣然允准。

永嘉元年七月，司马越改封司马睿为安东将军，都督扬州江南诸军事，镇守建邺。这个时候，由于中原地区战火连天，老百姓纷纷向江南迁徙，司马睿便封王导为安东司马，负责管理这些逃难的百姓，取得了很好的效果。永嘉五年，司马睿又被封为镇东大将军，算是江南地区的最高行政长官。

建兴元年四月，怀帝司马炽驾崩。豫州刺史阎鼎等人听到消息，立即拥立司马邺为帝。为了避开"邺"字,改建邺为建康。建兴四年,汉中山王刘曜攻破长安,将司马邺掳走,西晋宣告灭亡。

大造舆论　广招贤士

司马睿为人一向低调,加上刚到一个陌生之地,前来拜访的人寥寥无几。为了尽快提高司马睿的声望,王导去拜访自己的堂兄王敦[3],开门见山地说:"琅邪王仁德宽厚,人们还不知道他的名声。你朋友多、门路广,希望能帮忙想想办法,尽快提高琅邪王的声望。"王敦点头应允。经过商议,他们决定在三月三日这天来一个造势活动。

三月三日是江南人民的节日,无论男女老幼都要到河里洗澡,洗去身上的污秽,祈求新年有一个良好的开端。这天,长江两岸人满为患,大家玩耍嬉戏,热闹非凡。这时有一队人马走了过来,中间最耀眼的是一乘肩舆,上面坐着一位大人物,这位大人物就是司马睿,随行的是名震江南的王导、王敦兄弟以及当地的很多贤人名士,他们全都骑着高头大马,一边走一边说笑,后面还跟着一支仪仗队,威风凛凛地来到江边。大家都不由自主地停下来看着他们。当时,江东世家大家族中很有名气的纪瞻、顾荣等人在江边游玩,他们看到这种阵势也感到很惊奇,虽然不知道来的是何等人物,但一定来头不小,于是急忙带头过来拜见。

这次出游的效果可以说是立竿见影,让司马睿名声大振。之后,王导又提议说:"现在天下大乱,群雄纷起,大王胸怀天下,如果想在江南创造基业,必须广招人才。顾荣、贺循两人在江东十分有名,应当招到我们门下。只要他们两人肯跟随我们,其他人就会闻风而来。"于是,司马睿就委托王导、王敦去请顾荣、贺循两人。顾荣和贺循听说名噪一时的司马睿来请,受宠若惊,马上答应下来。这以后,江南士族的头面人物纷纷拜投到司马睿门下。

在黄河流域的大批士人渡江避乱时,王导曾劝说司马睿从中挑选德才兼备又有影响力的人物留在身边为自己服务，并将那些世家大族及其宗族、佃客都妥善安置，确保他们的利益不受侵害，以安抚人心。这种做法不但提高了司马睿的威望，而且改善了本地人和北方迁民之间的关系，让他们和睦相处，成为可以利用的一股强大力量。

登基为帝　封赏天下

有了一批得力的谋士，加上江南优越的地理条件和丰富的物产，317年，司马睿即晋王位。次年，愍帝司马邺在平阳被刘聪所杀，消息传到建康后，王导、王敦等人认为司马睿登基的时机已到，于是劝其称帝。三月十日，司马睿宣布登基，改元大兴，史称东晋。

当时江南盛传一句童谣："五马齐渡江，一马化为龙。"意思是，在当时一同南下的5个宗室藩王（琅邪王、西阳王、汝南王、南顿王、彭城王）中，只有司马睿建立了自己的政权。要说功劳，王导自然当属头功，其后便是王敦。司马睿对此心知肚明，在即位大典上，他特意拉着王导坐在自己身边，但王导一再推辞说："太阳高悬，才能光照天下。如若下同万物，苍生如何仰望！"司马睿听了也不再勉强，心中对王导更加感激，也对他和王敦更加重用。王敦被任命为总管征讨，后又被任命为荆州刺史，加都督征讨诸军事；王导则被任命为录尚书事，专掌机要大政，其子弟、下属全部担任重要职务，时称"王与马，共天下"。

在对王导、王敦大加封赏的同时，司马睿也没有忘记当时向他劝进的人。在劝进书上签名的百姓约有20万人，散骑常侍熊远认为，签名人太多，无法一一封官，应该仿照汉朝制度，皇帝即位，民赐爵一级。但是，司马睿没有同意，而是将这20多万人全部封官。

安于现状　妒贤嫉能

西晋灭亡，而东晋又远在江南，黄河流域被少数民族占领和统治，政权频繁更换，中原百姓生活在水深火热之中，饱受战乱、掳掠和杀戮之苦，社会矛盾严重激化。司马睿虽曾有鸿鹄之志，但登基称帝后，他却变得目光短浅、胸无大志，醉心于内部的争权夺利，沉湎于新政权带来的安逸和享乐，对饱受战乱之苦的百姓不闻不问，不思进取；更唯恐北伐不利，危及自己刚刚建立的政权。在这种心理的驱使下，面对从北方迁来的士人希望北伐的请求，他敷衍了事，发了几个征讨檄文便不了了之。

大兴元年六月，司马睿迫于形势，再一次传檄天下："石虎④敢率犬羊之兵，渡黄河荼毒百姓，实乃罪大恶极。故此，特派部下率兵三万前往讨贼。"表面上一副兴师动众的样子，可是大军刚出发不久，又被司马睿召了回来。

上层人物为了争权夺利而拉帮结派、钩心斗角，但有一个人却很特别，他就是东晋大将祖逖。

祖逖对于国家的分裂痛心不已，一心想要收复河山，他向司马睿进言道："晋朝大乱，是由于皇室内部自相残杀，使他人乘机攻入中原。现在中原的百姓遭到敌人残酷迫害，人人都想反抗，只要陛下下令出兵，派将领去收复失地，那么北方各地人民一定会群起响应，失地就可以收复，一雪国耻。"司马睿实在无法推辞，只得封祖逖为奋威将军、豫州刺史，但只给了他为数不多的兵马布匹，不给铠甲，兵士也需要自行招募。祖逖没有泄气，他带领部下、亲族百余家，渡江北上，自筹粮草，冶铸兵器，招募了2000多人，与后赵的石勒大战，取得了巨大的胜利，不久便收复黄河以南的全部土地，使石勒不敢再窥视中原。

然而功高震主，正当祖逖在前方奋勇拼杀、收复大片国土的时候，后方的司马睿却唯恐祖逖兵强马壮，会危及自己的地位。大兴四年（321年）七月，司马睿派尚书仆射戴渊为征西将军，加入征讨大军，一方面是为了牵制祖逖，另一方面也是为了防备王敦。但戴渊既缺乏作战经验，又刚愎自用，祖逖受制于他，英雄无用武之地，因壮志难酬而积郁成疾，同年九月死于雍丘。

王敦兵变　司马遗恨

王敦出身贵族家庭，他的妻子是武帝司马炎的女儿襄城公主，他本人历任青州刺史、扬州刺史，同时又是东晋的开国元勋，位高权重，控制着长江上游，都督江、扬、荆、襄、交、广六州军事。因为地理和经济原因，长江上游对下游总是一种潜在的威胁。王敦控制上游后，政治野心急剧膨胀，对下游的东晋朝廷形成了巨大威胁。精明的司马睿很快就意识到了这种威胁，急忙调派军队充实中央，任命戴渊、刘隗为统帅，分别驻守合肥、泗口，借口讨伐石勒，实则防备王敦兵变，另外也是为了牵制祖逖。

祖逖病死后，王敦更不把戴渊和刘隗放在眼里，遂以讨伐刘隗为名，发起兵变。为了配合行动，王敦的下属沈充也在吴兴起兵。

很快，王敦大军便杀到了芜湖，司马睿怒不可遏地说："王敦如此猖狂，目无朝廷，把朕比作太湖甲鱼，想将朕幽闭在这里。是可忍，孰不可忍！朕要御驾亲征，统率六军，诛杀叛贼。将士到了前线，一定要勇猛杀敌，谁能提来王敦的贼头，赏五千户侯。"永昌元年（322年）二月，司马睿召戴渊、刘隗回建康，准备发兵征讨。王导担心受到牵连，急忙带着子侄20多人主动前来请罪，说道："自古以来，乱臣贼子不断，每朝每代都有，想不到今天出自我们王家。"司马睿没有怪罪王导，反而加以劝慰和安抚。

同年三月，司马睿任命王导为前锋大都督，加封戴渊为骠骑将军，命令刘隗率兵镇守金城、右将军周札驻守石头城（建康之卫城），他自己则亲率大军驻扎在郊外，做好迎敌的准备。王敦统率叛军势如破竹，很快就打到了石头城下，对周札发起猛烈攻击。周札只稍做抵抗便开城门投降，石头城沦陷。

司马睿得知消息后，急忙调戴渊、刘隗、刁协前去攻打，想将石头城夺回，但却徒劳无功。不久，刘隗叛逃，投降了后赵。司马睿无奈，只好向王敦求和，让百官到石头城去看望王敦。王敦不无得意地问道："天下之人，对我王敦举兵之事有何看法？"戴渊献媚道："若只看表面，好像是叛逆，不过仔细想来，这其实是将军对国家忠心的表现。"王敦听了十分高兴。戴渊回去后，又在司马睿面前替王敦说了许多好话。司马睿纵有万丈怒火，也无可奈何，只好给王敦加官晋爵，任命他为丞相、江州牧，封武昌郡公，但王敦并没有接受。

当然，王敦不接受司马睿的加封并不是因为谦虚，而是有更大的阴谋。他见太子司马绍有勇有谋，深受文武百官敬重，就找了个借口诬蔑他不孝，想将他废掉，但却遭到大臣们的一致反对，只好作罢。后来，王敦又不经司马睿同意，杀了戴渊和周札，也不上朝，大摇大摆地回武昌去了。

王敦虽然人在武昌，心却在建康，仍然利用自己的势力把持朝纲，将地方上给皇帝的贡品据为己有，并随意任免朝中官员。他自任宁、益两州都督，让亲信王邃都督青、徐、幽、平四州诸军事，镇守淮阴；王含都督沔南诸军事，领荆州刺史。如此一来，东晋的军政大权全部掌握在他们兄弟手中。

司马睿因为缺乏远虑而导致王敦掌权，欺君罔上，自己却又无可奈何，所以，历史上称司马睿为"恭俭有余而明断不足，故大业未复而祸乱内兴"。

由于无法降服王敦，司马睿忧愤成疾。为了钳制王敦，他在重病期间提拔忠于自己的大臣司徒荀组为太尉兼太子太保，参与朝政。但司徒荀组上任不久便病逝，司马睿伤心不已，病情逐渐加重，于永昌元年闰十一月驾崩。

注释：

①嵇绍（253—304年）：西晋名臣、文学家，曹魏文学家嵇康之子。官至侍中。永安元年，东海王司马越挟持惠帝与成都王司马颖交战，他拼死保卫惠帝，最终遇害，被后世推为忠君典范。

②王导（276—339年）：东晋大臣，司马睿称帝后任丞相。历侍元

帝、明帝和成帝三朝，领导南迁士族，联合江南士族，稳定了东晋初期在南方的统治。

③王敦（266—324年）：东晋权臣，琅邪王氏代表人物。与堂弟王导等拥护司马睿建立东晋政权，迁大将军，荆州牧。后以司马睿抑制王氏势力，两次起兵叛乱，被明帝司马绍率兵平定。

④石虎（295—349年）：十六国时期后赵国君，石勒之侄。

明帝司马绍

司马绍档案

生卒年	299—325 年	在位时间	323—325 年
父亲	元帝司马睿	谥号	明皇帝
母亲	荀氏	庙号	肃宗
后妃	庾皇后、宋妃等	曾用年号	太宁

司马绍，字道畿（jī），晋元帝司马睿长子，晋简文帝司马昱异母兄，东晋第二位皇帝。

永昌元年闰十一月，元帝司马睿病逝，司马绍继位。太宁二年（324 年），王敦发动叛乱，司马绍发兵征讨，成功平定叛乱。

司马绍在位期间，重用王导，成功做到了对权臣的制衡，并在一定程度上调和了南渡侨姓与吴姓士族之间的矛盾，稳定了时局，使社会呈现安定发展的趋势。他在位时间非常短暂，但对稳定国家的政局却发挥了巨大作用。

太宁三年（325 年），司马绍因病去世，终年 27 岁，谥号明皇帝，庙号肃宗，葬于武平陵。

少年英才　继位为帝

司马绍是司马睿的长子，据说他的母亲荀氏是鲜卑人，生下了司马绍和司马裒（póu）两个儿子。司马绍长大后，头发和胡须发黄，颇具雁北一带（指山西省内雁门关以北地区）鲜卑人的特征。他自幼聪明，深得司马睿的喜爱。

建兴元年，司马绍任东中郎将，镇守广陵。建兴五年司马睿即晋王位后，立他为王太子。大兴元年三月，司马睿称帝，他又被立为皇太子。

司马绍文武双全，德才兼备，礼贤下士，而且非常孝顺。他与朝中大臣王导、庾亮①、温峤②、桓彝③等人关系十分亲密；而且他因为酷爱武术，与很多将军也交往甚密，得到了大家的一致拥护。

永昌元年正月，王敦在武昌兴兵叛乱，三月占领石头城。司马睿亲率大军征讨，司马绍主动请缨，要求上阵杀敌捉拿王敦。温峤认为这样的冒险行动会招致失败，所以坚决予以阻止，并挥剑斩断马脖子上的皮套，使战车无法起动。司马绍无奈，只好作罢。

王敦控制朝政大权后，十分忌恨司马绍的才能，想方设法要将他废掉。有一次，王敦在百官面前声色俱厉地问温峤："皇太子何德何能？"温峤不怯不惧地答道："大海之深，难以斗量。胸怀远大者，非气量狭小之人可比。以圣人之礼衡量，太子堪称为孝。"他的话得到了大臣们的一致赞同，王敦的阴谋由此破产。

因为王敦一手把持朝政，飞扬跋扈，司马睿于永昌元年闰十一月初十郁郁而终。次日，司马绍即皇帝位，是为晋明帝。

巧用智谋　气死王敦

司马睿驾崩后，王敦野心勃勃，欲谋取帝位，于是上奏请求回京任职。司马绍心中了然，但为了暂时稳住王敦，便欣然应允，并亲自下诏让王敦入朝，加黄钺、佩剑，给予奏事不名、入朝不趋、剑履上殿等最高待遇，并领扬州牧。

太宁元年六月，司马绍立贵妃庾文君为皇后，并封庾氏之兄庾亮为中书监。

王敦回京后，加紧了政变的准备，不料在举兵前夕忽然病倒，但他仍然没有放弃政变的计划。太宁二年七月，他以朝廷的名义，封侄子王应为武卫将军，作为自己的副手；封兄长王含为骠骑将军，开府仪同三司。

有一天，王敦的谋主钱凤问他："大将军万一有些山高水低，是不是想让王应来继承大事？"王敦也预感到自己时日无多，神情沮丧地说："非常大事必须有非常之人才能担当，应儿年幼，怎能担此重任。万一我谋事不成，你们应该解散兵将，归身朝廷，这是上策；退还武昌，收兵固守，奉事朝廷，进献不断，此是中策；趁我还在，破釜沉舟，孤注一掷，大兵东下，直捣建康，谓之下策。"钱凤不甘心就此放弃，从王敦家出来后，他对参与兵变的人说："王公下计，即为上计。"于是，众人更加紧了政变的准备工作。

司马绍表面上纵容王敦，暗中却在监视着他的一举一动，只待王敦动手。为了进一步稳住王敦，也为了做到知彼知己，司马绍决定冒险去王敦营中侦察一番。于是，他脱去黄袍，换上一身普通的衣服，骑着马来到王敦驻军的地方，仔细观察其营垒和兵力的分布情况。

司马绍的行为引起了士兵们的注意，忙向正在午睡的王敦汇报。王敦听士兵描述了来人的相貌后，大吃一惊，说道："这一定是那个长得非常像鲜卑人的小子来偷窥我方军营。"他连忙带人去寻找，但司马绍已经侦察完毕，从容离去。

经过这次侦察，司马绍详细掌握了王敦的兵力部署情况，决定兴兵讨伐。为了瓦解王敦的军心，同时鼓舞斗志，他和王导商议了一个迷惑之计，由王导对外发布消息说王敦已死，并带领子弟们为其操办丧事。晋军将士信以为真，士气大增。随后，司马绍又下诏历数王敦罪状，宣布征讨王敦的党羽钱凤之流，说道："朕亲统诸军，讨伐钱凤，凡杀钱凤者，封五千户侯。诸文武官员为王敦所受用者，一概不问。王敦之军士，单丁在军者，均遣归家，优待终身。其余将士，给假三月，休假完毕归来，与宿卫官兵等同。"这道诏书对瓦解王敦叛军起到了很好的效果。

王敦看到诏书则暴跳如雷，惊怒之下病情加重，再也不能领兵打仗。他的兄长王含不忍，便主动请缨，替王敦挂帅出征。太宁二年六月，王含、钱凤、周抚、邓岳等人率水军5万向建康进发，并向朝廷上了一封奏书，美其名曰是要诛杀奸臣温峤。叛军来势凶猛，于七月初一进抵江宁南岸。司马绍亲自统率大军抵抗，又派大将段秀、中军司马曹浑组成1000多人的敢死队，于深夜渡河向叛军发起突袭。七月初四凌晨，两军在秦淮河南岸的越城展开激战，叛军大败，先锋何康被杀。

王敦得知兵败后气得大骂道："我兄真乃老来无用，大势已去，无可挽回！"说完，他挣扎着要下床，亲自去指挥战斗，无奈病情严重，体力不支，只好作罢。但他仍然不甘心，又对自己的舅父羊鉴和侄子王应说："我死后，应儿马上即位称帝，先立朝廷百官，然后才能料理我的后事。"说完双眼翻白，气绝身亡。

成功平叛　英年早逝

王应遵照王敦的指示，秘不发丧，用草席将尸体裹住，外面涂上黄蜡，埋在厅内地下，然后与狐朋狗友日夜纵情淫乐。

太宁二年七月二十五日夜，叛军在沈充、钱凤的带领下渡过秦淮河，进攻至宣阳门。危急之际，兖州刺史刘遐、临淮太守苏峻率领一万多精兵赶来支援。两军在南塘相遇，展开了一场激战，叛军被击溃，援军则越战越勇，又在附近的青溪大破沈充的军队。王含见势不妙，下令烧掉军营，连夜逃窜。

为了彻底瓦解叛军，司马绍又采取攻心术，再次下发诏令：除王敦以外，任何人只要放下武器都可以获得大赦，既往不咎。接着，他又命令庾亮督苏峻④等追击沈充到吴兴，命温峤督刘遐追击王含、钱凤到江宁。王含、王应父子乘船顺水来到江州，投奔宗亲王舒，结果被王舒投入河中溺毙。沈充则逃往吴兴，半途迷路，误打误撞地走进旧部吴儒家中。吴儒将他诱骗进夹壁墙中，笑道："三千户我这次唾手可得了！"沈充知道上当，后悔莫及，哀求道："你不必贪图封侯，如能放我一马，我宗族势大，定倾力相报！胆敢杀我，家人一定诛杀你九族！"但是，吴儒不为所动，还是将他杀死，并将其首级送到京城。钱凤逃往庐州，被王敦手下的宁远将军、浔阳太守周光捉拿，随后被杀。已经入土的王敦也被掘墓暴尸，斩首示众。

至此，司马绍成功地平定叛乱，巩固了东晋政权。他有勇有谋，本应大有作为，遗憾的是，他年纪轻轻便疾病缠身。太宁三年三月，司马绍册立司马衍为太子，闰八月即卧病在床。他自感病情严重，于是召太宰、西阳王司马羕及司徒王导、尚书令卞壶⑤（kǔn）、车骑将军郗鉴⑥、领军将军陆晔⑦、护军将军庾亮、丹阳尹温峤共同接受遗诏，辅助太子司马衍登基理政。闰八月二十五日，司马绍病逝于东堂。

注释：

①庾亮（289—340年）：东晋外戚，明帝皇后之兄。以外戚与王导等辅立成帝，任中书令，执掌朝政。先后参与平定王敦、苏峻的叛乱。后任征西将军，因北伐未果，忧愤而卒。

②温峤（288—329年）：东晋名将，出身太原温氏，初在并州为刘琨谋主，抗击刘聪、石勒。明帝司马绍继位后任中书令。先后参与平定王敦、苏峻的叛乱，出任江州刺史，镇武昌。

③桓彝（276—328年）：晋朝大臣，桓温之父。初为州主簿，元帝时官至尚书吏部郎；明帝司马绍继位后拜散骑常侍，从平王敦之乱，以功封万宁县男，迁宣城太守。咸和三年（328年）镇压苏峻之乱，被叛将韩晃所杀。

④苏峻（？—328年）：东晋将领、叛臣。永嘉之乱后成为流民统帅。元帝时为鹰扬将军。从平王敦之乱，拜为冠军将军、历阳内史。外戚庾亮执政，将苏峻兵权解除，征为大司农。咸和二年（327年）联合祖约起兵征讨庾亮，次年攻入建康，专擅朝政。不久为温峤、陶侃等击

败而死。

⑤卞壸（281—328年）：东晋重臣、书法家。仕元帝、明帝、成帝三朝，两度为尚书令。苏峻叛乱时率军奋力抵抗，以身殉国。

⑥郗鉴（269—339年）：东晋重臣、书法家，年少孤贫，但博览经籍，以清节儒雅著名。东晋初任兖州刺史。明帝时参与讨平王敦之乱，迁车骑将军，都督徐、兖、青三州军事，镇守广陵。成帝时为辅政大臣，平定苏峻、祖约之乱，晋太尉。

⑦陆晔（261—334年）：东晋士族重臣，初任太子詹事，累迁至领军将军，参与平定王敦之乱，以功封江陵伯。成帝继位后获授左光禄大夫、开府仪同三司。苏峻叛乱时成功劝说叛将匡术归降，晋江陵公。

成帝司马衍

司马衍档案

生卒年	321—342 年	在位时间	325—342 年
父亲	明帝司马绍	谥号	成皇帝
母亲	庾太后	庙号	显宗
后妃	杜皇后	曾用年号	咸和、咸康

司马衍，字世根，晋明帝司马绍长子，晋康帝司马岳胞兄，东晋第三位皇帝。

太宁三年，明帝司马绍驾崩，年仅 5 岁的司马衍继位，改元咸和。因为司马衍年幼，无法理政，大臣们经过商议，决定由皇太后庾文君临朝听政，三朝元老司徒王导录尚书事，与中书令庾亮、尚书令卞壶三人一起辅政。但朝政大权实际上是由外戚庾亮掌控。庾亮试图排斥王导，振作东晋王室，但他猜疑心强，任意杀逐重要官员，引发了统治集团内部的剧烈冲突。

咸和年间，苏峻、祖约①打着诛杀奸臣庾亮的口号，起兵叛乱，攻入建康，后被陶侃、温峤平定。之后，王导再次执掌朝政大权，使晋室得以保全。咸康二年（336 年），司马衍发布诏书，禁止贵族将领私自拥有大片山泽；咸康七年（341 年），又以土断方式将自江北迁来的世族编入户籍。

咸康八年（342 年），司马衍驾崩，终年 22 岁，谥号成皇帝，庙号显宗,葬于兴平陵。

年幼继位　外戚专权

太宁三年三月,司马衍被册立为太子。同年闰八月,明帝司马绍病逝,司马衍继位,因为年幼,由庾太后临朝听政。司徒王导录尚书事,与中书令庾亮等共同辅政;同时封抚军将军、南顿王司马宗(汝南王司马亮第四子)为骠骑将军、领军将军,汝南王司马祐(司马亮之孙)为卫将军。

元帝司马睿执政时,左卫将军、南顿王司马宗和右卫将军虞胤②深受信用,明帝司马绍对他们也非常信任,让他们管理禁军,甚至将宫廷钥匙交给他们掌管。庾亮和王导对此十分不满。有一次,明帝生病,庾亮有急事需要连夜奏报,于是去找司马宗要宫门钥匙。司马宗不但不给,反而呵斥他说:"这里是皇宫禁地,岂能容你随意出入!"庾亮无奈,只好原路返回,从此对司马宗更加怀恨在心。后来明帝病重,不愿有人打扰,就吩咐司马宗将要进谏的大臣挡在宫门外。庾亮因此怀疑司马宗和虞胤居心叵测,等到明帝驾崩,他立即解除了司马宗的兵权。

司马宗身为宗室贵族,手握重兵,突然被解除兵权,自然心中不服,准备对庾亮采取报复行为。庾亮抢先下手,唆使御史中丞钟雅到庾太后处告司马宗谋反,然后又派右卫将军赵胤将司马宗抓来问罪。结果,司马宗拒捕,被赵胤当场杀死。之后,庾亮将司马宗的3个儿子贬为庶人,又将大宗正虞胤迁为桂阳太守。

司马宗声名显赫,竟被庾亮随意诛杀,朝中大臣对此敢怒而不敢言,人人自危。一天,司马衍忽然想起好久没有见到满头白发的南顿王司马宗,便问庾亮:"那位白发老头怎么不见了?"庾亮一脸平静地说:"他企图谋反,已经被杀了。"司马衍想到父亲与司马宗关系密切,不由得悲从中来,一边哭一边不满地说:"舅舅妄说人家谋反,就随意杀了他,如果人家说舅舅谋反,那又该如何?"庾亮被年幼的司马衍说得愣住了,一时不知如何应对。

庾亮仗着自己的国舅身份，任人唯亲，将自己的几个弟弟庾怿、庾冰、庾条、庾翼都安排到朝中或地方担任要职。庾怿不喜欢江州刺史王允之，于是就送给他一壶酒。王允之怀疑他居心不良，便找来一条狗做实验，果然不出他所料，狗喝酒后当即口鼻流血而死。王允之担心有朝一日自己会招来毒手，就偷偷跑去向司马衍告状。司马衍生气地骂道："大舅已经祸乱天下，小舅又要如此作恶，成何体统！"庾怿见自己罪行败露，皇帝怪罪，遂服毒自尽。

城破被俘　受尽屈辱

咸和二年正月，历阳太守苏峻与祖约、许柳等人，打着诛杀奸臣的旗号发动兵变，从横江（古长江渡口）渡长江，进攻建康。庾亮刚愎自用，派兵前去御敌，却连连失利。苏峻率军长驱直入，很快攻破都城，进入建康城内，放火烧掉了台省及诸营寺署。庾亮的部队溃败，其兄弟几人置司马衍于不顾，狼狈而逃，到浔阳投奔太守温峤。

占领建康后，苏峻自封为骠骑将军，录尚书事；另封祖约为侍中、太尉、尚书令等。因顾忌王导的声望，所以让他任原职不动。之后，苏峻命人打开官府仓库，将里面的20万匹布、5000斤金银、数以万计的钱币挥霍一空，只在粮仓里给司马衍留下几石米，供他维持生活。

庾亮等人逃到浔阳后，见到了温峤。温峤得知都城沦陷，大吃一惊，经紧急商议，他们决定尽快回击，收复建康。为了增加胜算，温峤派人到荆州联合征西大将军，都督荆湘雍梁诸州、专制长江上游的陶侃一起讨伐叛贼。这年五月，陶侃亲自率兵来到浔阳，与温峤、庾亮合兵一处，共率4万精兵向建康进发。

苏峻得到消息，忙带着小皇帝司马衍迁往石头城，让人腾出一间库房作为司马衍的临时行宫。他还每天过去查看，对司马衍任意谩骂羞辱。司马衍身边的大臣心中十分惶恐，担心苏峻对司马衍下毒手。

劫后余生　残局难收

眼见司马衍被抓走，庾太后十分着急，下诏给大司徒王导，让他无论如何也要救出司马衍。王导不敢怠慢，秘密传令三吴（吴郡、吴兴、会稽）迅速发兵，到石头城救驾。吴国内史蔡谟③、吴兴太守虞潭、会稽内史王舒等人接到命令后，立即组织兵马向石头城开进。苏峻急忙派兵迎战，双方互有胜败。

苏峻叛军与救驾的晋军连续交战数月，给了陶侃喘息休整的机会。咸和三年九月二十五日，陶侃重整兵马，对石头城发起猛烈的进攻。苏峻率8000人出城迎战，派儿子苏硕和大将匡孝兵分两路向赵胤所部猛冲，赵胤军不敌，节节败退。苏峻刚刚饮酒完毕，正醉意蒙眬，看到这种情形，高兴得手舞足蹈，大喊道："匡孝都能打败敌人，难道我还不如匡孝，待我亲自杀敌！"说完，他不顾众人阻拦，率先向赵胤军冲去。左右之人忙追了上去，想要保护苏峻。赵军人多势众，苏峻等人虽然勇猛，仍然折损多人。苏峻急忙下令后撤，这时，他的战马突然嘶鸣一声，前蹄抬起，苏峻猝不及防，被掀翻在地。晋军见状一拥而上，将苏峻乱刀砍死，然后斩下头颅，割肉焚骨。叛军失去首领，也无心恋战，狼狈而归。苏峻的弟弟苏逸收集残兵败将，紧闭城门，不敢应战。

叛军大败、苏峻被杀的消息传回后，司马衍等人非常高兴，右卫将军刘超、侍中钟雅等人经过密议，决定设法保护司马衍逃跑。不料计划泄露，苏逸大怒，下令将刘超、钟雅抓走。司马衍不顾个人安危，冲上前去拼命阻拦，并大喊："还我侍中！"士兵们被惹怒了，挥刀将钟雅杀死，然后带走了刘超。

咸和四年（329年）二月，陶侃、虞潭、蔡谟、王舒等诸军重新联合，又一次对石头城发起猛攻，杀死苏逸，攻进城中，一场激烈的巷战随即展开。建威长史藤含的手下曹据在一个角落里找到了躲藏的司马衍，情急之下也顾不得君臣之礼，一把抱起他冲出战场，送到温峤的坐船里。文臣们正焦急地等待着，看到司马衍平安归来，都激动得失声痛哭，齐齐跪倒，主动请罪。司马衍劫后余生，想到为保护自己而被带走的刘超及被杀死的钟雅，不禁悲痛欲绝，泪流满面。

随后，文武百官护拥着司马衍回到都城建康，经过这场战乱，昔日华丽的皇宫已经成为一片废墟，司马衍只得暂住建平园。大臣们纷纷提议迁都，温峤主张迁到豫章，三吴豪族则提议迁到会稽，大司徒王导则坚持皇帝应该留下来，并最终得到了司马衍的同意。

对于这场叛乱，庾亮有着不可推卸的责任。回到京城后，他假意向司马衍请罪。司马衍没有怪罪他，还宽慰他说："此乃天意，与舅舅无关。"并封他为都督豫州、扬州之江西宣城诸军事，为豫州刺史，领宣城内史，镇芜湖。

335年，司马衍改元咸康，开始亲政。但是，他性格软弱，对朝政大事没有决断能力，因而长期受制于庾亮，在位期间始终没有什么建树。唯一值得肯定的是他主张节俭，反对铺张浪费。

咸康八年六月，司马衍身染重病，自感时日无多，便下诏让弟弟琅邪王司马岳继位，由武陵王司马晞（司马睿第四子）、会稽王司马昱（司马睿幼子）、中书监庾冰④、中书令何充⑤、尚书令诸葛恢⑥共同辅政。六月初七，司马衍驾崩于建康宫西堂。

注释：

①祖约（？—330年）：东晋将领，祖逖之弟。祖逖死后，继任平西将军、豫州刺史，领祖逖旧部。咸和二年与苏峻起兵，失败后投奔后赵，为石勒所杀。

②虞胤（？—335年）：东晋外戚大臣，元敬皇后虞孟母之弟。初任员外散骑常侍，迁步兵校尉，袭封平山县侯，转右卫将军。涉南顿王司马宗叛乱，迁宗正卿，历任桂阳、琅邪、庐陵三郡太守。

③蔡谟（281—356年）：东晋重臣，与诸葛恢、荀闿并称为"中兴三明"。苏峻之乱时平叛有功，迁太常，领秘书监，赐爵济阳男。后拜征北将军，都督徐、兖、青三州军事。康帝继位后，入朝任左光禄大夫、开府仪同三司、司徒等职。后被免为庶人，数年后复为光禄大夫、开府仪同三司，但他称病不朝，无心政事。

④庾冰（296—344年）：东晋大臣，庾亮之弟。初为王导司徒府长史，迁吴国内史，平定苏峻叛乱，补会稽内史。咸康五年（339年）入为中书监、扬州刺史，参录尚书事，继王导为相。成帝病重时与何充等并受顾命。后惧权盛致祸，出为江州刺史，镇武昌。

⑤何充（292—346年）：晋朝重臣，王导妻甥，明帝皇后的妹夫。在康帝和穆帝时辅政。历任黄门侍郎、中书侍郎等职，而后官至中书监、骠骑将军、录尚书事，封都乡侯。

⑥诸葛恢（284—345年）：东晋时期重臣、名士，诸葛诞之孙。初为临沂令，过江后其名仅亚于王导、庾亮。元帝时任会稽太守。明帝时为侍中，迁尚书右仆射、尚书令。成帝继位，加侍中、金紫光禄大夫。成帝死时，并受顾命。

康帝司马岳

司马岳档案

生卒年	322—344 年	在位时间	342—344 年
父亲	明帝司马绍	谥号	康皇帝
母亲	庾太后	庙号	无
后妃	褚皇后	曾用年号	建元

司马岳,字世同,晋明帝司马绍次子,晋成帝司马衍胞弟,东晋第四位皇帝。

成帝司马衍在位期间,司马岳被封为吴王,后改封琅邪王,历任散骑常侍、骠骑将军、侍中、司徒等职。咸康八年,成帝司马衍病重,司马岳被立为皇太弟。同年,成帝司马衍病逝,司马岳继位,时年21岁。

建元二年(344 年),司马岳病逝,终年23 岁,谥号康皇帝,葬于崇平陵。

兄终弟及　外戚掌权

司马岳是司马绍次子,司马绍驾崩后,司马衍继位,于咸和元年封司马岳为吴王,次年改封琅邪王。咸和九年(334 年),司马岳被任命为散骑常侍,加任骠骑将军。咸康五年,升任侍中、司徒。

咸康八年六月，成帝司马衍病重，一场关于继位人选的论战在朝廷中展开了。有人主张遵循传统，由小太子继位，但是成帝的舅父庾冰却强烈反对，他说："国家面临强敌，正是生死存亡之际，应立年长之君。"他的话听起来冠冕堂皇，其实包藏着私心。他认为，如果成帝的儿子当了皇帝，与他的亲属关系就会疏远，他的权力势必受到威胁。但是，如果是成帝的弟弟司马岳当了皇帝，他就仍然是皇帝的舅父，关系不变，地位和权力也不会变。当时成帝的儿子们年龄都很小，自然不在继位之列，所以，有资格继位的只有成帝的胞弟司马岳。

不过，中书令何充并不同意他的意见，说："父子相传，乃千古定律，一旦改变，将导致祸乱。"随后，众人征求成帝的意见，但成帝意识模糊，根本无法决断。大臣们只能按照庾冰的意见，由专人拟定诏书，册立司马岳为皇帝的继承人，庾冰、何充等人为顾命大臣，辅助朝政。几天后，成帝驾崩，司马岳继位，即晋康帝。

由于在继位问题上提出过反对意见，何充担心受到报复，所以，他在司马岳继位后主动请辞顾命大臣的职务，自愿到京外担任徐州刺史。

壮志难酬　未捷身死

司马岳在位期间，北方有几个和东晋并存的政权，其中以后赵的石虎对东晋威胁最大。石虎不但凶暴残忍，而且十分贪婪。他看到江南物产丰富，觊觎之心顿起，决定亲率六军，下江南讨伐东晋。为了做好战争准备，他在国内大量征用民丁，并规定每5人出1辆车、2头牛、15斛米、10匹绢。违令者一律斩首。此令一出，举国慌乱，老百姓为了活命，不得不卖儿鬻女以供军需。

此时东晋朝廷中，庾亮已死，由他的两个弟弟庾冰、庾翼掌权。庾翼出任都督江、荆、司、雍、梁、益六州诸军事及安西将军、荆州刺史，接替庾亮镇守武昌。为了提高自己的声望，庾翼一心想要攻灭胡虏、收复蜀地，于是主动请缨，亲率大军攻打石虎，得到了庾冰和司马岳的同意。随后，庾翼派人东去联络燕王慕容皝（huàng），西去联络凉州牧张骏，与他们商定日期，共同发兵讨伐石虎。同时，庾翼下令强行征召大量民役和驴牛车马，以致民怨沸腾。有人将此事上奏朝廷，司马岳急忙派人前去阻止，但庾翼充耳不闻，依然我行我素。

建元元年（343年）九月，一切准备就绪后，庾翼亲自统率4万精兵，从武昌出发，向后赵进军。司马岳自知无力阻拦，同时应庾冰之请，加封庾翼为征讨大都督；又命庾冰都督荆、江、宁、益等六州诸军事，领江州刺史，镇武昌，随时支援庾翼；又征徐州刺史何充领扬州刺史、录尚书事，辅佐朝政；另以琅邪内史桓温①都督青、徐、兖三州诸军事，领徐州刺史；封褚裒②为卫将军，领中书令。

与此同时，石虎也在大量征兵，加紧备战。建元二年正月，后赵已经征集百余万兵力，准备起兵南下。但是，石虎深信巫术，起兵之前特意找太史令卜了一卦，结果显示不宜南行。于是，他暂时搁置征讨东晋的计划，等待时机。

司马岳在位短短两年时间，这是他唯一被迫发起的军事行动。不幸的是，建元二年九月，司马岳突患重病，不久便在式乾殿驾崩。

注释：

①桓温（312—373年）：东晋权臣，名儒桓荣之后，明帝之婿。因溯江而上灭亡成汉政权而声名大振，又三次出兵北伐前秦、羌族姚襄、前燕，战功累累。后独揽朝政十余年，废海西公，改立简文帝，图谋受禅，未成而死。

②褚裒（303—350年）：东晋外戚，康帝皇后之父。任征北大将军，镇京口。永和五年（349年），率军北伐后赵，因失利退回，惭恨病死。

穆帝司马聃

司马聃档案

生卒年	343—361 年	在位时间	344—361 年
父亲	康帝司马岳	谥号	穆皇帝
母亲	褚太后	庙号	孝宗
后妃	何皇后	曾用年号	永和、升平

司马聃，字彭子，晋康帝司马岳长子，东晋第五位皇帝。

建元二年，司马岳驾崩，司马聃继位，次年改元永和。由于司马聃继位时才2岁，所以由太后褚蒜子垂帘听政，何充任顾命大臣。永和二年（346年）何充病逝，又由蔡谟与司马昱辅政。

司马聃在位期间，大将桓温率军消灭了在四川立国的成汉，并于永和十二年（356年）夺回洛阳，扩大了东晋的版图。

升平五年（361年），司马聃驾崩，终年19岁，谥号穆皇帝，庙号孝宗，葬于永平陵。

外戚拥立　太后听政

建元二年九月，康帝司马岳病危，外戚庾冰、庾翼有意立元帝司马睿的小儿子司马昱为皇位继承人，但却遭到中书监何充的阻拦。何充认为应该由康帝之子司马聃继位，司马岳也表示赞同。

两天后，司马岳病逝，何充根据其遗诏拥立2岁的司马聃继位。因为司马聃年幼，褚太后临朝听政，改元永和。

永和元年（345年）正月，褚太后抱着小皇帝司马聃坐在太极殿的帷幕后，举行了登基大典。四月，朝廷封会稽王司马昱为抚军大将军，辅佐朝政。

各怀私念　钩心斗角

永和元年七月，庾翼壮志未酬，在出兵北伐之前病死。大臣们经过商议，一致认为庾家连续几代都镇守西藩，人心安定，功不可没，应该遵照其遗愿，让庾翼的儿子庾爰之接替父亲，继续镇守西藩。但何充却不同意，他说："荆楚之地乃国之西北门户，户口逾百万，地势险要，系于国家安危，应派强将前去驻守。庾爰之乃一少年，无作战经验，不宜前去。"他认为明帝司马绍的驸马、徐州刺史桓温文韬武略，可以担此重任。于是，朝廷任命桓温为安西将军，持节，都督荆、司、雍、益、梁、宁六州诸军事，领荆州刺史，管辖长江上游重地。

桓温才智过人，而且野心勃勃，认为只有兴兵打仗，收复失地，才能建功立业，提高自己的声望，然后取代司马家族自立为帝。经过侦察，他发现占据四川的李氏成汉政权发生了严重的内乱，急剧衰败，是最好的出兵时机。于是，他上书建议西征。大臣们认为晋军兵力不强，而且蜀道艰难，孤军深入，胜算不大。大臣刘惔（dàn）向褚太后提出警告说："桓温这人有勇有谋，出兵即有把握，看来灭成汉问题不大。但灭成汉以后，他的野心就会更大，有可能专制朝廷。"

但桓温并不气馁，又数次上书，终于得到了朝廷的同意，于永和二年十一月率领益州刺史周抚、南郡太守司马无忌等挥师讨伐成汉。桓温亲率步卒，仅带三日口粮，沿江而上，直取成都。经过一番激战，成汉大败，国主李势宣布投降。桓温因功被加封为征西大将军、开府仪同三司。

因为灭成汉有功，桓温声名大振，连朝廷对他也忌惮三分，这引起了会稽王司马昱的警觉。为了对抗桓温，司马昱只得拉拢久负盛名的扬州刺史殷浩，让他到京都任职，参与朝政。

这个时候，占据中原大部分地区的后赵政权又发生了内乱。原来，石虎的养孙是个汉人，名叫冉闵，又叫石闵。永和六年（350年），冉闵杀死赵主石鉴，然后又将赵氏一族全部诛灭。第二年，冉闵自称皇帝，建国号"魏"。之后，冉闵派使者来到东晋，对司马聃说："胡逆扰乱中原，现已尽力诛之，请派军队来，共同扫除胡逆。"但司马聃因为冉闵自称皇帝，心中极为反感，所以没有理会。鲜卑族慕容氏看准时机，率领大军自辽西浩浩荡荡地杀了过去。冉闵再次向东晋求救，司马聃却坐视不管，冉闵最终被慕容氏打败，"魏国"宣告灭亡。

其实，桓温在冉闵向司马聃求救时便有意出兵，借机北伐，为此他几次上奏朝廷，但司马聃担心他的权势进一步扩大，危及自己的地位，便没有同意。

受制权臣　无所作为

永和五年，在后赵发生内乱之际，东晋朝廷抓住时机，先后派外戚褚裒、扬州刺史殷浩率军北伐。到永和十年（354年）二月，褚裒和殷浩北伐相继失败，这时，司马聃又想起了桓温，于是命他再次挂帅出征。

很快，桓温率领4万精兵从江陵出发，直取关中，在蓝田和前秦军队交战，大获全胜。随后，桓温率军进至长安近郊的灞上。附近郡县见晋军来势凶猛，纷纷开城投降。老百姓带着酒肉前来慰问，夹道欢迎大军到来。老人们个个泪流满面，激动非常，都希望晋军能够长久驻扎。然而，桓温出兵只是为了提高自己的威望，军队稍事休整后，他又去攻打前秦的苻坚。苻坚得知桓温所带口粮有限，不能久战，便采取坚壁清野的策略，不让桓温收割到当地的麦子。晋军粮草匮乏，无奈之下，只得于六月迁徙关中3000余户百姓回到晋朝。

永和十二年三月，羌族酋长姚襄又占据许昌，进攻洛阳。桓温再次受命，率兵自江陵出发北伐。同年八月，他打败姚襄，收复洛阳。之后，桓温多次建议迁都洛阳，以进一步收复失地。但是，东晋朝廷贪图安逸，不愿北还，对桓温的建议置之不理。

升平元年（357年）正月，司马聃年满15岁，开始亲政，但是他毕竟年少，朝政大权仍然掌握在桓温手中。后来，司马聃慢慢长大，虽然也想有所作为，但他毕竟过惯了宫廷奢靡安逸的生活，也不大愿意为国事劳心费力，所以始终没有什么成就。升平五年五月，司马聃驾崩于显阳殿。

哀帝司马丕

司马丕档案

生卒年	341—365 年	在位时间	361—365 年
父亲	成帝司马衍	谥号	哀皇帝
母亲	周妃	庙号	无
后妃	王皇后	曾用年号	隆和、兴宁

司马丕，字千龄，晋成帝司马衍长子，晋康帝司马岳之侄，晋穆帝司马聃的堂兄弟，东晋第六位皇帝。

咸康八年，司马丕袭封琅邪王。永和年间，司马丕历任散骑常侍、中军将军。升平五年，穆帝司马聃去世，司马丕在褚太后的拥立下登基，时年21岁，次年改元隆和。

司马丕在位期间，权臣桓温掌权，朝廷内斗严重，国家也陷于战火之中，逐渐走向衰败。而司马丕不思振作，却迷信方士，追求长生不老，以致走火入魔，食用丹药过量中毒，卧病在床，褚太后不得不临朝听政。

兴宁三年（365年），司马丕在太极殿西堂去世，终年25岁，谥号哀皇帝，葬于安平陵。

历尽曲折　终登帝位

成帝司马衍于咸康八年去世后，按照礼制，皇位本应由其长子司马丕继承。但身为中书令的外戚庾冰考虑到司马丕与自己血缘关系较远，担心他继位后自己失去权势，于是就以司马丕年龄尚小、对政局稳定不利为由，拥立成帝之弟司马岳为帝。

永和元年，司马丕被封为散骑常侍；永和十二年，加封中军将军；升平三年（359年），任骠骑将军。升平五年五月，穆帝司马聃去世，褚太后下旨迎立司马丕为帝。于是，时年21岁的司马丕终于登基当上了皇帝。

迷信方术　不务正业

隆和元年（362年）正月，前燕大将吕护、傅末波率兵攻打洛阳，不久被击退。正月十三日，司马丕尊生母周氏为皇太妃，加封司马奕为侍中、骠骑大将军、开府仪同三司。同年四月，吕护卷土重来，再次兵临洛阳。司马丕忙令北中郎将庾希、竟陵太守邓遐①率兵救援，击退了吕护。

这年十二月出现了月食，司马丕以为上苍发怒，于是下诏减轻农民赋税，重新制定法令，以顺应天意。

司马丕在位期间，桓温的势力得到了进一步的增强。兴宁元年（363年）五月，已经官居征西大将军的桓温，又逼着朝廷加封他为侍中、大司马、都督中外诸军事、录尚书事，成为东晋最有实权的人物。

为了增加朝廷的收入，改变当地与侨居户籍赋税不均的情况，缓解社会矛盾，在桓温的建议和主持下，东晋朝廷在兴宁二年（364年）三月下令各地实行"土断"，取消对北方侨民的优待，将他们和当地居民一样编入户籍，纳税服役。这一举措对于社会关系的融洽和社会矛盾的缓解起到了很好的作用，史称"庚戌土断"。

遗憾的是，司马丕虽已成年，但却不务正业，笃信方士之言，追求长生不老，整日和道士混在一起，炼丹求药，无心朝政。侍中高崧（sōng）进谏说："炼金丹，求长生，乃虚妄之事。万乘帝王，不宜受骗。"但司马丕根本听不进去，依然我行我素，继续服用术士们炼制的长生不老仙丹，结果导致中毒。

兴宁二年三月，司马丕病重，卧床不起，无法理政。褚太后无奈，只得再次出山，临朝听政。兴宁三年二月，司马丕驾崩于太极殿西堂。

注释：

①邓遐（324—370年）：东晋猛将，曾斩沔水为害之蛟。袭封宜城县伯。曾为桓温参军，数从征伐，拜冠军将军、竟陵太守。枋头之败后，桓温心怀耻忿，忌其勇果，遂免其官。

海西公司马奕

司马奕档案

生卒年	342—386 年	在位时间	365—371 年
父亲	成帝司马衍	谥号	无
母亲	周氏	庙号	无
后妃	庾皇后	曾用年号	太和

司马奕，字延龄，晋成帝司马衍次子，晋哀帝司马丕胞弟，东晋第七位皇帝，也是东晋唯一一个在位期间被废黜的皇帝。

兴宁三年二月，哀帝司马丕驾崩，司马奕继位，时年24岁，次年改元太和。

咸安元年（371年），司马奕被桓温所废，降为东海王；咸安二年（372年），又降封为海西公。

太元十一年（386年），司马奕病逝，终年45岁，史称废帝，又称海西公，葬于吴陵。

英年继位　政出桓温

司马奕2岁时被封为东海王，12岁拜散骑常侍、镇军将军；后又改封琅邪王，历任侍中、车骑将军、骠骑大将军、开府仪同三司。兴宁三年二月，哀帝司马丕驾崩，因其没有留下子嗣，褚太后下诏由皇帝的弟弟的司马奕继位。

司马丕在位时，桓温已经身兼多职，把持朝政。司马奕继位之后，桓温依然大权独揽，身兼征西大将军、侍中、大司马、都督中外诸军事、录尚书事、荆州刺史、扬州牧等职，可以说是位极人臣。然而桓温并没有因此而满足，他有着更大的目标，那就是篡位。为了达到这一目的，桓温决定先打好根基，以北伐提高自己的威望。

太和四年（369年）四月，桓温又一次统率5万大军从姑苏出发，进行第三次北伐，进攻前燕。但因为事先计划不周，后勤物资供应不上，桓温孤军深入，行动困难。同时，他又得到消息说前秦的军队要支援前燕，只得匆忙撤退。

桓温野心很大，他曾经说过："男子汉如果不能流芳百世，便当遗臭万年。"他本来想通过北伐提高自己的威望，然后夺取皇位，没想到却失败了，这让他备受打击。他的谋主郗超献计说："大将军权倾天下，大举北伐而一朝兵败，现在如果再不干出一件惊天动地的大事，将无法挽回失败所带来的影响。将军您只有学习伊尹、霍光，废立皇帝，方可重振雄威。"此话正中桓温下怀，于是两人开始商讨废掉司马奕的计划。

慎之又慎　难逃厄运

司马奕继位后，深知自己只是名义上的皇帝、桓温手中的傀儡，随时都有被弃掉的可能。为了保全自己，他行事十分谨慎，事事都向桓温请示，然后再做决定。他还经常偷偷地将术士召入宫中，为自己占卜吉凶祸福。这样一来，桓温虽然想废掉他，但又一时找不到借口，如果无端废黜，恐怕招致人心不服，危及自己的声望，效果适得其反。经过冥思苦想，桓温和郗超终于想出了一条歹毒之计，决定利用宫闱中的隐私来达到自己的目的，因为这种事无凭无据，无法查证，是最好的攻击武器。

桓温和郗超首先编造谎言，说司马奕在很早的时候就患有阳痿痼疾，无法治愈，不能行床笫（zǐ）之事。而他的三个儿子都不是皇家血脉，而是嬖幸之人在侍寝时与皇帝的美人田氏、孟氏私通所生下的孽种。皇帝明知后宫淫乱，依然纵容不管，为国人所不齿，理应废黜。桓温买通宫人，将谣言在宫中散布，不几日就传得满城风雨。

太和六年（咸安元年）十一月，桓温回到京都建康，气势汹汹地走进后宫，要求觐见褚太后。褚太后正在宫中的佛堂烧香，听宫人禀报说桓温有急事求见，便允其觐见，问有何事。桓温开门见山，将早已写好的奏折和太后诏令递了过去。褚太后打开一看，只见上面写着："穆帝、哀帝不幸短寿，又无后嗣，故以琅邪王入继大位。然琅邪王昏聩，违背礼法，有此三孽，不知为谁之子，人伦丧尽，丑声远扬，颜面尽失，枉为人君。再者，孽子长大，又要封王为藩。如此欺灭祖宗，倾移皇基之事，天理难容。是可忍，孰不可忍！为此，废司马奕为东海王。……"褚太后看到这里，已经明白这是桓温的阴谋，但她也不敢违抗，只好命人取过笔墨，在诏令后面写道："哀家身为未亡人，不幸罹此忧患，感念存没，心痛如割。"

桓温随即拿着诏书召集文武百官，当众宣布废帝之事。大臣们已经提前得到消息，都感到难以置信，个个一脸惊慌。因为没有哪个朝代制定过废帝的礼仪制度，大家只好搬出《汉书》，找到《霍光传》一篇，根据里面记述的霍光废掉昌邑王刘贺的程序礼仪，以太后令，宣布废皇帝司马奕为东海王，改立会稽王司马昱为皇帝。之后，桓温命令都护竺瑶、散骑侍郎刘享强行没收皇帝的玺绶，将司马奕赶出宫殿。

失去皇位的司马奕身穿白布单衣，步履蹒跚地走下朝堂，来到宫外，乘坐一辆备好的牛车，恋恋不舍地离开神虎门。文武百官跟在身后，眼含泪水，与他挥手告别，却没有人敢说一句话。侍御史、殿中监①奉桓温之命，带领百十人，美其名曰护送，其实是押解司马奕，一路走到东海王府。

就在司马奕离开当天，桓温即率领百官迎接会稽王司马昱入宫，立为皇帝。在忙于废帝立帝的同时，桓温没有忘记腾出手来对付司马奕的后代，以防止他们将来得势后，会反过来报复自己。为了斩草除根，他将司马奕的3个儿子连同他们的生母田氏、孟氏全部处死。

同年十二月，桓温又一次上奏褚太后，说道："废放之人，必至于偏远之地，而且不能再管理黎民百姓。故，东海王应按汉朝昌邑王的先例，加以放逐，安置于吴郡。"褚太后沉思片刻，以商量的口气说："贬为庶民百姓，实在情有不忍，不如宽恕一次，仍封为王，如何？"但桓温坚决不同意，又奏道："最多可封海西县侯。"褚太后表示同意，遂将司马奕降为海西县公。

咸安二年四月，司马奕被迁到吴县。吴国内史刁彝受命对司马奕进行严密监视，桓温仍不放心，又派御史顾允去协助防卫。司马奕知道自己身边处处都是陷阱，稍有不慎就有可能招来杀身之祸，于是，他唯唯诺诺，安分守己，乐天知命，一副碌碌无为的样子。此后，他耽于内宠，终日饮酒作乐，纵情声色，甚至把生下的儿子扔进水中淹死，以示自己没有远大志向，苟且偷生。桓温见他如此丧魂落魄，无意东山再起，也就不再难为他了。

同年七月，司马昱才当了几个月的皇帝，便突然暴病身亡。司马奕听到消息后，为了避免桓温猜忌自己可能会复出，便更加克制，终日无所事事，醉生梦死，总算安稳地度过了后半生，于太元十一年病逝。

注释：

①殿中监：官名，三国魏置，七品，掌殿中张设监之事，领禁兵。两晋及十六国后凉皆领禁兵，掌殿中宿卫，管理皇帝生活事务，亦代宣诏旨，品级虽低，但颇有权势。

简文帝司马昱

司马昱档案

生卒年	320—372 年	在位时间	371—372 年
父亲	元帝司马睿	谥号	简文皇帝
母亲	郑贵妃	庙号	太宗
后妃	王皇后、李贵妃	曾用年号	咸安

司马昱，字道万，晋元帝司马睿幼子，晋明帝司马绍异母弟，东晋第八位皇帝。

司马昱历经元帝、明帝、成帝、康帝、穆帝、哀帝、废帝七朝，曾被封为琅邪王、会稽王，先后担任散骑常侍、右将军、抚军将军，后又升任抚军大将军、录尚书六条事、丞相、录尚书事等职，辅佐朝政。

太和六年（咸安元年）十一月，桓温废掉司马奕，拥立 52 岁的司马昱为帝，改元咸安。

咸安二年（372 年），司马昱驾崩，终年 53 岁，谥号简文皇帝，庙号太宗，葬于高平陵。

七朝元老　位登大宝

司马昱小时候聪慧过人、才思敏捷，深受父亲司马睿的喜爱。成年后，他举止文雅，风度翩翩，清心寡欲，生活简朴。同时，他也很喜爱读书，史册典籍，无所不读，通晓千古，受到人们的尊敬。当时素有鉴人之明的郭璞①评价司马昱说："此人必可复兴晋朝。"

永昌元年，司马昱被封为琅邪王，以会稽、宣城为食邑。咸和元年（326年），司马昱以生母郑阿春病逝，请为母亲服重丧，得到成帝司马衍的应允。咸和三年，司马昱被封为会稽王，官拜散骑常侍。咸和九年，司马昱被封为右将军，加侍中。咸康六年（340年），司马昱升任抚军将军，兼领秘书监。

司马昱在朝中有着很高的威望，与桓温的私人关系也不错。桓温一直有不臣之心，有意取代晋朝，但在时机不成熟之前，他还需要扶持一个完全听命于自己的皇帝。因此，他一直注意观察皇室成员，又因为与司马昱关系密切，所以对他最为了解。有一天，桓温和司马昱及其同父异母的兄弟、武陵王司马晞一起到郊外游玩。行走间，桓温暗示手下用力擂响大鼓、吹响号角，驾车的马受到了惊吓，拼命狂奔。桓温早有准备，双手抓紧，稳稳地坐在车里，他偷偷观察司马昱和司马晞受到突然惊吓后的反应。司马晞素以武勇著称，经常聚集勇士豪杰切磋武艺，声名在外，但他却被吓得面如土灰，连连请求快将马车停下。与之相反，司马昱平时一副文弱书生的模样，此时却显得非常镇定，不怯不惧，双手扶车，稳稳地坐在那里。这事以后，桓温认为武陵王不过徒有虚名，而暗暗佩服司马昱，并对其有所忌惮。

建元二年八月，康帝司马岳病危，外戚庾冰、庾翼二人有意立会稽王司马昱为嗣，以继承帝位，但却遭到中书监何充的反对，最后改立司马聃为嗣。因司马聃年幼，由褚太后临朝听政。永和元年，朝廷征召褚太后之父、卫将军褚裒入朝，想任命他为扬州刺史、录尚书事。但吏部尚书刘遐、卫将军长史王胡之劝褚裒说："会稽王司马昱德行昭著、声望颇高，可担大任。"褚裒于是返回藩镇。之后，司马昱被封为抚军大将军、录尚书六条事。

当时与司马昱一同辅政的骠骑将军何充有意提拔桓温来压制庾爰之，但丹阳尹刘惔认为桓温图谋不轨，便劝司马昱说："不能让桓温占据地形便利之地，应对其严加防范。"又提出由司马昱出镇长江上游，他本人则任军司,但遭到司马昱拒绝。刘惔又请求自己前往,也没有获准。桓温最终被任命为安西将军。

永和二年,何充去世,褚太后下诏命司马昱总理朝政。次年,桓温攻灭成汉,声名大振,连朝廷也对他畏惧三分。这时,司马昱也感受到了桓温的威胁,为了制衡桓温,他拉拢素有盛名的扬州刺史殷浩,让他参与朝政,并大量提拔会稽人士及玄学同好在朝廷中担任要职。

永和七年(351年)十二月,桓温多次请求北伐,但都遭到朝廷的拒绝,桓温便自率四五万人顺长江而下,驻扎在武昌,以威慑朝廷。抚军司马高崧为司马昱写信责备桓温,桓温才率部返回镇地。次年七月,司马昱升任司徒,但他坚辞不受。

与此同时,殷浩受命率军北伐,结果屡吃败仗,辎重消耗殆尽,以致民怨沸腾。永和十年,桓温趁机上书列举殷浩的罪行,请求将他罢免。司马昱不得已,只得将殷浩贬为庶人,流放到东阳郡信安县。从此,桓温总揽朝政大权。

兴宁三年,将军陈祐放弃洛阳,司马昱找桓温商议征讨事宜。然而不久哀帝司马丕驾崩,此事不得不暂时搁置。琅邪王司马奕继位后,封司马昱为琅邪王(作为储君),又封司马昱之子司马曜为会稽王,但司马昱坚辞不受,后勉强受封,却又没有去掉会稽王的称号。太和元年(366年)十月,司马昱晋丞相、录尚书事,赐"入朝不趋,赞拜不名,剑履上殿"的荣誉,又赐羽葆、鼓吹及持班剑的武士60人,但他仍坚决辞让。太和四年十一月,桓温北伐失败,司马昱再次会见桓温,共同商议以后的行动。

司马奕在位时,司马昱已是七朝元老,又是宗室亲王,可惜他缺乏安邦治国的雄才大略,以至于朝政大权被桓温独揽。桓温本来打算借助北伐提高自己的声望,然后再代晋自立。然而事与愿违,他三次北伐,有两次以失败告终。眼看这条路是行不通了,他又和郗超密谋,以宫闱丑闻之事,借太后的名义废掉司马奕,然后扶持年过半百、徒有虚名的司马昱登基,作为他手中的又一个傀儡。

有名无实　受人牵制

司马昱登基不久，桓温便对自己一向猜忌的武陵王司马晞动手了，诬蔑司马晞及其儿子司马综有意谋反，下令将他们交廷尉问罪。司马昱知道他们是被冤枉的，但又不敢不从。后来，御史中丞在桓温的授意下，上奏要求诛杀司马晞。司马昱心中实在不忍，于是下诏说："此事令人悲痛万分，听着也不忍心，又如何说出口来，请予另议。"

桓温不愿善罢甘休，再次上奏，坚决要求处死司马晞。司马昱忍无可忍，愤而给桓温手书诏书道："如果还当我是个皇帝，就请大司马按照诏书行事。如果大司马坚持己见，执意杀掉司马晞，我请退位。"桓温看到司马昱强硬的态度，只好退了一步，改为将司马晞父子贬为庶人，全家流徙到新安郡。

事业无成　人丁单薄

司马昱一生处在东晋的多事之秋，当上皇帝以后又处处受制于桓温，心中十分悲苦。他在政治上不如意，个人生活也凄惨无比。他的第一个妻子是骠骑将军王述的从妹，为他生了5个儿子，其中3个夭折，只有长子司马道生和次子司马郁存活下来。司马道生被立为世子，但却无德无才，最后和母亲王氏被幽废而死。次子司马郁倒是聪明孝顺，常常规劝兄长走正路，深得司马昱的喜爱。不幸的是，司马郁17岁时得病去世。而司马昱其他的妃子都没有怀过孕。

随着年纪渐长，司马昱心急乱投医，竟找来相士，将自己的夫人全都叫出来，让相士一一相面，想从中找出能为自己生儿子的人。然而，让他大失所望的是，相士将所有人都看了一遍，最后摇着头说："恕我直言，都不能生儿子。"司马昱仍不死心，又把府中干粗活的婢女也都叫出来，当相士看到一个又矮又胖、皮肤黝黑的织妇李陵容时，惊喜地叫道："这才是生儿子的人！"

后来，这个相貌丑陋的女人果然为司马昱生了两个儿子。司马昱的心情终于舒畅了一些。

忧愤成疾　临终托孤

自从当上皇帝，眼看国家危机四伏、江河日下，而桓温又飞扬跋扈、蛮横无理，司马昱整天郁郁寡欢，身体也越来越虚弱。

咸安二年七月，司马昱积郁成疾，卧床不起。他一夜连写4道诏书，命桓温进宫替自己安排后事。桓温想借机让司马昱禅位于自己，于是一再推托。司马昱知道自己撑不了多久，无法拖延，只好立11岁的儿子司马曜为太子，继承皇位。由于担心桓温会对儿子不利，他又写诏书命大司马桓温以周公为先例，居摄执掌政权，并仿照刘备白帝城托孤之举，用颤抖的手在遗诏中写道："若太子可辅助，当请全力辅助。如不成器，请自取天下。"

司马昱写下如此遗诏，当即遭到大臣们的反对。侍中王坦之[②]站在司马昱的病榻前，当场将诏书撕得粉碎。司马昱有气无力地说："大晋气数如此，朕亦无能为力，迫不得已而为之，卿等还需想开才是。"王坦之痛心疾首地说："大晋天下，是宣帝创基、元帝中兴的天下，陛下何来权力白白断送？"面对如此忠心耿耿的大臣，司马昱深受感动，便让王坦之执笔，改写遗诏："国事家事都要尊重大司马的意见，如同诸葛亮和王导一样。"

在写完遗诏当天，司马昱在东堂驾崩，此时距他登基称帝仅8个月。

注释：

①郭璞（276—324 年）：东晋文学家、训诂学家。博学多识，好古文奇字，又喜阴阳卜筮之术。东晋初为著作佐郎，后为大将军王敦记室参军，以卜筮不吉劝阻王敦谋反而遇害。

②王坦之（330—375年）：东晋名臣，年轻时与郗超齐名，累官至侍中。袭父爵蓝田县侯，后与谢安等人在朝中抗衡桓温。桓温死后与谢安一同辅政，累迁中书令，都督徐、兖、青三州诸军事，北中郎将，徐、兖二州刺史，镇广陵。

孝武帝司马曜

司马曜档案

生卒年	362—396 年	在位时间	372—396 年
父亲	简文帝司马昱	谥号	孝武皇帝
母亲	李贵妃	庙号	烈宗
后妃	王皇后、张贵人、陈淑媛等	曾用年号	宁康、太元

司马曜，字昌明，简文帝司马昱第六子，东晋第九位皇帝。

司马曜出生的时候，正赶上天蒙蒙亮，所以取名为曜，字昌明。他4岁时被封为会稽王，咸安二年简文帝司马昱病重时又被立为太子，随即继位，改元宁康，时年11岁。此时，大权掌握在大司马桓温手中。宁康元年（373年），桓温病逝，褚太后临朝听政。太元元年（376年），褚太后归政，实权又掌握在谢安手中。太元八年（383年），东晋在淝水之战中取得胜利，国家得以保全。

太元二十一年（396年），司马曜驾崩，终年35岁，谥号孝武皇帝，庙号烈宗，葬于隆平陵。

幼年继位　几被废黜

兴宁三年七月，司马曜被封为会稽王，年仅4岁。咸安二年七月，简文帝司马昱在当了几个月傀儡皇帝后，病重不起，临终之前立司马曜为太子。司马昱死后，司马曜为父守灵，一点悲伤之情也没有。左右人提醒他说："先帝初去，按惯例应该哭才是。"但司马曜却出人意料地说："悲痛到来时，自然就会哭，有什么惯例不惯例的！"

当时，桓温手握重兵，镇守姑熟，没有回京为皇帝办理后事。对于司马曜继位之前是否应该告知桓温，朝中大臣各执己见，大部分人认为应该由大司马定夺。大臣王彪之①却坚持说："皇帝驾崩，太子继位，这是理所应当的事情，为何要向下臣请示？"就这样，司马曜得以顺利继位。

桓温本来打算等司马昱驾崩之后自立为帝，就算当不成名正言顺的皇帝，起码也要当一个摄政王。然而，诏书下来，却要他学习诸葛亮和王导，当辅政大臣，他心中十分不服，认为都是谢安②等人从中作梗，于是欲寻机报复。

宁康元年二月，愤怒至极的桓温统率大军浩浩荡荡地开回京都建康，朝中上下顿时乱成一团，都认为桓温是来兴师问罪的，一定会杀掉谢安、王坦之，进而篡位称帝，忙劝谢、王二人暂避。然而，谢安、王坦之却大义凛然，率领文武百官到京城外迎接桓温。或许是怒火攻心，桓温刚回到京城，还没来得及动手便突发重病，卧床不起。这个时候，桓温依然贪恋朝政大权，几次暗示朝廷给自己加九锡，并多次派人催促。

桓温的一个亲信甚至起草好了加九锡的诏书，将草稿送到谢安那里，要求审批。但谢安采取拖延之策，屡次返回要求修改，就这样改来改去，竟拖了几十天。一直到七月份，桓温仍没有等到加九锡的这一天，心有不甘地咽下了最后一口气。司马曜终于等到了自己亲政的机会。

在这场生死较量中，谢安以其勇敢和机智成功化解了皇帝被废黜的危机。太元元年，司马曜亲政，时年15岁。谢安因功劳最大，被封为中书监，录尚书事，第二年，又被任命为侍中，都督扬、豫、徐、兖、青五州诸军事。至此，谢安成了东晋的顶梁柱。

淝水之战　大败前秦

司马曜自登基以来，就一直面临着氐族政权前秦的威胁。前秦先后攻灭前凉、代国，统一了北方，开始派大军向南方的东晋进攻，企图统一中国。为了抵御外扰，司马曜向天下发布诏书，招贤纳士。谢安的侄子谢玄③被推荐为建武将军，监江北诸军事。谢玄随即张贴告示，招募士兵，很快就组织起了一支新军，并得到了一员猛将，名叫刘牢之。谢玄任命刘牢之为先锋官，率领精锐部队开赴前线。因为这支军队是谢玄在当时被称为"北府"的京门口招募的，故称"北府兵"。

太元八年（383年）八月，前秦王苻坚以弟弟苻融为先锋，亲自统率骑兵27万、步兵60万，对外号称百万大军，浩浩荡荡地向东晋进发。东晋则以谢石④为征讨大都督，谢玄为前锋都督，统兵8万，监阵御敌。

这年十月，前秦先锋部队抵达寿阳，与前来抗击的东晋军队隔淝水相望。晋军统帅谢石、谢玄仔细分析形势，一致认为如果等到前秦百万大军全部到达，将很难取胜，不如趁敌人各路军队尚未到达之时，对其先头部队发起突然袭击，胜算更大一些。如果打败了这支前锋部队，晋军将士气大增，敌人也会土崩瓦解。

于是，谢玄先派使者到苻坚营中，告知前秦军："你们远道而来，利于速战，但贵军逼近水滨安营扎寨，却是打持久战的方式，不利于速战速决。不如贵军向后撤退一步，腾出一片空地，让我们渡过淝水，咱们摆开阵势，好好地打一仗。"苻坚想了想，认为自己的军队后撤，然后乘晋军渡河时再杀一个回马枪，定能大获全胜。苻融也认为这是一个好主意。于是，前秦军开始撤退。然而，出乎苻坚意料的是，前秦军一撤退便失去了控制。谢玄趁机挥师渡过淝水，以迅雷不及掩耳之势杀了过来。苻融骑马来到阵前，本打算按原来的计划杀一个回马枪，不料坐骑被后撤的士兵撞倒，他还没来得及爬起来，便被冲上来的晋军杀死。前秦军顿时大乱，晋军乘胜追击，前秦军自相践踏，尸横遍野。

前锋受挫的消息传来后，前秦军各部人心惶惶，士气尽丧，全都掉头后退。更有许多依附于前秦的少数民族纷纷叛离。经此一战，前秦军损失了十之七八。东晋举国沸腾，民心大振。

听信谗言　排挤忠臣

司马曜有个胞弟叫司马道子，9岁时被封为琅邪王，食邑7600余户。太元八年九月，恰逢前秦南侵，时年20岁的司马道子被任命录尚书事，开始干预朝政。淝水之战后，他开始对谢安进行排挤。

当时，谢安的女婿王国宝⑤品行不端，多次想要倚仗谢安的权力在朝中担任要职。但是，谢安很不喜欢他，只让他做了尚书郎。王国宝为此对谢安心怀怨恨，认为自己出身琅邪王氏名门，应该担任位高权重的吏部郎。他有个从妹深受司马道子宠爱，于是，他利用这种特殊关系，经常在司马道子面前诬蔑谢安。司马道子又将这些话添油加醋地说给司马曜听。加上谢安在淝水之战中立了大功，引起朝中一些大臣的嫉妒，这些人也在司马曜面前大进谗言。渐渐地，司马曜开始对谢安有所猜忌。

太元十年（385年），谢安被排挤出建康，到广陵镇守，过起了无所事事的闲散生活。同年八月二十二日，谢安病逝，东晋由此失去了最后一根顶梁柱。谢安去世后，司马道子出任扬州刺史、录尚书事、都督中外诸军事，总揽军政大权，势力迅速扩大。一些趋炎附势的小人纷纷拜在其门下。这使司马曜渐渐产生了危机感，兄弟之间有了嫌隙。

小人作乱　命丧妇手

司马道子私欲膨胀，任人唯财。他最宠信的两个官员赵牙、茹千秋，一个是戏子出身，另一个原来是府衙中抓贼的小吏，都是靠献媚和贿赂当上了大官。赵牙曾经为司马道子建造了一座府邸，里面筑山穿池，花费万金。茹千秋更加肆无忌惮，公然卖官鬻爵，后来被人揭发，但他依然我行我素。

司马曜对司马道子的这种行为非常反感，但顾及手足之情，不忍心对他下手，只能选拔一批有名望且信得过的大臣到地方任职，委以重任，用来遏制司马道子的势力，其中包括王恭[6]、郗恢、殷仲堪[7]、王珣和王雅等。而司马道子也在抓紧扩大自己的势力，将王国宝、王绪兄弟笼络为自己的亲信。这也使朝廷内部形成了两大派别，明争暗斗。

司马曜最先宠爱的两位美人，后来都因为各种原因被打入冷宫。之后，他又宠爱张贵人。太元二十一年九月的一天，他要张贵人在后宫饮酒，许多美人陪在一旁。张贵人已经年过三十，日渐色衰，司马曜喝得有些醉意蒙眬，开玩笑说："爱妃已经年老色衰，朕正在寻找二八佳人纳为贵妃。"说者无意，听者有心。张贵人立即联想前面两位贵人的可悲下场，心中不由得打了个寒战，杀心顿起。傍晚，司马曜喝得大醉，在清暑殿里酣睡。张贵人命人拿来美酒，将所有宦官灌得酩酊大醉，然后打发他们各自退下。接着，她让侍女用一床厚厚的被子蒙住司马曜的头，将其活活捂死。

张贵人害死司马曜后，为了掩人耳目，以重金贿赂左右，说皇帝是"因魇暴崩"。当时太子司马德宗年幼无知，而司马道子又昏聩，以至于这桩谋害皇帝的大案就这样被蒙混过去。

注释：

①王彪之（305—377年）：东晋名臣，丞相王导堂侄。初任著作佐郎，累迁廷尉，执法严明。转吏部尚书，主张选人以才。出为镇军将军、会稽内史。后复为尚书仆射，联合太傅谢安等人对抗权臣桓温，官至尚书令。

②谢安（320—385年）：东晋政治家、名士。四十余岁始出仕，孝武帝时位至宰相。与王坦之挫败桓温篡位意图，桓温死后，与王彪之等共同辅政。在淝水之战中打败号称百万的前秦军队，为东晋赢得了数十年的和平。战后因功名太盛而被孝武帝猜忌，被迫前往广陵避祸。

③谢玄（343—388年）：东晋名将，有经国才略，善于治军。早年

为桓温部将。太元二年（377年）任建武将军、兖州刺史，领广陵相，监江北诸军事，组织北府兵，以御前秦。淝水之战任前锋都督，取得以少胜多的巨大战果，并率军收复徐、兖、青、豫等州，进至黎阳。后因病改任左将军、会稽内史。

④谢石（327—389年）：东晋名将，谢安之弟。早年历任秘书郎、黄门侍郎等职，曾领水军在涂中抵御前秦军，以功封兴平县伯，迁尚书仆射。在淝水之战中大破前秦军，以功迁中军将军、尚书令，进封南康郡公。以聚敛无厌，为时人所讥。

⑤王国宝（350—397年）：东晋后期宰相，王坦之第三子，谢安之婿。会稽王司马道子辅政时为秘书丞，迁侍中、中书令、中领军。不遵法度，贪纵聚敛。安帝继位，他与司马道子把持朝政。迁左仆射、后将军、丹阳尹。后兖州刺史王恭发兵讨伐，坐罪逮捕赐死。

⑥王恭（?—398年）：东晋外戚大臣，孝武帝皇后王法慧之兄。初为著作佐郎。孝武帝时为前将军，镇京口。

⑦殷仲堪（?—399年）：东晋末年将领，孝武帝时任都督荆、益、宁三州军事，荆州刺史，镇江陵。

安帝司马德宗

司马德宗档案

生卒年	382—419 年	在位时间	396—419 年
父亲	孝武帝司马曜	谥号	安皇帝
母亲	陈淑媛	庙号	无
后妃	王皇后	曾用年号	隆安、元兴、义熙

司马德宗，字安德，晋孝武帝司马曜长子，晋恭帝司马德文胞兄，东晋第十位皇帝。

太元二十一年，孝武帝司马曜驾崩，由长子司马德宗继位，次年改元隆安。

司马德宗天生痴笨，无法执政，所以他在位期间，大权先后掌握在司马道子、桓玄、刘裕手中。由于内乱频发，外敌压境，东晋江山岌岌可危，已经无力回天。

419 年，司马德宗驾崩，终年 38 岁，谥号安皇帝，葬于休平陵。

白痴皇帝　被迫让位

在中国历史上有两个白痴皇帝，而且都是晋朝开创者司马懿的后代，第一个是司马懿的曾孙、惠帝司马衷，第二个便是安帝司马德宗。

司马衷还勉强能识文断字，司马德宗则是一个如假包换的智障儿，口齿不清，万物不分。

太元十二年（387年），司马德宗被立为太子。太元二十一年，孝武帝司马曜驾崩，司马德宗继承皇位，时年15岁。

司马曜在位期间，朝政大权基本掌握在弟弟司马道子的手中。司马曜驾崩以后，司马道子更是大权在握。朝臣们对此极为不满，由此引发了一场争权夺利的内斗。

隆安二年（398年），兖州刺史王恭、豫州刺史庾楷等因对尚书左仆射王国宝不满，起兵造反，最后王国宝被杀，叛乱得以平息。隆安五年（401年），桓温幼子、广州刺史桓玄在势力逐渐坐大后，借孙恩起义勤王起兵，次年攻入建康，杀掉司马道子、司马元显父子，自封为丞相，录尚书事。经过一番激烈的争夺，朝政大权落入桓玄手中。

桓玄初掌朝政大权，大刀阔斧地进行了改革，赢得了大臣们的一致好评，但他很快就露出了贪婪的本性。有一次，三吴一带闹饥荒，老百姓背井离乡，饿殍遍野，当地人口锐减，有的地方甚至到了荒无人烟的地步。很多富人舍不得自己的家园，穿着绫罗绸缎，带着金银首饰，被活活饿死家中。桓玄对此置若罔闻。

为了篡权夺位，桓玄在朝中拉拢了一批心腹大臣。元兴二年（403年）十一月，经过周密策划，司马德宗被桓玄的手下卞范之捉着手写下了一纸诏令，宣布将帝位禅让给桓玄。之后，司马德宗被安置在浔阳，降为平固王。

颠沛流离　权臣诛之

桓玄称帝不久，出现了一个名叫刘裕的英雄。刘裕时任彭城内史，胸怀大志，智谋超群，而且有很强的指挥能力。他打着匡复晋室的名义，振臂一呼，天下有志之士纷纷响应。元兴三年（404年）四月，刘裕联络北府兵将领刘毅，分别在京口和广陵起兵，声势浩大。桓玄见刘裕、刘毅来势凶猛，连忙护着司马德宗和东晋皇室人员沿长江西逃，一直到江陵才停下来。刘裕的起义军没有遇到任何抵抗，顺利进入建康。

在建康稍事休整，刘裕和手下将领何无忌率领义军沿长江追赶桓玄，在桑落洲与桓玄的人马相遇，经过一番激烈的交战，桓玄军战败。之后，双方在峥嵘洲再次交锋，桓玄军又败。刘裕和何无忌率军继续追赶，一路上战无不胜。桓玄心知大势已去，于是撇下司马德宗等人，独自向四川逃跑，半路上被手下所杀。他所建立的楚国如昙花一现，迅速灭亡。

义熙元年（405年）三月，司马德宗被何无忌护送回建康，继续当他的傀儡皇帝。刘裕因救驾有功，被封为都督中外诸军事，掌管东晋的军政大权。

刘裕不仅军事才能突出、政治眼光敏锐，而且有着很强的忍耐力。尽管已经掌管军政大权，但他并不急于称帝，而是先铲除了大臣刘毅、诸葛长民等敌对势力，然后带兵镇压了卢循领导的农民起义军。接着，他又率兵北伐，先后灭掉了南燕、后秦，收复了黄河以南失去的领土。经过十多年的艰苦努力，刘裕可谓功勋卓著，又在朝中笼络了一大批官员，站稳了脚跟，他认为时机已到，于是准备废除司马德宗，称帝自立。

当时，民间流传着一句话："昌明之后有二帝。"昌明是司马曜的字，意思是在司马曜之后，东晋还有两位皇帝，之后就该改朝换代了，这是天意。为了早日当上皇帝，同时也让自己这个皇帝当得顺应"天意"，义熙十四年十二月，刘裕指使部下将司马德宗杀死于东堂。

恭帝司马德文

司马德文档案

生卒年	386—421 年	在位时间	419—420 年
父亲	孝武帝司马曜	谥号	恭皇帝
母亲	陈归女	庙号	无
后妃	褚皇后	曾用年号	元熙

司马德文,字德文,晋孝武帝司马曜次子,晋安帝司马德宗之弟,东晋最后一位皇帝。

义熙十四年,刘裕杀安帝司马德宗后,司马德文被拥立为帝,次年改元元熙。元熙二年(420 年)六月,刘裕逼迫司马德文禅位,废其为零陵王,东晋宣告灭亡。

同年九月,司马德文被刘裕谋害,终年 36 岁,谥号恭皇帝,葬于冲平陵。

德才兼备　生不逢时

司马德文最初被封为琅邪王,先后担任中军将军、散骑常侍、卫将军、开府仪同三司、侍中、司徒、录尚书六条事等官职,元兴元年,迁任车骑大将军。

安帝司马德宗生性愚笨，但司马德文与其截然不同，有一定的才能，而且胸怀大志，又有一颗不忘先祖的孝心。早在刘裕北伐的时候，他就主动提出随军北上，并在洛阳停留，修复了晋朝皇帝的陵墓。他还很有德行，并没有因为兄长愚笨而看不起他，更没有想过谋取帝位，而是随侍兄长左右，帮忙处理政务，深得朝中大臣的爱戴。

隆安二年，兖州刺史王恭、豫州刺史庾楷起兵讨伐尚书左仆射王国宝等人，为了平息事态，司马德文下令处死王国宝。但第二年，王恭、庾楷又联合荆州刺史殷仲堪、广州刺史桓玄起兵造反，兵临建康城下。司马德文率军抵抗，杀死王恭。

与此同时，由于司马元显（司马道子之子）征调因三吴门阀免除官奴身份成为佃客的广大民众到建康，以充实兵员，激起了当地门阀的不满，五斗米道士孙恩乘机在浙江、江苏一带起兵叛乱，声势浩大。孙恩先后进攻上虞、会稽、浃口、临海，多次打败晋军。后来，孙恩率部直逼建康，建康城被封锁，一时人心惶惶，还引起了饥荒。

元兴二年，司马德文率军征伐桓玄，但多次被打败。桓玄自封为丞相、太尉。同年，临海太守辛景打败孙恩，迫使其自杀。元兴三年，桓玄杀死司马道子，掌握东晋大权，自封楚王、大将军；司马德文被封为太宰，加衮冕之服，绿绶。

同年十二月三十一日，桓玄篡位，司马德宗被贬为平固王，安置到浔阳；司马德文也被贬为石阳县公，和兄长一起来到浔阳。义熙元年（405年），刘裕起兵攻打桓玄。在桓玄的挟持下，司马德文与司马德宗过着居无定所的日子，一直到了江陵才勉强安顿下来。不久，桓玄战败西逃，桓氏一族均被诛灭，仅桓振成为漏网之鱼。桓振发誓要报仇雪恨，一天，他骑马持枪，冲进司马德宗的住处，厉声喝问道："我们桓家在什么地方亏待了你们，竟要灭我宗族？"司马德宗吓得瑟瑟发抖，司马德文却不怯不惧地说："杀你们全家的不是我们，为什么要这样对待我们？"一句话说得桓振张口结舌。后来刘裕得势，时刻寻找机会杀掉司马德宗。司马德文看透了刘裕的心思，于是日夜守在兄长身边。有一天，司马德文因病偶尔离开，结果给了刘裕可乘之机，司马德宗被杀，之后司马德文被扶上帝位。

有心无力　被迫禅位

司马德文素以贤王著称，不但有一颗善良的心，而且常常为东晋的前途而担忧。但面对摇摇欲坠的东晋江山，他也深感无能为力，前途一片渺茫，伤心之余，唯有在求神拜佛中寻求一点精神寄托。他先是铸钱千万用来布施，之后又铸造了一尊一丈六尺高的金身佛像，并亲自步行几十里来到瓦官寺，将这尊佛像迎进京城。

实际上，刘裕把司马德文扶上皇帝的宝座，只是为了顺应"昌明之后有二帝"的"天意"。过了一年多的时间，元熙二年（420年）六月，刘裕派手下傅亮来到司马德文处，让他誊抄已经写好的禅让诏令。司马德文心中早有准备，从容地说："大晋江山气数已尽，此乃天意。"于是照着诏令誊写了一份，交给傅亮。之后，他被贬为零陵王，安置于秣陵。

尽管已经失去了皇位，司马德文仍然没有一点安全感，总觉得有一把无形的刀子正对着他，于是天天和妻子褚灵媛待在一起。为了防止有人下毒，褚灵媛亲自检验厨子送来的每一顿饭。夫妻二人过了一年平静的生活。

永初二年（421年）九月，刘裕买通褚灵媛的兄长褚叔度，指使他将妹妹骗出去，然后，埋伏的士兵翻墙而入，闯进司马德文的卧室，用被子蒙住他的脸面，将他杀死。